Le Stress au travail

DU MÊME AUTEUR

La Peur des autres. Trac, timidité et phobie sociale, Odile Jacob, 1995, 2000 (avec Christophe André).

PATRICK LÉGERON

Le Stress au travail

© ODILE JACOB, 2001, MARS 2003
15, RUE SOUFFLOT, 75005 PARIS

www.odilejacob.fr

ISBN : 978-2-7381-1245-3
ISSN : 1621-0654

Le Code de la propriété intellectuelle n'autorisant, aux termes de l'article L. 122-5, 2° et 3° a, d'une part, que les « copies ou reproductions strictement réservées à l'usage privé du copiste et non destinées à une utilisation collective » et, d'autre part, que les analyses et les courtes citations dans un but d'exemple et d'illustration, « toute représentation ou reproduction intégrale ou partielle faite sans le consentement de l'auteur ou de ses ayants droit ou ayants cause est illicite » (art. L. 122-4). Cette représentation ou reproduction, par quelque procédé que ce soit, constituerait donc une contrefaçon sanctionnée par les articles L. 335-2 et suivants du Code de la propriété intellectuelle.

À mon père.

REMERCIEMENTS

Ma reconnaissance va tout d'abord à Catherine Meyer. Sa compétence, son aide et sa disponibilité de tout instant m'ont été indispensables dans la réalisation de cet ouvrage.
Je remercie également Odile Jacob, dont l'enthousiasme pour ce livre et le soutien, jour après jour, ne se sont jamais démentis.
Je tiens à exprimer ma gratitude à mes collègues et amis Georges Alcaraz, Christophe André, Franck Azaïs, Guy Azoulaï, Anne-Marie Cariou, Annick Gaillochon, Valérie Jalfre, François Lelord et bien d'autres. Au fil de collaborations, souvent anciennes, et grâce à nos échanges constants, mes connaissances se sont considérablement enrichies.
J'adresse aussi mes remerciements aux nombreux médecins du travail et responsables des ressources humaines des entreprises avec qui j'ai eu le plaisir de travailler. Leurs actions sur le terrain, leurs analyses m'ont été très précieuses dans ma compréhension de la réalité du stress au travail.
Enfin, je n'oublierai pas tous ceux, salariés, cadres, ou dirigeants, que j'ai pu rencontrer dans ma consultation à l'hôpital ou lors d'interventions dans les entreprises. Leurs témoignages m'ont aidé à percevoir combien le stress, dans son ampleur et sa diversité, pouvait être nocif, et combien il est important de mobiliser tous les moyens, individuels et collectifs, pour le maîtriser.
La pression bienveillante de ces différents acteurs m'a procuré le stress nécessaire (mais non excessif) au travail difficile (mais si enrichissant) qu'est l'écriture d'un livre.

INTRODUCTION

Que se passe-t-il donc ? Quel est ce mal étrange ? Nos conditions de travail sont loin d'être aussi pénibles qu'au temps de Zola. Des technologies toujours plus perfectionnées se développent pour nous soulager des tâches les plus ingrates et améliorer la communication entre nous. Nos horaires de travail diminuent régulièrement, pour laisser une plus grande place à notre vie privée et aux loisirs.

Et pourtant ! Tous les indicateurs sont au rouge. Si paradoxal que cela puisse paraître, le stress au travail atteint des sommets inégalés, quelle que soit la catégorie socio-professionnelle concernée, salariés, cadres ou dirigeants [1].

Les conséquences sont lourdes pour les individus : fatigue chronique, troubles du sommeil, anxiété, dépression, maladies cardio-vasculaires, problèmes digestifs, etc. Dans tous ces maux, un même agent est à l'œuvre : le stress. On observe aussi, tragique nouveauté dans le paysage français, des cas de suicide au travail. Le stress sera-t-il reconnu maladie professionnelle, comme c'est le cas en Suède ?

Quant au coût économique du stress, il est devenu gigantesque, aussi bien pour les entreprises que pour les éco-

---

[1]. Selon une enquête récente (Liaisons sociales-Manpower-CSA, septembre 2000), 72 % des salariés ressentent du stress. Encore plus alarmant, 86 % des cadres se sentent de plus en plus stressés (Capital-CSA, juin 2001), et deux dirigeants sur trois répondent par l'affirmative à la question « Vous sentez-vous parfois victime du stress ? » (Enjeux-Les Échos, mars 1999).

nomies nationales. Absentéisme, accidents, perte de productivité, instabilité professionnelle, la facture est lourde[1]. Sans parler des demandes de réparation devant les tribunaux civils, qui font que, dans les années à venir, le stress devrait être à l'origine de la majorité des procès intentés par les salariés aux entreprises.

Est-il possible de laisser plus longtemps se développer cette souffrance humaine et ce gâchis économique ?

N'est-il pas temps, pour les entreprises, de relever ce défi et d'initier enfin des actions en faveur du bien-être et de la santé de leurs employés ? N'y trouveraient-elles pas aussi à être plus performantes ?

N'est-il pas urgent, pour nous, de mieux savoir gérer ce stress, afin que le travail ne nous détruise pas ? Quels sont les moyens dont nous disposons pour lutter contre les effets nocifs du stress et pour en faire l'allié dont nous avons besoin ?

---

1. Dans les quinze pays membres de l'Union européenne, on estime que le coût du stress atteint au moins vingt milliards d'euros par an.

PREMIÈRE PARTIE

Les mille visages du stress

Des petits riens quotidiens, des émotions inhibées, une ambiance étouffante, une compétition féroce qui se cache derrière des semblants de camaraderie, un compliment qu'on attend et qui ne vient pas... et on se réveille un matin, mal, très mal.
Le stress d'aujourd'hui est psychologique et non plus, comme autrefois, physique. Il est surtout polymorphe et fait son œuvre destructrice là où on ne l'attend pas toujours. La surcharge de travail, certes, la course contre le temps, bien sûr, la pression, c'est entendu, mais ce n'est que la partie émergée de l'iceberg. Nous n'avons pas idée de la multitude des stresseurs auxquels nous sommes confrontés jour après jour.
Comment repérer ces stresseurs insidieux ? Votre entreprise, vos supérieurs ou vos collègues vous mènent-ils la vie dure ?

1

Histoires de stress

> « Ils n'en mouraient pas tous, mais tous étaient frappés. »
>
> « Les Animaux malades de la peste »,
> *Fables*, Jean DE LA FONTAINE.

« J'aime mon travail. C'est enrichissant, ça me va très bien, je suis toujours partant, mais, ici, le stress a pris une place énorme. Depuis qu'on a fusionné, l'ambiance n'est plus la même. Même s'il n'y a pas eu de licenciement, on est angoissé. On ne sait pas ce qui se prépare, on a peur d'être passé à la moulinette. Le pire, c'est qu'on apprend tout par la presse, on ne nous dit rien en direct. Il n'y a plus de communication entre les chefs et la base ; tout le monde est dans le noir, c'est la langue de bois.

Du jour au lendemain, on a changé de nom, et ça a l'air idiot, mais moi, ça faisait vingt ans que j'étais dans cette boîte, et même si je travaille toujours au même poste, toujours dans le même atelier, j'ai l'impression que ce n'est plus pareil. Ça fait tout drôle, comme si, le matin, vous vous réveilliez et que vous n'aviez plus la même tête.

En plus, avec toutes leurs réorganisations, beaucoup ont dû déménager pour être plus près du nouveau site, et certains anciens sont obligés d'apprendre des procédures nouvelles. J'en ai revu deux que je connaissais bien : ils ont l'impression de pas bien faire leur boulot, ils se sentent mal dans leur peau, ils dépriment.

Et puis avec les trente-cinq heures, on nous demande autant, en moins de temps. On n'a plus le temps de s'arrêter pour boire un café. Tout le monde est toujours pressé. C'est plus pareil. »

« Depuis dix ans, j'ai repris une petite usine de fabrication de composants électroniques. Je m'aperçois à quel point le travail de dirigeant est devenu dur. Je ne parle pas du temps qu'il faut y consacrer : j'arrive à mon bureau à 7 heures et il est rare que je le quitte avant 21 heures. Quand je n'ai pas à repasser à l'usine le week-end, j'emporte des dossiers à terminer. Je me rends compte à quel point ma vie familiale en fait les frais : je ne vois pas mes enfants grandir, et je sens bien que ma femme trouve ça difficile de me voir si peu. Voilà des années que je n'ai pas pu prendre plus de dix jours d'affilée. Mais bon, tout cela, je l'ai choisi, je l'assume.

Le plus dur, c'est l'incertitude permanente. Nos clients sont principalement à l'export, et il est de plus en plus difficile de prévoir notre charge d'activité très en avance. Au mieux, on le sait à trois mois, alors que je suis obligé d'avoir une vision, sinon à long terme, du moins à moyen terme. Et ça, ça devient quasiment impossible. C'est comme un brouillard qui crée des angoisses permanentes.

Par ailleurs, j'ai l'impression de passer mon temps à régler mille problèmes qui devraient être traités par mes adjoints. Je dois aussi sans cesse résoudre des petits conflits entre les gens : chacun a ses susceptibilités, et mon boulot consiste souvent à réconcilier les uns et les autres. Je préférerais pouvoir me consacrer à des aspects plus stratégiques, comme réfléchir aux axes de développement de mon entreprise. En fait, je suis totalement dévoré par la gestion au jour le jour. »

« Je suis attachée de presse pour une grande marque de cosmétiques. Jusqu'à maintenant, je croyais que j'avais l'un des jobs les plus intéressants du monde. Ça fait plus de dix ans que je décroche mon téléphone pour parler aux journalistes des nouveaux produits qu'on va sortir. Mais aujourd'hui, j'ai l'impression que le stress me saute au visage à longueur de journée. C'est de plus en plus difficile de décrocher quelque chose dans un "canard" ; je sais bien que les journalistes sont très sollicités, mais c'est fondamentalement frustrant, tant d'énergie pour si peu de résultat.

Mon patron me met la pression parce qu'il trouve qu'on n'a pas assez de presse, alors que le problème, c'est la concurrence, tout bêtement. Depuis qu'on a été réorganisés, on est de moins en moins nombreux dans le service de presse. Sous prétexte de nous aider dans notre travail, on nous bombarde de nouveaux logiciels tous les quatre matins. En général, c'est la cata. Et dès qu'il y a des problèmes avec le matériel, on perd un temps fou. J'ai de plus en plus en plus de mal à venir tous les matins au bureau. Quand j'arrive, l'idée de tous ces mails dans ma boîte, et des messages sur mon répondeur, ça me stresse rien que d'y penser. Les déplacements en province me semblent une montagne. Je suis exaspérée par tout. Quand mon boss me demande des comptes, j'ai envie de claquer la porte : celui-là, jamais un mot quand j'arrive à décrocher une télé, il ne vient me voir que s'il a un reproche à me faire. J'ai envie de changer de job, mais pour quoi ? Même dans ma vie personnelle, je n'ai envie de voir personne. Bref, ce n'est pas très rose. »

2
Une pression toujours plus forte

> « Quand les contraintes atteignent une valeur critique caractéristique du matériau, la rupture se produit. »
>
> J. COURBON, *Cours de résistance des matériaux*, 1955.

La surcharge est la première source de stress au travail. Il ne s'agit pas seulement d'une trop grande quantité de travail, mais de l'ensemble des contraintes qui pèsent sur l'individu dans sa vie professionnelle. Cette réalité, nous la percevons comme quelque chose qui nous écrase. Les Anglais parlent de *jobstrain*, mot à mot la « *pression* du travail ».

Trop de travail

Premier élément de surcharge, le plus évident : le volume ou la quantité de travail. Ainsi, cet employé d'un groupe d'assurances, qui doit traiter quarante dossiers par jour. Même chose pour ce commercial censé rendre visite à cinquante clients par semaine.

« On a un mal fou à terminer le travail », « On fonctionne à plein régime et pourtant, on a toujours l'impression d'être débordé », « Les rythmes sont hyper-soutenus », « Avant, ici, il y avait plus de monde et moins de travail. »

Il y a une dizaine d'années, certains salariés connaissaient parfois le phénomène inverse, celui de la sous-charge de travail. Qu'ils fussent « mis au placard » ou dans des secteurs particulièrement calmes de l'administration ou de l'entreprise, ils étaient un certain nombre à se sentir sous-sollicités, tentant vainement d'occuper leurs journées. Car cette « tranquillité » n'était pas sans poser de nombreuses difficultés à ceux qui étaient concernés, le sentiment de vacuité ou d'inutilité dans le travail n'étant pas le meilleur garant de l'épanouissement de l'individu. À l'évidence, la sous-charge de travail fera bientôt partie de l'histoire du monde du travail, et nos petits-enfants ébahis seront peut-être incrédules lorsque nous leur raconterons qu'il fut un temps où l'on pouvait se demander comment occuper ses journées de travail. Il résulte de cet accroissement de la charge un stress important :

> « Aujourd'hui, il y a beaucoup plus de travail et de différentes tâches à gérer : je me sens plus tendu, plus stressé », « Parfois, je panique quand je vois tout ce qu'il y a à faire », « On nous en demande toujours plus. Il y a des jours où j'ai l'impression que je vais péter les plombs. »

Cette montée en charge du travail est encore plus difficile à vivre dans les entreprises où il y a une stagnation, voire une réduction des effectifs.

> « Ce qui est sûr, c'est qu'à deux on n'arrivera jamais à faire le travail de cinq », « Le travail reste le même, et le personnel diminue : ceux qui partent ne sont pas tou-

jours remplacés. On donne, on donne, mais il y a des moments où on le vit moins bien. »

Le culte de la performance

Pendant longtemps, la relation au travail était une relation contractuelle, c'est-à-dire que les gens devaient accomplir la tâche pour laquelle on les avait engagés : bien travailler consistait tout simplement à faire ce qu'on vous avait demandé de faire.

À partir des années 1980 et surtout des années 1990, on a vu apparaître une autre idéologie : faire son travail ne suffisait plus, il fallait se dépasser. C'est un peu comme dans le milieu sportif : si vous pouvez sauter 2,40 m, cela veut dire que vous êtes sans doute capable de monter un peu plus. Les entreprises raisonnent désormais de la façon suivante : « Si on s'y met tous, pas seulement vous, mais aussi moi, en tant qu'entreprise, on peut aller plus loin. » Comme le *coach* dit à l'athlète : « Bravo pour l'exploit, mais je suis sûr que, si tu veux et si je t'aide, tu peux battre ce record », les entreprises demandent toujours plus à chacun. Le salarié devient donc une sorte de champion du travail, entraîné dans une boucle de stress sans fin.

Progressivement s'est installé un culte de la performance et du dépassement. Résultat, le travail n'est jamais plus perçu comme un objet de satisfaction : même si vous avez bien accompli votre tâche, même si vos résultats sont bons, ce qui, vingt ans auparavant, vous aurait valu des congratulations chaleureuses et des encouragements, vous avez l'impression de ne pas avoir atteint vos objectifs. Peu à peu disparaît ou du moins s'amenuise le sentiment du travail bien fait, de la plénitude de la tâche accomplie, partagé par l'individu et l'entreprise.

Cette idéologie de la performance, ce sentiment que plus on saute haut, plus la barre va monter, est une source à la fois de pressions et de frustrations considérables.

L'anxiété de performance

La contrainte que génère cette obligation de dépassement dans le travail nous conduit à évoquer une notion bien étudiée en psychologie et que l'on appelle « l'anxiété de performance ». L'anxiété de performance se retrouve dans des domaines aussi variés que le sport ou l'acte sexuel. Ainsi, beaucoup de troubles de la fonction sexuelle chez l'homme sont liés à un désir de performance qui envahit l'esprit et finit par générer une anxiété et un stress tels que l'échec est assuré. C'est-à-dire que plus on se dit : « il faut que je réussisse ! », moins on a de chance d'y arriver.

Les sexologues savent bien comment peuvent se pérenniser durablement chez l'homme les troubles de l'érection. À la suite d'une « panne sexuelle » anodine s'installe dans l'esprit une obsession quasi permanente à chaque acte sexuel : « je *dois* y arriver ». Le niveau de stress ainsi sollicité par l'exigence absolue de performance à laquelle le sujet se contraint lui-même lui fait finalement perdre ses moyens. La fois suivante, il renouvelle de façon identique, voire plus intense cette attitude de performance avec le même résultat négatif. L'une des formes les plus efficaces de psychothérapie consiste alors à aider la personne à abandonner un tel raisonnement[1]. Pour cela, une consigne stricte : n'avoir

---

1. W. H. Master, V. E. Johnson, *Les Mésententes sexuelles et leur traitement*, Paris, Robert Laffont, 1971.

> *aucune* érection pendant les actes sexuels, cela durant quelques semaines. Cette prescription paradoxale a pour effet de diminuer la pression psychologique, de sorte que, moins exigeant avec lui-même, l'individu retrouve avec surprise une érection spontanée, jusque-là inhibée.
> Il est sans doute incongru d'établir une totale analogie entre l'acte sexuel et la réalisation d'une tâche professionnelle. Néanmoins, bien souvent aussi, on constate que, dans le monde du travail, trop de performance tue la performance.

Les milieux sportifs manient la psychologie de la performance avec beaucoup de précautions : bien sûr, le culte du « toujours plus haut, toujours plus vite » permet à l'être humain de se dépasser, mais il le fragilise et peut être la source d'échecs, aussi bien en termes de bien-être que dans les objectifs à atteindre.

Analysons de plus près ce qui se passe : vous êtes dans une logique de performance, et vous vous dites, par exemple : « OK, je suis un bon vendeur, j'arrive à placer pas mal de contrats. On me donne maintenant pour objectif d'augmenter de 20 % le chiffre d'affaires. » Que se passe-t-il ? Votre organisme déclenche une « réaction de stress », puisqu'il faut s'adapter à une demande provenant de l'extérieur. Des mécanismes physiologiques se mettent en place, c'est-à-dire que vous commencez à sécréter les hormones qui vont vous permettre d'augmenter vos performances physiques, mais, en même temps, toutes les émotions liées au stress s'activent. Certaines d'entre elles peuvent être efficaces, par exemple la combativité — la réponse de *fight*, de combat, est une réponse de stress. Mais d'autres, comme l'anxiété, entrent aussi en jeu qui peuvent être délétères.

Progressivement et de façon insidieuse se mettent en place dans l'esprit des petites voix intérieures qui vous ressassent : « Il faut que j'y arrive », puis « Est-ce que je vais y arriver ? » et enfin « Ça va être catastrophique si je n'y arrive pas. » C'est ainsi que tout le processus psychologique de l'anxiété est mis en place.

Le zéro défaut

C'est dans la notion de zéro défaut que le culte de la performance est à son apogée. Les entreprises ont développé ce langage pour mettre en avant l'idée selon laquelle la qualité des produits et des services est à leurs yeux primordiale, une sorte de garantie totale pour le consommateur. Ces images sont d'abord apparues de manière assez conviviale et modérée, dans les années 1970, à travers ce qu'on appelle « les cercles de qualité ». On essayait d'optimiser le travail. Il s'agissait d'une démarche plutôt saine et logique d'amélioration : comment devenir encore meilleur ? Mais rapidement, les cercles de qualité se sont structurés dans des démarches beaucoup plus âpres et plus contraignantes, et ont défini des objectifs de perfection absolue.

Ainsi, à côté du « toujours plus », s'est développé le « toujours mieux », s'articulant sur des objectifs de qualité, l'objectif ultime étant la qualité totale. Cette idéologie de l'excellence, qui exige une amélioration permanente dans tous les domaines, nécessite un effort d'adaptation considérable pour les salariés, et ce en raison de l'empilage de multiples objectifs. La stratégie des 5 zéros : 0 délai, 0 stock, 0 panne, 0 défaut et 0 papier, développée dans certaines unités de production, en est un parfait exemple.

Pas le droit à l'erreur

Le discours du zéro défaut touche d'abord les produits — tous les sèche-cheveux qui sortent de chez Moulinex doivent être parfaits, toutes les voitures qui sortent de chez Renault aussi —, mais également les individus : ils doivent être sans cesse au sommet de la performance, comme de vaillants petits soldats au service de la qualité totale. S'il y avait une sorte de droit à l'erreur, la pression serait bien moindre, avec des contraintes identiques.

On retrouve ici un facteur de stress extrêmement puissant, lié à la présence hypothétique et constante d'une menace. On sait depuis longtemps que certaines professions sont beaucoup plus stressées, parce que l'erreur y est catastrophique : c'est bien sûr le cas des chirurgiens, des aiguilleurs du ciel ou des pilotes de ligne. Pourtant, un pilote de ligne travaille moins de trente-cinq heures par semaine : le problème n'est pas ici la quantité de travail, mais l'intensité de la concentration au travail et la vigilance permanente par crainte de l'erreur. Une étude[1] conduite auprès de 5 199 d'entre eux (comparés à un groupe témoin de 8 435 pilotes de fret) montre que les nouveaux cas de diabète, d'hypertension, d'ulcères d'estomac étaient beaucoup plus importants chez eux qu'il n'était permis de l'attendre en fonction de leur âge et de leur état de santé préalable.

De tout temps, ces professions ont été reconnues comme particulièrement stressantes, mais aujourd'hui, avec le culte de la performance, de plus en plus de gens ont également l'impression d'avoir une épée de Damoclès au-dessus de leur tête quand ils travaillent. Ils sont de plus en plus nom-

---
1. S. Cobb et R.M. Rose, cités par O. Tanner, *Stress*, Time-Life Books, 1976.

breux à penser : « Si je fais une erreur, cela peut avoir des conséquences dramatiques. » Malgré tout un discours positif sur l'échec, considéré comme formateur, beaucoup de salariés n'ont pas vraiment le sentiment que, s'ils « se plantent », cela sera vécu comme une expérience enrichissante pour l'entreprise et leur management.

> « Ici, le sentiment qui règne, c'est la peur : peur de faire une bêtise, peur de se faire taper sur les doigts. » « Les enjeux sont énormes pour nous. Si on est défaillant, on a des retombées en termes d'image. On ressent ça quotidiennement. C'est lourd, comme s'il ne fallait pas tomber du rebord d'un toit. »

La course contre le temps

Dans les entreprises, la pression du temps est non seulement forte, mais aussi permanente. Les témoignages sont unanimes :

> « Il faut toujours faire vite. Quand on vous donne un travail à faire, vous connaissez la réponse : c'est pour tout de suite ! Quand ce n'est pas pour hier !... » « C'est urgence sur urgence. Je suis accaparée d'un côté alors que j'ai des tas de choses importantes à faire d'un autre. » « Ce qui me stresse le plus, c'est d'avoir tout à faire en urgence. Je ne peux jamais planifier. »

Beaucoup de salariés sont même soumis à des consignes contradictoires. Ainsi, un opérateur de centre d'appels m'exprimait son désarroi :

> « Mes objectifs ont été redéfinis : d'une part, être plus à l'écoute du client qui appelle, développer avec lui une

relation encore plus personnelle, plus forte, et, parallèlement, consacrer moins de temps à chaque client, de façon à pouvoir traiter plus d'appels dans le même laps de temps. Comment voulez-vous que ce soit possible ? C'est la quadrature du cercle... »

Le sentiment de manque de temps devient donc l'une des préoccupations les plus répandues. Selon un sondage récent[1], 57 % des salariés ont l'impression de ne pas avoir assez de temps pour accomplir le travail qui leur est demandé. Ce pourcentage est encore plus élevé chez les cadres (68 %).

Le travail en urgence modifie certes l'organisation et le fonctionnement des entreprises, mais aussi les comportements des individus. Il n'est que de voir comment, dans certains environnements professionnels, les gens s'agitent et courent dans tous les sens. Comme l'écrit Jean-Louis Servan-Schreiber[2] : « Longtemps, j'ai admiré les gens pressés, jusqu'à ce que je comprenne qu'ils n'étaient que stressés. »

De manière plus globale, cette accélération du tempo est aujourd'hui la règle : « Pizza à votre domicile en 30 minutes maxi », « Livraison de votre commande en 24 heures chrono », « Réponse de votre banque à votre demande d'emprunt dans la journée », « Paris-Marseille en 3 heures, 17 fois par jour ». De telle sorte que le travail en urgence est devenu une routine pour tous. Or, comme nous le verrons avec la description des mécanismes du stress, l'adaptation de l'individu à une situation d'urgence n'est autre que la réponse de stress elle-même. Et celle-ci, au lieu d'être sollicitée occasionnellement, l'est en permanence.

Cette accélération de tout est également due aux réseaux

---

1. SOFRES-CFE/CG, avril 2000.
2. *L'Art du temps*, Paris, Fayard, 1984.

de communication qui se développent dans l'entreprise : fax, e-mails, Internet, téléphones mobiles, etc. raccourcissent considérablement les délais, augmentent le nombre des personnes communiquant entre elles et accroissent la quantité d'informations échangées. Tout cela entraîne un grignotage supplémentaire du temps de chacun, et la désagréable sensation de ne jamais pouvoir accomplir une tâche de A à Z.

Les interruptions

Les interruptions, nous en faisons tous quotidiennement l'expérience : le téléphone qui sonne quand on est en train de parler à un client, un collaborateur qui vient vous poser une question alors que vous mettez la dernière touche à la rédaction d'un rapport, etc. L'avènement du portable — c'est devenu un lieu commun — n'a rien arrangé : en voiture, sur un chantier ou au restaurant, à tout moment, il est désormais possible de joindre, donc potentiellement d'interrompre quelqu'un.

> « Le pire, c'est le téléphone : avec le portable, on nous joint partout, même quand on mange. C'est stressant de ne même pas pouvoir se dire qu'on a un moment tranquille. Maintenant, je l'éteins pour avoir la paix. »

Certains, outre la gêne occasionnée par l'interruption, vivent le portable comme un moyen de contrôle ou de pression :

> « Finalement, on nous appelle pour quoi ? Pour savoir où on est, si c'est fini, si c'est parti. »

Le signal d'appel, présenté par les compagnies de téléphone comme un progrès, participe aussi de cette culture de l'action toujours inachevée et sans cesse reprise.

Les nouveaux styles de management sont pour leur part propices aux interruptions : aujourd'hui, on travaille porte ouverte, le patron ne s'enferme plus dans son bureau, finis les « Le directeur ne reçoit que sur rendez-vous ». Dans les entreprises modernes, le chef se doit d'être accessible. En soi, cette disponibilité est loin d'être un mal ! Mais le revers de la médaille, c'est qu'il est désormais difficile de s'engager dans une tâche sans être régulièrement interrompu.

Ces interruptions répétées sont pourtant très perturbantes. Au niveau psychologique, l'être humain travaille avec ce qu'on appelle des « plans d'action[1] ». C'est-à-dire que, face à une action à réaliser, il se construit mentalement des étapes dans lesquelles il s'engage progressivement. Chaque dérangement provoque une interruption de ce plan. Or, lorsque le plan d'action est bloqué, il faut remettre en place un nouveau plan d'action.

L'expérimentation animale nous montre que des rats, auxquels on demande d'exécuter une action — par exemple apprendre à se déplacer dans un labyrinthe — et qui étaient régulièrement interrompus dans leur activité, commençaient à développer, au bout d'un certain temps, des réactions d'anxiété et d'agressivité.

Chez l'être humain, les interruptions incessantes sont aussi un facteur important de déstabilisation psychologique. Non seulement parce qu'il nous faut plusieurs fois (chaque fois que nous reprenons notre action interrompue)

---

1. E. Albert, *Comment devenir un bon stressé*, Paris, Odile Jacob, 1994.

déclencher notre réponse d'adaptation, mais aussi parce que, rapidement, nous n'arrivons plus à hiérarchiser nos plans d'action entre eux. Le risque existe alors de confondre l'urgence et l'importance.

> « Dans la journée, je n'ai quasiment plus la maîtrise de mon activité. Par exemple ce matin, à peine installé pour rédiger une note importante, un collaborateur entre dans mon bureau pour me demander un renseignement urgent que lui réclame un client. J'arrête tout pour aller chercher l'information dans mes dossiers. Je me remets à la rédaction de ma note, et c'est ma secrétaire qui me passe un appel de mon supérieur. Il me demande de venir à une réunion en fin de matinée. Il faut que je prépare cette réunion. Je suis obligé de laisser tomber ma note et d'en remettre la rédaction à plus tard. C'est tout simplement infernal. »

Le « zapping » permanent, au départ subi et imposé, semble malheureusement de plus en plus un mode de fonctionnement naturel chez de nombreux cadres, qui, même s'ils ne sont pas dérangés dans une tâche, l'interrompent d'eux-mêmes pour « papillonner » d'une activité à une autre. Cette façon de travailler traduit souvent des difficultés de concentration et peut-être même, parfois, une certaine fuite face aux difficultés.

Des grands soucis aux petits tracas

À l'opposé des événements qu'on pourrait qualifier de « majeurs », et qui marquent la vie professionnelle de l'individu, se déploie le vaste domaine des petits *tracas quotidiens*. En anglais, on les appelle très joliment les *hassles*, quelque chose à mi-chemin entre tracas et « emmerdes ». Ce sont des choses anodines qui n'ont pas en soi grande importance : le papier qui se coince dans la photocopieuse, la ligne constamment occupée de votre correspondant, le stylo qui fuit, l'ascenseur en panne, l'ordinateur qui affiche « Erreur système », la tache de café sur votre chemise, etc. Ces divers petits problèmes rencontrés quotidiennement sont vite oubliés, et la réaction inévitable de stress qu'ils provoquent n'est que passagère. C'est bien sûr leur cumul ou leur répétition qui peut être dommageable pour l'individu[1].

À l'image d'une simple goutte d'eau qui, peu à peu, entame et creuse la pierre sur laquelle elle vient inexorablement tomber, la multiplication des petits soucis peut venir à bout des individus les plus résistants. On sait, par ailleurs, combien les effets conjugués des stress événementiels et des tracas quotidiens — ce qui constitue la trame de nos journées de travail — peuvent être néfastes : lorsque nous sommes déjà stressés par d'importants problèmes, notre réaction de stress est encore plus intense face à ces petits riens.

L'invasion des e-mails

« J'ai quarante à cinquante e-mails par jour et je ne sais pas comment faire, je ne sais pas comment hiérarchiser. » « On est submergé de messages inutiles. Le temps de les lire, de répondre, ça peut prendre plusieurs heures

---

[1]. A. D. Kanner, J. C. Coyne, C. Schaeffer, R. S. Lazarus, « Comparison of two events », *Journal of Behavioural Medicine*, 1981, 4, p. 1-39.

par jour. » « Ce n'est plus l'expéditeur qui fait le tri, c'est le destinataire. Il nous rajoute du travail alors qu'on a déjà des tonnes de dossiers en attente. »

Outre la surcharge quotidienne de travail, le courrier électronique peut s'accumuler pendant les périodes d'absence, générant un stress considérable :

> « Quand on rentre de vacances, on peut trouver 300 messages. Comme on ne sait pas ce qui est important, il faut tout lire, et en même temps, tout le monde veut vous voir à votre retour. C'est la folie : en une semaine, on perd tout le bénéfice des vacances. » Un autre cadre n'en revient pas : « Je suis parti trois semaines et, à mon retour, j'ai trouvé 1 423 messages !... Impossible bien sûr de les trier. J'en ai donc jeté la majorité. »

Tous ces chiffres donnent le tournis. On considère qu'en 2005 près de 35 milliards de messages seront envoyés chaque jour dans le monde, soit le triple par rapport aux chiffres de 2000 [1].

Trente ans après l'envoi du premier e-mail, la messagerie électronique est la technologie la plus prisée des cadres, au point qu'allumer son ordinateur pour consulter ses messages est souvent leur premier geste du matin. Il est incontestable que le courrier électronique représente un progrès pour communiquer, et la très grande majorité des salariés ne contestent pas son apport dans le monde du travail. En revanche, ce qui est le plus souvent remis en question, c'est son mode d'utilisation. Dans ce contexte et devant les nombreuses plaintes, les entreprises commencent à s'intéresser

---
1. Selon le rapport du cabinet d'études IDC, cité dans *Le Monde* du 16 mai 2001.

de très près à cette utilisation abusive du courrier électronique et réfléchissent sur les modes d'utilisation les plus rationnels. La presse multiplie pour sa part les propositions de recettes sur le thème : « Comment gérer ses e-mails ? », « Comment repérer les e-mails urgents ou non urgents ? »

Quand une entreprise installe le courrier électronique, c'est parce que cela va lui permettre de communiquer plus efficacement et plus vite : elle analyse les coûts et les économies de cette installation. Mais, à aucun moment, elle ne prend conscience du stress supplémentaire, inutile et souvent néfaste que cette innovation va générer sur les individus. Les entreprises qui raisonnent correctement et qui mettent en application le fameux slogan : « Notre bien le plus précieux, c'est l'homme ! » devraient se préoccuper beaucoup plus de ces questions. Rationaliser les coûts, mieux gérer son activité, peut-être ! Mais il est tout aussi essentiel de prendre en compte le facteur humain et de respecter quelques règles fondamentales pour favoriser l'implantation du courrier électronique et aider les hommes à limiter et à gérer cette nouvelle source de stress.

Pourquoi d'ailleurs une telle pléthore d'e-mails ? Pourquoi leur nombre croît-il à ce rythme ? Tout simplement parce que, avec le courrier électronique, on peut faire, d'un seul clic, autant de copies conformes (CC) qu'on veut. Avant, quand on faisait circuler une note et qu'il fallait faire des photocopies pour vingt personnes, on se disait : « Peut-être que, finalement, trois peuvent suffire. » Désormais, on envoie des doubles à tout le monde, au patron, aux collègues, aux clients. Facilité mais aussi mesure de protection : ces multiples petits parapluies qu'on ouvre sont une façon de se couvrir : « Je vous l'avais dit dans mon mail », « Vous ne pouviez pas l'ignorer, je vous ai envoyé une copie. »

Récemment, un dirigeant d'entreprise me donnait un exemple d'utilisation aberrante de l'e-mail. Il attendait dans son bureau un client important. Ne le voyant pas venir, il téléphone à la réception. Là, surprise ! l'hôtesse d'accueil lui annonce que le client attend depuis près d'une demi-heure dans le hall et qu'il semble s'impatienter. Et d'ajouter : « Je vous ai envoyé un mail dès son arrivée... » Le prévenir d'un simple coup de fil n'aurait-il pas été plus simple et surtout plus efficace ?...

Sommes-nous supposés prendre immédiatement connaissance de tous les e-mails qui nous sont adressés ? Et que penser de ces e-mails échangés entre deux personnes qui travaillent dans le même bureau et qui, au lieu de rester le nez plongé dans l'écran de leur ordinateur, auraient pu tout simplement s'adresser la parole ?

Au-delà de la quantité accrue et exorbitante de messages reçus, l'un des aspects les plus négatifs des e-mails réside dans le style déshumanisé de communication qu'ils induisent. N'oublions pas que les êtres humains ne communiquent pas uniquement en échangeant des informations : cela, ce sont les ordinateurs qui s'en chargent, en procédant à des transferts de données. Nos messages à nous sont constamment chargés d'émotions : satisfaction, inquiétude, colère ou déception. Celles-ci n'apparaissent pas dans les e-mails ou, pire encore, peuvent être mal traduites. Lorsqu'on envoie à l'un de ses collaborateurs le message suivant : « Le dossier Legrand doit être bouclé pour demain 14 heures », sait-on vraiment comment celui-ci va recevoir le message ? Sera-t-il inquiet de ne pas pouvoir respecter ce délai ? Ou en colère contre ce rappel à l'ordre ? A-t-il besoin d'une aide ? Est-il insatisfait ? Le contact téléphonique, ou, mieux encore, le face à face, aurait permis de le déceler et d'ajuster au mieux la stratégie de communication.

Il n'est pas question de faire le procès de ce média, parfois aussi utilisé positivement pour souder un groupe, envoyer des messages chaleureux ou rétablir un contact si la relation en direct est difficile, mais le grand risque des e-mails *comme unique moyen de communiquer au sein de l'entreprise* est d'appauvrir les contacts humains, alors que, comme nous le verrons, les relations entre les individus sont déjà l'une des grandes sources de stress au travail.

La réduction du temps de travail

Fait étonnant, le stress n'est pas toujours directement lié à la durée du travail. En France, chacun sait que le temps de travail hebdomadaire est plutôt réduit, comparé à ce qui se passe dans d'autres pays. Ainsi, la semaine moyenne du salarié américain s'est allongée, ces dernières années, passant de 43 à 47 heures, dépassant même celle du salarié japonais[1]. En moyenne, les Américains du Nord travaillent plus de 1 900 heures par an, alors que les Européens de l'Ouest ne passent que 1 740 heures au travail. Comparée à New York, Tokyo, Londres, Milan ou Francfort, Paris est la métropole économique où l'on travaille le moins d'heures par an, avec aussi le plus grand nombre de jours de congés payés.

Or les Français n'ont pas un niveau de stress très différent de celui des Anglo-Saxons. Ce sont même les champions en termes de consommation de tranquillisants et d'antidépresseurs. La seule diminution du temps de travail

---

1. *L'Expansion*, n° 640, 1er au 14 mars 2001.

ne peut donc pas, à elle seule, résoudre le problème du stress. C'est ce que montre la mise en place des trente-cinq heures, par-delà tout esprit de polémique et sans évoquer les objectifs politiques ou économiques (en termes d'effets sur le marché de l'emploi) de ce choix. Certes, la réduction du temps de travail peut être un bon instrument pour établir un meilleur équilibre entre vie professionnelle et vie personnelle, mais les bénéfices en termes de stress au travail sont problématiques.

Une enquête récente[1] a montré que, si la mise en place des trente-cinq heures est jugée positive quant à ses effets sur la vie quotidienne par 59 % des salariés, son impact sur les conditions de travail est très décevant. Pour 46 % des salariés, il n'y a pas eu de diminution du stress, et, pour un quart d'entre eux, il y a même eu une aggravation du niveau de stress.

Pour les cadres, la mise en place des trente-cinq heures se traduit le plus souvent par plus de gestion administrative et moins d'équipes pour les assister. Ils récupèrent le travail des autres, ce qui les oblige à rester plus tard le soir ou à travailler chez eux. Une enquête[2] indique que 62 % des cadres estiment que les trente-cinq heures ont augmenté leur charge de travail et que 32 % regrettent la dégradation des conditions de travail qui s'est ensuivie. Pour la grande majorité des cadres, les trente-cinq heures semblent une utopie. En effet, les cadres français travaillent en moyenne quarante-cinq heures par semaine, et, pour 25 % d'entre eux, plus de cinquante heures. Le temps passé en réunion

---

1. Enquête menée entre novembre 2000 et janvier 2001 auprès de 1 618 salariés, et conduite par la Direction de la recherche, des études et des statistiques (DARES) du ministère de l'Emploi.
2. Enquête « Indicateur du management 2000 », décembre 2000 (cabinet Epsy et experts).

est particulièrement important et représente pour certains plus de la moitié du temps qu'ils passent au travail.

Car la réduction du temps de travail (RTT), si elle s'accompagne d'une augmentation de la tâche, pose un grave problème : comment exécuter, dans un laps de temps plus restreint, un volume de travail plus important ?

> « On avait l'habitude d'avoir des périodes de pointe, pendant lesquelles l'activité était plus intense, mais c'était ponctuel et supportable. Et puis il y avait une espèce de solidarité, j'aimais bien ça. Maintenant, c'est quotidien. Tout est urgent, tout le temps. On est obligé d'avoir en permanence le pied sur l'accélérateur : on a peur de faire des erreurs, peur de ne pas travailler comme il faut. C'est stressant et frustrant. »

3

Des changements incessants

> « Il faut que tout change pour que rien ne change. »
>
> Le prince de Lampedusa,
> *Le Guépard*, Luchino VISCONTI.

Pendant des siècles, les êtres humains ont, à peu de chose près, utilisé les mêmes instruments, répété les mêmes gestes et vécu dans un environnement similaire. La différence entre un paysan du XIe siècle et un paysan du XIIIe siècle était extrêmement mince. L'Histoire déroulait avec une certaine régularité le fil du temps, même si des découvertes fondamentales ou des mutations socio-historiques marquaient une accélération dans la vie quotidienne et les mentalités : certaines époques comme la Renaissance en Europe ou le XIXe siècle ont été, il est vrai, des moments particulièrement effervescents. Au début du XXe siècle, la roue du temps commence déjà à tourner plus vite, mais les mutations restent modérées : ainsi, un boulanger né avec le XXe siècle a vu apparaître le four à gaz, mais, dans sa carrière, il n'a pas connu d'autre bouleversement.

Depuis la Seconde Guerre mondiale, le changement est devenu l'une des caractéristiques les plus visibles de notre société[1]. Aujourd'hui, nos vies connaissent une accéléra-

---
1. Alain Toffler, *Le Choc du futur*, Paris, Denoël, 1971.

tion vertigineuse. Il suffit pour s'en convaincre de passer en revue tous les objets que nous utilisons tous les jours : la moitié d'entre eux n'existaient pas il y a à peine vingt ans. Or le tempo du renouveau va être de plus en plus rapide. On sait par exemple que la médecine — c'est vrai de l'ensemble des domaines scientifiques — a accumulé autant de connaissances en trente ans (depuis les années 1970 jusqu'à nos jours) que depuis Hippocrate, et l'on considère que, dans les dix années à venir, elle verra autant de changements, sinon plus, que ces trente dernières années.

Dans les entreprises, la dynamique du changement intervient d'abord à un niveau macroscopique : c'est la valse des fusions, des restructurations organisationnelles. On change de nom, on n'est plus français, on est italien. On n'est plus implanté à Paris, on déménage dans le Nord. Ces changements ont bien sûr des conséquences considérables sur chacun. Ils sont devenus une donnée constante de notre vie au travail. Flexibilité, mobilité, réorganisation, adaptation, fusion, etc., les mots appartenant à la sphère du changement sont omniprésents dans le vocabulaire des décideurs.

La mobilité professionnelle s'accélère. Ce phénomène touche surtout les cadres, qui restent de moins en moins longtemps au même poste. Une enquête[1] indique ainsi qu'en l'an 2000 près d'un cadre sur trois a connu une forme de mobilité, essentiellement d'ailleurs au sein de la même entreprise. Le taux de mobilité externe (c'est-à-dire le changement d'entreprise), quoique moins important, est en constante progression (4 % en 1997 et 12 % en 2000).

---

1. Enquête « Association pour l'emploi des cadres (APEC) », juin 2001.

> ### Le déroulement de la carrière
>
> Toute carrière professionnelle est jalonnée d'étapes, chacune pouvant générer un stress spécifique.
> *Le début de carrière* : le décalage entre vos attentes personnelles, parfois naïves, et la réalité du monde professionnel peut être source d'anxiété ou d'insatisfaction.
> *Le milieu de carrière* : les opportunités professionnelles se réduisent, et vous pouvez avoir le sentiment de « plafonner », ce qui engendre des frustrations. C'est aussi la période où peuvent surgir des conflits entre vie professionnelle et vie familiale.
> *La fin de carrière* : le maintien de vos compétences et l'adaptation à des technologies nouvelles peuvent générer de l'anxiété. Le sentiment de ne plus être très « utile » favorise la démotivation.
> *L'entrée en retraite* : c'est le moment où il faut réorienter son énergie vers d'autres activités. Car le désinvestissement peut être à l'origine de la dépression.

D'après Nicole Rascle, « Facteurs psychosociaux du stress professionnel et de l'épuisement professionnel », *in* M. Bruchon-Schweitzer et B. Quintard, *Personnalités et maladies*, Paris, Dunod, 2001.

Certains changements sont discrets, et leur finalité n'est autre que le maintien des choses en l'état. D'autres s'avèrent plus spectaculaires, urgents, brutaux, voire douloureux. Rien d'étonnant à cela quand on sait que le changement se définit comme un stress, c'est-à-dire comme la réponse d'adaptation de l'individu face au changement. Du reste, dans les « échelles de stress », c'est-à-dire dans les questionnaires que l'on utilise en psychologie pour évaluer le stress, ce sont les différents « changements » de l'existence qui sont recensés, du plus dramatique au plus anodin : la mort d'un conjoint, le divorce, la maladie, le mariage, la retraite, un déménagement, les vacances.

Le changement, introduit dans une entreprise pour en améliorer ou en optimiser la performance, peut cependant s'avérer négatif, même s'il est techniquement justifié et bien conduit. La pierre d'achoppement est souvent le facteur humain. « Lorsque les changements organisationnels n'atteignent pas leurs objectifs, les raisons de cet échec sont liées aux facteurs humains dans 30 à 70 % des cas[1]. »

Cela s'explique trop fréquemment par une méconnaissance des mécanismes psychologiques d'adaptation au changement et le non-respect de quelques règles fondamentales, qui devraient régir l'implantation du changement au sein de l'entreprise.

À QUELLE QUANTITÉ DE CHANGEMENTS ÊTES-VOUS CONFRONTÉ ?

Mort d'un conjoint	100
Divorce	73
Séparation d'avec sa femme ou son mari	65
Temps passé en prison	63
Mort d'un parent proche	63
Blessure ou maladie	53
Mariage	50
Licenciement	47
Réconciliation (avec sa femme ou son mari)	45
Retraite	45
Ennuis de santé d'un parent proche	44
Grossesse	40

1. J. R. Galosy, American Society for Training and Development, 1990.

Problèmes sexuels	39
Arrivée d'un nouveau membre dans la famille	39
Problèmes professionnels	39
Modification de situation financière	38
Mort d'un ami intime	37
Changement de situation professionnelle	36
Multiplication de disputes conjugales	35
Hypothèque ou dette de plus de 100 000 F	31
Saisie d'une hypothèque ou échéance d'un emprunt	30
Changement de responsabilités professionnelles	29
Fils (ou fille) quittant la maison	29
Problèmes avec les beaux-parents	29
Exploit personnel marquant	28
Conjoint se mettant à travailler ou s'arrêtant	26
Début ou fin de scolarité	26
Changement de conditions de vie	25
Modification d'habitudes personnelles	24
Difficultés avec un patron	23
Changements d'horaires ou de conditions de travail	20
Déménagement	20
Changement d'école	20
Changement de loisirs	19
Changement religieux	19
Changement d'activités sociales	18
Hypothèque ou emprunt de moins de 100 000 F	17
Changement dans les habitudes de sommeil	16
Changement de rythme des réunions de famille	15
Changement des habitudes alimentaires	15
Vacances	13
Noël	12
Amendes ou contraventions	11

Ce questionnaire[1] fait ressortir l'importance du changement dans les causes principales du stress. Il tient compte d'événements de la vie professionnelle ou personnelle, non seulement malheureux (comme le licenciement, le décès d'un proche ou la maladie), mais aussi d'événements heureux (comme une promotion, la naissance d'un enfant ou le mariage)

---

1. T. H. Holmes et R. H. Rahe, *in* « The social readjustment rating scale », *Journal of Psychosomatic Research*, 1967, 11, 213-218.

qui constituent également des bouleversements majeurs. Car, quelle que soit la nature du changement, celui-ci exige une adaptation à la situation nouvellement créée. Et plus le changement est majeur, plus le rythme des changements est accéléré, plus l'exigence d'adaptation est grande et plus le stress est important.

INTERPRÉTATION

La survenue des événements listés doit prendre comme référence les douze mois écoulés. Chaque événement se voit attribuer le nombre de points indiqués. Si un événement est survenu plusieurs fois dans l'année, il faut multiplier le nombre de points par la fréquence de l'événement.

Le score (représenté par l'addition de tous les points obtenus) est un assez bon prédicteur d'apparition de pathologies (somatiques ou psychologiques) dans les années à venir. Les recherches ont montré que plus ce score est élevé, plus le risque est grand.

Si votre score se situe entre 150 et 199 :
Vous avez un risque de survenue d'une maladie dans les deux ans qui viennent accru de 35 %.
Si votre score se situe entre 200 et 299 :
Vous avez un risque de survenue d'une maladie dans les deux ans qui viennent accru de 50 %.
Si votre score est supérieur à 300 :
Vous avez un risque de survenue d'une maladie dans les deux ans qui viennent accru de 80 %.

Attention :
Ces résultats n'ont qu'une valeur statistique indicative. Ils peuvent très bien être modifiés par de nombreux facteurs, en particulier la façon dont chaque individu vit chacun de ces stresseurs et la manière dont il les gère.

Les mythes liés au changement

Le changement obéit à un certain nombre de mécanismes psychologiques très simples. Pourtant, pour la plupart, nous avons une vision très erronée des lois du changement et de ses conséquences psychologiques. Pour les salariés comme pour les entreprises, de nombreuses idées toutes faites, voire de mythes circulent en abondance[1].

PREMIER MYTHE : UN CHANGEMENT
PEUT S'OPÉRER SANS DOULEUR

C'est faux ! Tout changement nécessite une adaptation, et il est donc impossible de changer sans subir un stress. Ce qui est envisageable, c'est de changer en gérant le stress induit. Mais, en tout état de cause, un changement a inéluctablement un impact sur l'individu, et le nier serait une grave erreur.

> « Nous avons été amenés à changer notre système informatique. Notre entreprise a pris le temps de nous y préparer. Entre autres, nous avons été formés sur deux jours. Pourtant, quand j'ai dû utiliser les nouveaux logiciels, j'ai été très perturbée... Ça m'a culpabilisée : j'ai pensé que je n'étais pas bonne, parce que j'imaginais au départ que je n'aurais aucune difficulté. »

DEUXIÈME MYTHE : LE CHANGEMENT
PEUT S'EFFECTUER INSTANTANÉMENT

On imagine, à tort, que du jour au lendemain chacun peut trouver les ressources pour s'adapter à un change-

---
1. E. Roskies, « Gérer l'aspect humain du changement », Manuel de formation non publié, 1991.

ment. C'est là aussi une vision totalement fallacieuse. Entre le moment où le changement a lieu et celui où il est assimilé, intégré, « digéré », il y a des étapes importantes, qu'il faut apprendre à repérer et à gérer. Le changement ne se joue pas en un instant : c'est un processus qui se déroule en plusieurs étapes.

L'être humain ne fonctionne pas comme un ordinateur, instantanément capable de remplacer un ancien logiciel par un nouveau ; il n'y a pas non plus de bouton « On-Off » qui permette de modifier un individu et de le faire passer magiquement d'un état à un autre en un clin d'œil. Ignorer ce principe fondamental de la dimension psychologique du changement, c'est s'exposer à l'échec.

> « Au sein de notre entreprise, mes fonctions et mes responsabilités ont été redéfinies. On m'a retiré certaines attributions, et on m'en a confié d'autres. Je devais être opérationnel du jour au lendemain, mais il m'a fallu plusieurs semaines pour m'y adapter. J'ai eu l'impression que mon supérieur ne comprenait pas bien cette période de flottement. »

TROISIÈME MYTHE : SEULS LES GRANDS CHANGEMENTS
SUSCITENT DE GRANDS PROBLÈMES

Une grande entreprise de biscuiterie décide de fusionner avec une autre entreprise alimentaire. Les dirigeants appréhendent le changement : « Ça va être dur : nous allons devoir changer de nom, et c'est un véritable changement de culture. Depuis 1885, on s'appelait M., et, maintenant, on va devoir s'appeler D. » En fait, la fusion et le changement de nom n'ont posé aucun problème aux salariés.

À l'inverse, il est fréquent que de petits changements, comme, par exemple, un déménagement dans de nouveaux locaux, qui implique une modification du lieu de travail, soient d'importantes sources de problèmes et de difficultés pour les gens. Le changement est une notion éminemment subjective : ce qui peut sembler minuscule à une entreprise peut être ressenti comme insupportable par un salarié.

> « Dans mon service, il y a eu pas mal de changements ces dernières années. D'abord, on a dû déménager parce que les locaux étaient devenus trop petits. Puis, il y a deux ans, l'entreprise a été rachetée par un grand groupe international. Pour moi, tous ces changements n'ont posé aucun problème majeur. En revanche, nous venons de réorganiser notre travail en interne, et je ne suis plus avec les mêmes collègues. Ça, c'est quelque chose de beaucoup plus difficile à gérer pour moi. »

Ce mécanisme psychologique est souvent méconnu des dirigeants. Lors d'une restructuration ou d'une fusion qui n'entraîne pas de plan social, ils s'étonnent que certains puissent être mécontents ou aient du mal à s'adapter. Pourtant, à l'évidence, les salariés subissent un stress considérable : des gens qui, depuis dix, vingt ou trente ans ont pris des habitudes de fonctionnement, certaines manières de procéder, et sont confrontés à un changement, même sans menace de licenciement, ne peuvent pas échapper au stress. Bien sûr, les premières craintes sont de l'ordre de la survie, mais on peut également être stressé par un changement, alors que l'emploi ou le revenu ne sont pas en danger.

QUATRIÈME MYTHE : SEULS LES MOINS COMPÉTENTS
ONT DU MAL À S'ADAPTER AU CHANGEMENT

La difficulté à s'adapter est interprétée comme une preuve de faiblesse. Or il se trouve que, paradoxalement, ce sont souvent ceux qui ont investi le plus émotionnellement dans l'entreprise qui éprouvent les plus grandes difficultés au changement. Les entreprises s'imaginent que les salariés les moins performants vont leur poser problème et qu'elles vont devoir s'occuper des faibles, des fragiles. C'est souvent exactement le contraire qui se produit.

> Une importante caisse de retraite professionnelle est en pleine réorganisation : elle vient d'être absorbée par un grand groupe d'assurances. Je suis invité par les médecins du travail à faire une conférence sur le stress. Devant moi, des salariés, qui n'ont que peu de responsabilités dans la société : ceux et celles qui traitent les dossiers passent la journée devant un écran d'ordinateur, des standardistes, des secrétaires, mais aucun cadre de l'établissement. Ces responsables, ces cadres supérieurs, pourtant informés et invités à la conférence, je les ai croisés dans le couloir. Ils m'ont poliment salué avec un grand sourire, avant de lancer discrètement : « Ah oui, c'est aujourd'hui que vous faites votre intervention. Le stress... bonne idée ! Ils ont effectivement besoin d'être aidés. » Sous-entendu : nous, ça ne nous concerne pas...

L'idée que l'encadrement n'est pas concerné par le stress, que c'est pour les « petits » salariés, et donc les plus faibles, est non seulement fausse, mais également dangereuse. Ces cadres vont inévitablement être exposés au stress et en ressentir les effets négatifs. Du même coup, ils risquent de développer une sorte de culpabilité, comme si le sentiment d'avoir du mal à s'adapter était un flagrant délit de faiblesse, la preuve qu'ils ne sont pas « supérieurs » à leurs collaborateurs. Au premier mythe selon lequel le changement peut s'effectuer sans douleur se surajoute un autre mythe, tout aussi dommageable : « Ce sont les gens les moins compétents, ceux qui ne font pas corps avec l'entreprise, qui posent toujours problème ! »

CINQUIÈME MYTHE : POUR QUE LE CHANGEMENT RÉUSSISSE, IL FAUT OUBLIER LE PASSÉ

Lorsqu'elles implantent un changement, les entreprises excellent à vous expliquer à quel point l'avenir va maintenant être radieux. La place n'est pas à la nostalgie, nous répète-t-on inlassablement : du passé, faisons table rase.

> « Nous avons récemment modifié notre stratégie commerciale. Il n'a pas été facile pour moi de me former aux nouvelles techniques et d'acquérir de nouvelles habitudes. Mais ce qui a été le plus pénible, c'est de m'entendre dire que ce que nous faisions avant n'était pas génial. J'ai eu le sentiment qu'on n'avait pas le droit de regarder en arrière... qu'on perdait notre histoire. Et qu'en plus on n'avait pas à en être fiers. »

Les individus ont une mémoire. S'ils gardent du passé des souvenirs positifs et agréables, il est illusoire de leur demander de tout effacer, comme s'il suffisait de cliquer sur l'icône « Vider la corbeille ». Dans notre vie personnelle, nous avons tous l'expérience de changements réussis, dans lesquels les regrets, qu'ils soient sentimentaux ou autres, n'étaient pas absents. L'acceptation du passé, sans reniement, est souvent plus efficace que le refoulement pour nous permettre de progresser.

LE CHANGEMENT : MYTHES ET RÉALITÉS

LE MYTHE	LA RÉALITÉ
Le changement peut se faire sans douleur	Tout changement implique une adaptation et donc du stress
Le changement peut s'effectuer instantanément	Le changement est un processus en plusieurs étapes, donc rarement immédiat
Seuls les grands changements suscitent de grands problèmes	Le changement est perçu de façon très subjective et souvent irrationnelle
Ce sont surtout les moins compétents qui ont du mal à s'adapter au changement	Paradoxalement, les plus investis ont souvent plus de mal à supporter le changement
Pour un changement réussi, il faut vite oublier le passé et se concentrer sur l'avenir	Tout changement implique des pertes et donc des regrets

---

Le stress de la promotion
ou comment un changement positif peut s'avérer stressant

Si étrange que cela puisse paraître, une promotion peut être une source de stress. Au premier abord, beaucoup ne voient dans cet événement qu'un motif de satisfaction, professionnel et financier, le gage d'une reconnaissance suprême.

Pourtant, ce changement met l'individu dans une situation qu'il maîtrise moins que la précédente et peut le conduire à douter de ses compétences. Par ailleurs, cette promotion peut l'obliger à manager davantage de personnes et à être sous le regard des autres. Une promotion peut donc être un puissant facteur de stress.

Cela met en lumière l'un des aspects fondamentaux de la réaction de stress : un événement heureux peut être motif de stress. On connaît, et les spécialistes les ont bien décrits, le stress du mariage, celui de la naissance d'un enfant, etc.

Le stress du survivant

À l'issue d'un plan de licenciement peut survenir, chez ceux qui ont été épargnés, un processus que l'on appelle le « stress du survivant », et qui est tout à fait analogue à ce qui se produit chez ceux qui ont échappé à une catastrophe naturelle ou à une prise d'otages.

Que se passe-t-il ? *A priori*, ces rescapés du plan social ont tout pour se réjouir et s'estimer heureux de leur sort. Néanmoins, c'est souvent après coup qu'ils se rendent compte de ce à quoi ils ont échappé. Au cœur du danger, l'individu n'a pas forcément conscience des risques qu'il court : ce n'est que lorsque le couperet est tombé qu'il se dit : « Moi aussi, j'aurais pu... » Alors surgit l'anxiété, alors se développe le stress.

À ce stress de l'*a posteriori* s'ajoute un sentiment de culpabilité : « Untel a été licencié, mais il ne le méritait pas. Moi-même, peut-être, j'aurais pu, plus que lui, me faire licencier. » Ajoutons enfin la douleur et les regrets que peut constituer la perte d'un collègue et/ou d'un ami, et on comprendra combien le statut de survivant peut être, malgré les apparences, difficile à vivre.

Les différents points de vue face au changement

Selon les personnes concernées dans l'entreprise, la perception du changement est très différente : celui qui en décide ne l'appréhende pas de la même façon que celui qui l'exécute. Ce décalage ne simplifie évidemment pas les choses.

LE CHANGEMENT VU PAR LES DÉCISIONNAIRES

Les décisionnaires ont eu le temps — du moins il faut l'espérer — de réfléchir au changement. Depuis des mois, voire des années, ils s'y préparent. Par ailleurs, ils ont une vision intellectuelle et stratégique du changement qui s'inscrit dans une politique globale. Enfin, troisième élément, ils ont une vision à long terme, ce qui leur donne le sentiment de contrôler la situation. Enfin, ils sont impatients de voir le changement s'implanter. Bref, le changement est pour eux paré d'une auréole positive et bénéfique. Sans cela, ils n'en n'auraient pas décidé ainsi.

LE CHANGEMENT VU PAR LES EXÉCUTANTS

À l'autre bout de la chaîne : les exécutants du changement. Je les appellerai les fantassins (ou les *front liners*). Dans l'armée, l'état-major établit des plans de campagne et décide, alors que, sur le terrain, les soldats passent à l'action, les pieds dans la boue, ce qui n'a pas été forcément l'un des problèmes abordés en haut lieu.

Évidemment, les exécutants du changement n'ont, pour leur part, pas eu le temps de réfléchir. Et l'on est souvent stupéfait de voir que les entreprises annoncent un changement au dernier moment, sur le tard. Pourtant, il est possible et même grandement recommandé de *préparer* le changement. Il existe même des stages organisés par les professionnels, dans lesquels les managers apprennent à annoncer aux salariés des nouvelles plus ou moins difficiles, comme, par exemple, cette décision qui peut sembler anodine, mais dont les conséquences au quotidien peuvent être, dans un premier temps, d'une ampleur quasi sismique : « On va changer de logiciel ! »

Les notes de service sont sans doute une des façons les plus catastrophiques de faire connaître le changement. Cette communication indirecte et impersonnelle est perçue comme un signe de lâcheté, voire de mépris :

> « Ils n'ont même pas le courage de le dire eux-mêmes », « Ça tombe un jour dans le casier du courrier, comme si on était des étrangers », « Ne pas vouloir le dire en face, c'est ça qui me semble le pire. »

Pis encore, le changement est parfois « découvert » indirectement par les salariés :

> « Vous vous rendez compte, chez nous, on a appris dans le journal qu'il allait y avoir un plan social... Quel mépris de la part de la direction ! »

On observe une difficulté similaire dans la pratique médicale : les médecins sont très réticents et parfois peu doués pour annoncer à un patient qu'il a une maladie grave. Dans les hôpitaux, il arrive souvent que ce soient les infirmières, qui, au détour d'une phrase, révèlent le mauvais diagnostic aux patients. Annoncer une mauvaise nouvelle est toujours une situation inconfortable, mais *manager* une entreprise n'est pas, de façon générale, une situation de confort. Encore moins lorsqu'il faut procéder à des changements.

Autre différence entre décideurs et exécutants : ces derniers n'ont pas une vision intellectuelle, mais *une vision émotionnelle du changement*. On retrouve ici le thème des émotions, enjeu crucial et épineux de la vie dans l'entreprise, et qui reviendra de façon récurrente dans ce livre : le stress et les émotions sont les deux fils qui tissent la trame de notre quotidien au travail.

Or, dans le monde du travail, les émotions sont très mal vues. On n'accepte généralement pas que les gens soient anxieux ou en colère face au changement. Pourtant, ces états émotionnels sont tout à fait normaux. Même le découragement est naturel et légitime : « Tout ce qu'on a fait... ça n'a servi à rien, puisque, maintenant, ils changent tout ! » C'est ce rejet et ce déni de la réalité émotionnelle, inhérents au processus du changement, qui génèrent un décalage entre les décideurs et les exécutants. Comprendre l'inévitable dimension passionnelle du changement est déjà un premier pas vers la gestion du problème.

Autre décalage entre le sommet et la base : *les exécutants ont le sentiment de ne pas contrôler ce qui se passe*. Le changement est imposé, et il n'est donc pas forcément désirable. Cette difficulté supplémentaire à accepter le changement est également tout à fait normale : dans la logique de la psychologie humaine, la réaction de stress face à un changement est un processus normal. Dans une situation nouvelle, notre système biologique se met automatiquement en état d'alerte. Un animal qui se trouve soudain plongé dans un environnement qu'il ne connaît pas est immédiatement en situation de stress et d'anxiété : tous ses sens sont focalisés sur l'idée d'un possible danger. Il ne remarque pas que l'herbe est plus verte, le soleil plus doux. Il ne pense qu'à une chose : « Attention, il y a peut-être un fauve caché dans l'herbe, prêt à me sauter dessus. » Tout cela est non seulement normal, mais encore très utile : ce stress est un bon stress, bénéfique à notre survie. Car, dans l'esprit humain aussi, le changement induit la perception de risques et nous mobilise utilement à être efficaces.

Il est normal que, dans un changement, un individu ne voie que les inconvénients qu'il présente : une nouvelle photocopieuse, même si elle est plus performante, aura le désavantage de nécessiter l'apprentissage d'une nouvelle procédure, un bureau remis à neuf et repeint oblige à déménager toutes ses affaires, etc.

Si l'on a de grandes ressources psychologiques pour préparer ce changement, ou si, comme c'est le cas pour les décisionnaires, on en a une vision extrêmement positive, on ne perçoit plus les inconvénients. Mais il est indispensable de comprendre ce mécanisme et de pas culpabiliser tous ceux qui sont réticents au changement : ce ne sont pas des « traîne-savates », ni des râleurs, ni des imbéciles. Ne pas envisager le stress, indissociable de tout processus de changement, est une erreur de psychologie.

> Décider que des commerciaux vont désormais gérer eux-mêmes la comptabilité de leur secteur n'est pas un changement sans conséquences. À l'inverse, certaines entreprises peuvent parfaitement gérer un changement qui pose pourtant de gros problèmes d'adaptation. C'est le cas notamment d'une grande entreprise de télécommunications, qui a peu à peu fait évoluer le métier de ses techniciens vers une qualification et une réalité commerciales. Rien de moins évident que de transformer un technicien en commercial. Il s'agit même d'une véritable révolution culturelle, qui pose d'énormes problèmes aux intéressés. Cet exemple d'implantation plutôt réussie du changement au sein de l'entreprise s'explique par la réflexion stratégique qui a présidé au

changement : que doit être l'entreprise ? Quels sont ses axes de développement ? Comment faire évoluer les métiers ? Mais aussi et surtout parce que cette entreprise de télécommunications était consciente que le changement n'allait pas être facile et parce qu'elle a tenu compte de toutes les implications humaines concernant son impact.

LES GESTIONNAIRES DU CHANGEMENT OU L'ENCADREMENT, PRIS ENTRE DEUX FEUX

L'encadrement est en quelque sorte « pris en sandwich » entre ceux qui ont programmé le changement et ceux qui l'exécutent sur le terrain. Ils n'ont pas pris les décisions ou, en tout cas, leur participation a été réduite. Parfois, ils peuvent même être hostiles à la décision, mais c'est à eux d'implanter le changement : d'où ces situations qu'on appelle en psychologie des « conflits de valeur », ou, pour utiliser un mot souvent employé à mauvais escient, des cas de « schizophrénie ». On demande en fait aux gestionnaires de motiver leurs troupes pour une décision à laquelle elles n'adhèrent pas, sans leur dire comment procéder ;

Il faut donner à l'encadrement les moyens humains d'implanter le changement. Être capable d'annoncer des choses difficiles aux gens, être capable de les écouter, de les accompagner psychologiquement, les managers n'y sont pas du tout formés dans la plupart des entreprises. Ils sont pour la majorité compétents dans la dimension stratégique du changement, mais totalement démunis quant à son aspect humain.

Pis encore, on ne leur reconnaît pas le droit d'avoir des réactions émotionnelles par rapport au changement : un bon manager, pense-t-on, doit laisser son ego à la porte de l'entreprise. « Qu'est ce que c'est ? Vous avez des états d'âme ? », « Vos états d'âme, vous les gardez pour vous ! » Pire qu'un refus, c'est un déni, voire une interdiction de la réaction émotionnelle considérée comme malvenue.

> La filiale française d'un grand groupe américain est en pleine réorganisation. Les décisions ont été prises loin de la France, et la direction générale française devait les mettre en application. Il fallait en particulier réduire considérablement les effectifs des services financiers, puisque la quasi-totalité de la comptabilité française serait transférée dans une autre filiale européenne : deux personnes sur trois verraient donc leur poste supprimé. Chaque responsable d'équipe avait été informé de la stratégie de réorganisation et du calendrier de la réalisation.
> Le stress était considérable, non seulement chez les salariés, inquiets de leur sort, mais aussi chez les cadres, autant par la menace qui pesait sur leur propre poste que pour le rôle qu'on leur demandait de tenir : définir les postes à supprimer et l'annoncer aux intéressés. Certes, il ne s'agissait pas de licenciements secs, mais, la plupart du temps, de reclassements dans d'autres unités ou de retraites anticipées. Il n'en reste pas moins vrai qu'affronter des collaborateurs dans des moments aussi difficiles était pour eux une rude épreuve. « Je n'en dors pas la nuit », me confiait l'un d'eux. « Il s'agit là d'une des choses les plus dures que j'aie eu à faire dans toute ma carrière, me disait un autre. Et je n'ai aucune idée de la façon de le faire. »

LES DIFFÉRENTS POINTS DE VUE DANS L'ENTREPRISE FACE AU CHANGEMENT [1]

Les décisionnaires du changement	<ul><li>ont eu le temps de réfléchir au changement</li><li>ont une vision intellectuelle du changement</li><li>n'affrontent pas directement la réaction des exécutants</li><li>voient les choses à grande échelle</li><li>voient les choses à long terme</li><li>ont le sentiment de contrôler la situation</li><li>sont impatients de voir le changement s'implanter et donner des résultats</li><li>sont surtout sensibles aux gains du changement</li></ul>
Les gestionnaires du changement	<ul><li>sont pris en sandwich entre les deux</li><li>n'ont pas pris part à la décision</li><li>ne sont pas formés pour annoncer le changement</li><li>ne sont pas formés pour gérer les impacts humains du changement</li><li>n'ont pas le droit d'avoir des états d'âme face au changement</li></ul>
Les exécutants du changement	<ul><li>n'ont pas eu le temps de préparer le changement</li><li>ont une perception émotionnelle du changement</li><li>voient les choses à l'échelle individuelle</li><li>sont d'abord sensibles aux aspects à court terme</li><li>n'ont pas de sentiment de contrôle de la situation</li><li>ont le sentiment de « payer comptant » le changement</li><li>sont surtout sensibles aux pertes dans le changement</li></ul>

---

1. D'après E. Roskies, « Gérer l'aspect humain du changement », *op. cit.*

Ce qui rend le changement encore plus stressant

ÇA CHANGE À TOUS LES NIVEAUX

Le système ne cesse de changer, ce qui est particulièrement déstabilisant. Que la routine n'existe plus n'est pas forcément une mauvaise nouvelle. Tout est question d'équilibre. Mais force est de constater que plus personne ne peut dire, à l'instar de nos parents : « Ce que je fais aujourd'hui, c'est exactement la même chose que ce que je faisais hier et que ce que je ferai demain. » Plus de repères, plus de règles. « C'est comme du sable ; ça glisse entre les doigts. » Il faut faire constamment des efforts d'adaptation.

Le changement affecte aussi l'individu de façon beaucoup plus « microscopique » et dans une proximité de son quotidien beaucoup plus grande. Ce sont tous les changements qui portent sur la réalisation de la tâche : une modification de la procédure, une nouvelle façon de traiter les factures, l'introduction de l'informatique, etc.

L'être humain n'est pas programmé pour vivre dans un univers mouvant qui changerait en permanence. Un de ses premiers soucis, c'est de structurer son environnement pour qu'il soit stable. Or les changements s'accélèrent, même en dehors du cercle professionnel : changements dans les statuts familiaux, déménagements, etc., les individus doivent en permanence gérer du changement.

À la fin de sa vie, une personne aura mémorisé plusieurs milliers de procédures et de modes d'emploi : comment recharger les piles d'un baladeur, comment programmer son répondeur téléphonique, régler son réveille-matin, faire fonctionner le four à micro-ondes, utiliser son logiciel de traitement de texte, etc. Tous ces gestes, il a bien fallu les apprendre, et plus le temps passe, plus il y a de nouvelles procédures à assimiler, alors que, pendant longtemps, nous avons vécu avec une centaine de procédures en tête. Si, comme le montrent toutes les études, le rythme des nouveautés croît à toute allure, on peut se demander si nous n'allons pas saturer rapidement notre propre disque dur.

Le technostress

Ils ont été conçus et installés pour faciliter notre travail : ordinateurs, Internet, courrier électronique. Or ces nouveaux outils de communication, avec leur technologie qui évolue sans cesse, demandent à leurs utilisateurs une adaptation permanente. Et, tout comme les virus qui s'introduisent insidieusement dans les disques durs et les logiciels de nos ordinateurs, le technostress peut s'attaquer à l'homme et faire des ravages. La nouvelle technologie, celle qui envahit progressivement tous les secteurs de nos activités humaines, peut réellement faire souffrir les individus.

Chez les « technophiles » passionnés d'informatique, qui ne peuvent se passer d'acquérir les derniers « joujoux », le risque de conduite addictive est grand, car il s'agit d'une véritable dépendance à ces formes modernes de communication. Déjà, les psychiatres décrivent les drogués de l'Internet qui, comme dans toute autre forme de toxicomanie, ne peuvent plus lâcher l'objet auquel ils sont devenus « accros », et présentent tous les signes de manque (anxiété, irritabilité, etc.) lorsqu'ils en sont privés. Dans certains pays, on a même ouvert des consultations d'aide au sevrage pour cette nouvelle forme de toxicomanie.

Chez les « technophobes », qui ont instinctivement une réticence, voire une crainte à utiliser ces outils mal maîtrisés, on observe des réactions d'anxiété, d'inquiétude, et de réelles difficultés à évoluer avec leur environnement professionnel. Dans les entreprises, on rencontre beaucoup de salariés, voire de cadres, qui sont gagnés par un sentiment d'incompétence ou d'incapacité face aux nouvelles technologies. L'exclusion n'est pas loin pour eux, avec le stress qui y est lié.

Chez tous, la charge de travail accrue, le fonctionnement en urgence, un mode de communication tourné vers les appareils et de moins en moins vers nos semblables, tout cela altère le fonctionnement psychique et peut générer nervosité, tension, anxiété, voire insomnie. Le corps aussi peut souffrir : la position assise face à l'ordinateur, avec une contracture des muscles des épaules, du dos, et des mouvements répétés de la tête et du tronc entraîne des pathologies des muscles. Le travail sur écran est responsable de fatigue visuelle, de troubles ophtalmiques et de migraines. Il ne s'agit certes pas de jeter le bébé avec l'eau du bain. On peut néanmoins légitimement s'interroger sur les effets négatifs des nouvelles technologies utilisées à trop fortes doses et tenter de les atténuer par une meilleure communication et une organisation adaptée de l'environnement de leurs utilisateurs.

Le changement génère, de façon inéluctable, un surcroît de travail : quand on se trouve face à une nouvelle procédure, il faut d'abord se l'approprier, ce qui augmente la charge de travail. Si on a, par exemple, un nouveau logiciel, un nouveau processus pour fabriquer tel produit chimique dans l'usine ou un nouveau circuit commercial, il faut l'assimiler, faire des stages de formation, ce qui prend du temps et de l'énergie.

L'IMPRÉVISIBLE ET L'INCONTRÔLABLE

L'imprévisibilité est un facteur de stress extrêmement important, notamment chez les dirigeants : ne pas être capable d'anticiper, n'avoir aucune visibilité, ce sont des situations très inconfortables. « Je ne peux pas vous dire ce qui se passera dans six mois, je ne peux même pas vous dire ce qui adviendra dans trois mois ! » La conséquence immédiate de l'imprévisibilité est l'impossibilité de planifier, de programmer, sources d'énormes stress.

> **« Porte de Pantin, 35 minutes »**
>
> Depuis quelques années, sur le Boulevard périphérique parisien, de grands panneaux lumineux informent les automobilistes de l'état de la circulation, en donnant des indications de temps très précises sur les trajets d'une porte à l'autre. « Porte de Bagnolet, 47 minutes », « Porte Maillot, 20 minutes », par exemple. Ces informations sont destinées non pas à les rendre joyeux à la perspective d'attendre trente-cinq minutes, mais à augmenter leur sentiment de contrôle, en leur permettant de prévoir et de s'organiser (sortir du Périphérique, prendre son mal en patience...) pour lutter contre le stresseur « retard » et ses conséquences. L'information ne fait pas disparaître l'embouteillage, mais, en donnant une prévisibilité, elle permet de diminuer les effets néfastes du stress.

Autre difficulté, le changement entraîne beaucoup d'incertitude quant à ses performances : « Je savais le faire de cette façon, vais-je savoir le faire de cette autre façon ? » Dans le changement, il y a aussi tout ce qui est de l'ordre de la nouveauté : apprendre des modes d'emploi, des savoir-faire qu'on ne possède pas. Les problèmes consécutifs à la nouveauté peuvent être très douloureux.

> « Mon entreprise est dans l'œil du cyclone : réorganisation, fusion, mise en place de procédures nouvelles. En tant que cadre, je dois faire face à des éléments qui sortent de mon mode habituel de raisonnement, parce que c'est nouveau, mais aussi, et surtout, parce que j'ai conscience de mes difficultés à manier certains outils de procédure. Bref, je me sens un peu perdu et, parfois même, je m'interroge sur ma compétence, mes qualifications à ce poste. Et, en même temps, je ne peux pas me permettre d'avouer que je me sens dépassé. »
>
> Le changement joue donc ici comme un mauvais miroir : il renvoie une image dévalorisée et ébranle l'individu dans son estime de soi. Les entreprises négligent trop ce genre de « crise » intérieure.

Au-delà du seul impact sur les individus, le stress agit aussi, de façon collective, sur les entreprises. Ces facteurs humains ont beaucoup plus d'importance qu'on ne l'imagine. S'il ne faut retenir que quelques principes simples concernant le changement, les voici :

- Le changement est d'autant plus stressant pour un individu qu'il n'est pas prévisible. Si vous savez, depuis un mois, que vous allez changer de poste, le changement est malgré tout plus facile à accepter. Si on vous l'impose du jour au lendemain, le stress sera beaucoup plus important.
- Un changement qui n'est pas contrôlable est vécu avec plus de stress : si vous avez le sentiment que vous n'avez aucune marge de manœuvre, si l'on vous fait comprendre que « c'est comme ça, et pas autrement ! », votre niveau de stress augmente.

- **Un changement non désirable est toujours plus stressant.** Si vous n'êtes pas d'accord avec ce changement, vous subissez un stress supplémentaire.

Il est stupéfiant de voir le temps considérable que consacrent les entreprises à raisonner en termes techniques, au moment d'un changement organisationnel — on va par exemple lancer toutes sortes d'études pour savoir comment adapter les ordinateurs afin qu'ils puissent lire le nouveau logiciel —, et le faible temps dévolu à la dimension psychologique du changement. Pourtant, il est aussi important d'aider les individus à progressivement évoluer et, finalement, à souhaiter ce changement, et à pouvoir s'y adapter. Lorsqu'une entreprise échoue dans ses changements organisationnels, la mise au point des aspects stratégiques est rarement en cause. C'est parce que les facteurs humains ont été sous-estimés, voire ignorés que l'implantation du changement avorte.

Quand les licenciements rendent malades

On n'ose pas parler de « dégraissage », on préfère parler de « réduction d'effectifs » (*down sizing* chez les Anglo-Saxons). Ces dernières années, des licenciements massifs sont survenus dans tous les pays industrialisés. Les conséquences ne sont pas uniquement sociales, mais aussi médicales.

Une intéressante étude [1] a été conduite auprès de 981 salariés d'une ville du sud-ouest de la Finlande, pays qui a connu une très importante crise économique, avec un taux de chômage passant de 3,4 % en 1990 à 18,9 % en 1993. Les

---

1. Le *Lancet*, vol. 390, 18 octobre 2000.

chercheurs ont comparé trois périodes : 1991, juste avant la réduction des effectifs, 1993, l'année la plus dure, et 1995, quand la situation a commencé à s'arranger. Les résultats sont édifiants : il existe une relation significative entre les réductions d'effectifs et les arrêts maladie. Le taux d'absentéisme est deux ou trois fois plus élevé quand les réductions d'effectifs ont été importantes. Le risque de certaines maladies, en particulier musculaires, a été multiplié par dix.

Si l'on s'en tient au strict point de vue de la rentabilité, le coût financier de cet absentéisme et de ces maladies n'a fait perdre que 8 à 13 % des économies réalisées grâce aux licenciements. Pas de quoi y faire renoncer les décideurs !

4

Le sentiment d'être frustré

« Si je t'aime, prends garde à toi. »
Carmen, opéra de Georges BIZET, livret d'Henri
MEIHLAC et Ludovic HALÉVY.

Le système de récompense

Les comportements humains sont régis par deux grands systèmes : un système de récompense et un système de punition. Nos comportements suivis de résultats positifs ont tendance à se développer. À l'inverse, nos comportements suivis de résultats négatifs tendent à diminuer.

Ce principe presque trop simple au regard de la complexité de la psychologie humaine est cependant puissant et suscite de nombreuses répercussions dans notre vie professionnelle quotidienne. Les recherches en neurosciences ont permis d'établir les bases biologiques du système de récompense et d'identifier dans notre cerveau des structures nerveuses autour de l'hypothalamus dénommées « le centre du plaisir [1] ».

Dans l'expérience animale, on sait bien qu'un rat va non seulement apprendre à appuyer sur une manette, mais aussi

---

1. A. Routtenberg, « The reward system of the brain », *Scientific American*, 1978, 239, 154-164.

continuer à le faire régulièrement s'il obtient ce que les psychologues appellent « un renforcement ». Ce renforcement peut prendre l'aspect d'une récompense matérielle (sous la forme, par exemple, d'un peu de nourriture), mais aussi être obtenu en stimulant électriquement le « centre de plaisir » du rat.

Chez l'animal toujours, on peut obtenir la diminution, voire la suppression de certains comportements en utilisant des procédures de « punition » : le rat reçoit un choc électrique chaque fois qu'il se déplace dans une partie de la cage. Il évitera rapidement d'aller dans cet endroit.

Les récompenses n'agissent pas uniquement sur les comportements. Elles engagent aussi profondément l'activation des émotions, comme le plaisir (avec la récompense) et la peur ou l'agressivité (avec la punition), et déterminent la motivation.

Au cours de nos activités humaines, nous vivons des situations tout à fait analogues dans la mesure où nous sommes constamment l'objet de « renforcements » et de « punitions », de conséquences agréables et de conséquences désagréables. Dans le monde du travail, on constate une montée extrêmement importante des conséquences désagréables ou plus globalement de ce que l'on peut appeler les « frustrations ». Frustrations qui sont de moins en moins compensées par les « récompenses ».

On peut distinguer les frustrations d'ordre matériel et les frustrations d'ordre psychologique, car autant le rat se nourrit de renforcements essentiellement matériels, comme les boulettes de viande, autant l'être humain a également besoin de reconnaissance, d'attention et d'affection. Les deux aspects — matériel et psychologique — sont essentiels à son bon « fonctionnement » et à son équilibre émotionnel.

Salaires et carrières

UN SALAIRE QUI A DU MAL À SATISFAIRE
L'ESCALADE DE NOS BESOINS

Pour l'homme au travail, le premier type de renforcement matériel est bien sûr le salaire. Pourquoi les gens travaillent-ils ? En grande partie, pour gagner de l'argent. Or cela a l'air d'un poncif, mais, aujourd'hui, nos besoins matériels sont de plus en plus importants : pression de la publicité, société de consommation, idéologie de l'avoir et non de l'être, les explications sont multiples, complexes et dépassent largement le monde du travail. Tout est orchestré de telle sorte qu'on ne puisse pas ne pas avoir le dernier portable ou le logiciel plus récent ; si votre appareil photo n'est pas numérique, votre téléviseur non extra-plat, vous avez l'impression d'avoir un équipement ancestral.

> « On n'a pas d'augmentation, et ça, c'est râlant. Ils nous demandent de plus en plus de qualifications, de nous mettre à l'informatique, d'apprendre l'anglais... Mais rien ne change sur le salaire. Ça devrait être donnant donnant. » « La reconnaissance du cœur, c'est une chose, mais il y a aussi l'aspect économique. »

DES PLANS DE CARRIÈRE ALÉATOIRES

Tout ce qui est de l'ordre de la reconnaissance professionnelle en termes de plan de carrière constitue le second volet des renforcements matériels. Actuellement, il est de plus en plus difficile pour une entreprise de dessiner les plans de carrière des individus.

> « La notion de plan de carrière, ça n'existe plus. J'ai plutôt l'impression d'une gestion au jour le jour », « Plutôt

que des plans sociaux, ils feraient mieux de s'occuper de nos carrières », « Je fais mon travail, j'aime mon travail, mais je ne suis pas notée en conséquence, alors je suis bloquée », « Vu la façon dont ça se passe pour monter les échelons, je m'investis modérément par rapport à ma carrière. Je préfère m'investir dans ma vie de mère de famille. »

Les plus affectés par ce manque de perspective dans leur carrière sont les salariés qui ont un contrat à durée déterminée (CDD) :

« J'ai appris que mon contrat allait être reconduit le jour où il expirait. C'est pas humain ! », « Les CDD, la plupart du temps, ce sont des jeunes qui se lancent. On les appâte avec un discours alléchant, et après on les maintient dans l'incertitude. Parfois, ils laissent passer des opportunités dans une autre boîte. »

Autre sujet de frustrations : les promotions, qui souvent tardent et ne répondent pas aux attentes ou ne semblent pas attribuées aux plus méritants.

« Avec tout le travail que j'ai fait, je pensais vraiment que j'obtiendrais ce que je souhaitais. Mais rien. D'autant plus qu'on me l'avait promis plus ou moins l'an passé », « Ici c'est simple, c'est comme à la loterie, vous ne savez pas qui va gagner le gros lot. Les promotions ne correspondent jamais à des choses justes, votre ancienneté ou l'atteinte de vos objectifs. La règle n'est pas claire. On en voit qui n'ont que quelques années d'ancienneté dans la boîte et dont les résultats ne sont pas meilleurs que ceux des autres : ils se retrouvent bombardés avec une promotion... c'est révoltant ! », « Vous savez comment ça se passe ? On propose des gens pour l'avancement, et le directeur en désigne d'autres : il ne tient même pas compte des noms proposés. C'est de la discrimination. »

Les frustrations émotionnelles

Après avoir demandé aux gens de bien faire leur travail — ce qui est normal —, après avoir exigé d'eux qu'ils se dépassent et arrivent à en faire encore plus, on voit actuellement apparaître une autre tendance. Aujourd'hui, on demande à l'individu de s'investir *affectivement* dans son travail : on veut qu'il aime son travail, qu'il y trouve du plaisir et qu'il s'y consacre corps et âme.

Cette demande émotionnelle fait de plus en plus de ravages dans la mesure où elle crée un vrai problème de souffrance et de stress. Car ce qu'on exige maintenant de vous, c'est de montrer que votre travail est le lieu où vous vous investissez, massivement, que c'est là que vous voulez faire votre vie : en somme, il vous faut donner des gages d'amour. Le travail devient une sorte de maîtresse ou d'amant très exigeant, qui vous demande de l'aimer et de manifester votre amour. Il ne s'agit plus seulement de faire son travail ou d'en faire plus, mais de montrer aussi qu'on l'aime.

« Aimer » son travail, qu'est-ce que cela veut dire ? Sourire, être de bonne humeur, mais aussi tout lui sacrifier, comme à une maîtresse jalouse de votre vie personnelle, qui ne comprendrait pas que vous ayez une femme et des enfants qui vous attendent, et menacerait de vous plaquer du jour au lendemain si elle vous sentait moins investi ou si elle jugeait qu'elle peut se passer de vous quelle qu'en soit la raison.

Cette demande d'investissement émotionnel se manifeste dès le moment du recrutement. Les petites annonces de recrutement jouent de plus en plus sur le registre de l'affectif : « Donnez un sens à votre vie en rejoignant notre équipe ! », « Vous aimerez travailler avec nous. » Ce qui est mis en avant, c'est l'« épanouissement », l'« harmonie », le « plaisir ». De même qu'on vend des yaourts ou des voitures avec des émotions, on « vend » désormais le travail — surtout le travail des cadres (il semble difficile d'utiliser le même registre pour recruter des ouvriers destinés à travailler à la chaîne) — en faisant appel à toutes sortes d'affects. Encore une fois, ce qu'on demande aux gens que l'on recrute, ce n'est pas seulement d'apporter leurs compétences techniques ou intellectuelles — cela, c'est un peu la préhistoire du monde du travail. Ce qu'on attend d'eux, c'est quasiment de donner un peu de leur âme, ou du moins de leurs émotions.

En soi, aimer son travail et s'investir émotionnellement dans ce travail n'est pas une mauvaise chose. Tout est une question de dosage. Tout dépend des risques de déception ultérieure que l'on prend. Les problèmes surviennent lorsque l'engagement affectif est excessif : investir toutes ses émotions dans le travail — on y reviendra dans la gestion du stress —, c'est se mettre en péril. Il existe, de fait, beaucoup de gens, plus fréquemment des cadres supérieurs et des dirigeants, qui, lorsqu'on leur demande : « Qu'est-ce qui compte dans votre vie ? » répondent : « Mon travail. » De toute évidence, ce surinvestissement émotionnel est un facteur de fragilité, dans la mesure où il augmente les risques de *burnout*.

Les workaholics ou les « accros du boulot »

La notion de « workaholism » (mot à mot « dépendance au travail », comme on peut parler d'« alcoholism » pour la dépendance à l'alcool) est apparue aux États-Unis voici une vingtaine d'années, à l'occasion d'une enquête publiée dans le *Wall Street Journal* de New York. Cette enquête [1], réalisée auprès de trois cents dirigeants des plus grandes entreprises américaines, révélait que la plupart d'entre eux travaillaient soixante à soixante-dix heures par semaine, qu'ils se déplaçaient souvent pour leur travail (six à dix jours par mois) et que leur vie professionnelle et leur carrière comptaient plus, à leurs yeux, que leur vie familiale ou leur santé.

Ces « accros du boulot » ne sont pas une espèce propre aux hautes sphères de l'entreprise, même s'ils ont en général des postes à responsabilités. Aux États-Unis, on estime qu'ils représentent environ 5 % de la population active.

Tant qu'ils sont en bonne santé et que leur environnement familial les supporte, les workaholics ne se plaignent pas de leur dépendance et sont même plutôt heureux : ils éprouvent un réel plaisir à se sentir stimulés dans leurs compétences, par le travail. Leur démarche est souvent très égoïste.

Leur principal problème n'est pas tant le travail lui-même (ils y excellent souvent) que leur incapacité totale à trouver du plaisir en dehors de celui-ci. Lorsqu'ils ne travaillent pas (les week-ends ou pendant les vacances), ils se sentent mal, insatisfaits, et, par contrecoup, s'investissent encore plus dans leur travail.

---

[1]. « Significant proportion of chief executives believe job pressures affect health », *Behavioral Medicine*, octobre 1980, 3.

Outre les risques pour leur santé (ils fonctionnent en général à un fort niveau de stress, même si c'est pour eux du « bon » stress), ces forcenés du travail mettent fréquemment en péril leur vie familiale et relationnelle. Ce qui peut retentir sur leur vie professionnelle : lorsqu'ils traversent une crise dans leur travail, ils ont souvent moins de ressources personnelles pour y faire face et s'effondrent littéralement.

Êtes-vous un accro du boulot ?

Pour savoir si vous êtes un « workaholic », lisez les dix phrases suivantes. Si vous trouvez qu'au moins cinq d'entre elles sont vraies pour vous, vous présentez un profil de workaholic. À huit et au-delà, vous êtes dans les sommets de la dépendance au travail...

1. Mon travail est la partie la plus gratifiante de ma vie.
2. Même si j'avais suffisamment d'argent pour vivre, je travaillerais toujours autant.
3. L'un des principaux buts de ma vie est de me réaliser dans mon travail.
4. J'ai toujours en tête une liste de choses à faire de façon à ne jamais rester inactif dans mon travail.
5. Les personnes de mon entourage trouvent que j'ai beaucoup d'énergie et que je tire celle-ci principalement de mon travail.
6. Je travaille très souvent le week-end et pendant les vacances.
7. Je suis si pris par mon travail qu'il m'est souvent difficile de partir en vacances.
8. Je dois fréquemment annuler des rendez-vous ou des

> rencontres personnelles pour me consacrer davantage à mon travail.
> 9. Mon travail est tellement intégré dans ma vie qu'il m'est difficile de faire une séparation nette entre mon temps de travail et mon temps de repos.
> 10. Mon investissement dans le travail pose fréquemment des problèmes à ma famille et à mes amis.

Cette obligation affective ne s'exerce pas de façon terroriste : l'entreprise ne vous « somme » pas de l'aimer. Elle procède de façon beaucoup plus subtile. On pourrait presque parler de chantage affectif qui se cache derrière un mode de fonctionnement apparemment convivial. Les petites entreprises, comme les *start-up* par exemple, sont assez coutumières de ce rapport où l'on manie l'émotionnel de manière extrêmement forte. À première vue, tout est merveilleux, on est loin des grandes sociétés déshumanisées, on travaille en petite équipe, la hiérarchie n'a pas cours. Pourtant, il est beaucoup plus facile pour un individu de trouver des repères à partir d'un cadre réglementaire qu'en fonction de subtilités émotionnelles.

> « Quand je suis arrivé dans cette *start-up*, j'ai eu le sentiment de respirer enfin, confie ce jeune cadre de trente et un ans. Il y avait beaucoup de travail, on ne comptait pas son temps, mais, au moins, on avait de grandes marges de manœuvre. En plus, l'ambiance était formidable : on se tutoyait tous, on rigolait pas mal, on pouvait venir sans cravate. Le carcan se desserrait.
> Mais j'ai vite déchanté. Je me suis aperçu qu'on profitait vraiment de nous. Pour obtenir de plus en plus de choses, il y avait beaucoup de pommade dans le dos, des

"tu es vraiment formidable !", "c'est fou ce que tu t'es vite intégré", etc. Et puis des tas de petites demandes : "Ça serait vraiment sympa si tu pouvais faire ça...", "Je suis vraiment ennuyé, j'ai un problème, il faut que tu m'aides..." Ce n'étaient pas vraiment des ordres, il n'y avait pas vraiment de structure hiérarchique, mais c'était un travail permanent sur l'affectif. J'avais le sentiment que, si je disais non, j'étais un salaud ou un égoïste. Où j'étais avant, c'était plus clair : mes responsabilités étaient définies, mes objectifs aussi. Quant aux ordres, ça se discutait rarement. Avec l'émotionnel, c'est toujours du flou... »

Si les fonctionnements hiérarchiques en pyramide sont condamnés, c'est d'abord parce qu'ils ne permettent pas d'avoir une réactivité avec le temps — à cause de leur lourdeur —, mais aussi, peut-être, parce qu'ils ne sont pas les plus à même de travailler sur les émotions humaines.

En somme, tout se passe comme si l'entreprise ne se contentait pas d'influer sur les seuls comportements des salariés, mais aussi sur leurs émotions. On passe progressivement du contrôle des gestes à celui des désirs. Il s'agit maintenant de « manager » l'énergie psychique, mais aussi l'imaginaire de l'individu. L'entreprise « managinaire », telle que la définissent Nicole Aubert et Vincent de Galéjac[1], opère en douceur mais est faite d'injonctions paradoxales : « Tu dois m'aimer passionnément, mais toi, tu ne sauras jamais si je t'aime, et, d'ailleurs, je n'ai pas à t'aimer. »

Autre écueil de l'investissement affectif : le sacrifice non

---

1. *Le Coût de l'excellence*, Paris, Seuil, 1991.

payé de retour. Vous pouvez aimer votre entreprise plus que tout, lui donner votre vie, et vous retrouver dans un insupportable sentiment de frustration, parce que vous avez l'impression d'avoir donné en pure perte. Le moment du désamour est alors vécu de façon très douloureuse.

On assiste en fait ici à une alchimie très complexe : s'investir dans son travail n'est, comme on l'a vu, ni forcément répréhensible ni forcément dangereux. La frustration fait pour sa part partie du quotidien professionnel. Cependant, un investissement émotionnel — d'autant qu'il est excessif — combiné à des frustrations crée un mélange détonant, comme dans une réaction chimique où deux produits, qui n'ont en eux-mêmes rien de particulièrement dangereux, peuvent provoquer une explosion.

Pour toutes ces raisons, les frustrations émotionnelles, bien que plus subtiles, sont souvent beaucoup plus importantes et plus nocives que les frustrations matérielles. Un des exemples les plus flagrants concerne les fusions, les changements de nom et les pertes d'identité qu'ils entraînent. « Nous avons la culture x car nous sommes l'entreprise x ! » Et, tout d'un coup, on vous annonce : « Maintenant, on ne s'appelle plus x, on s'appelle y. » Du même coup, les investissements de travail, mais aussi et surtout les investissements émotionnels, dans le nom ou la culture d'entreprise sont remis en question : tout se passe comme si on vous demandait de tomber amoureux d'une personne et, ensuite, de la plaquer pour une autre !

> « Pendant quinze ans, depuis que je travaille pour cette entreprise, on n'a cessé de nous répéter que nous étions les meilleurs, que nous avions de vraies valeurs dans notre société, et que notre concurrent le plus direct n'avait pas une culture d'entreprise aussi estimable.

Imaginez maintenant que nous venons justement d'être rachetés par ce concurrent ! Tout ce à quoi je croyais, je dois l'abandonner et me convaincre que c'est leur culture d'entreprise qui est la bonne... »

De la même façon, on demande aux cadres de s'investir sur des projets de réorganisation ou des projets de marché, de donner le meilleur d'eux-mêmes et puis, pour des raisons qui souvent leur échappent, on leur annonce soudain qu'on abandonne le projet, qu'il tombe à l'eau. Ceux qui décident ne se rendent pas compte du degré que peut atteindre la frustration de quelqu'un qui s'est investi émotionnellement dans un projet et qui le voit avorter. Il est tout à fait légitime qu'une entreprise « rectifie le tir » et change d'avis ou abandonne une action amorcée, puisque l'adaptation à la mouvance économique et sociale induit forcément des changements de direction. Mais il faut savoir que demander à quelqu'un de tout donner, et se réserver le droit de changer de cap, constitue une source extrêmement importante de frustration. Il est indispensable que l'entreprise comprenne cela et apprenne à le gérer.

Le manque de reconnaissance

Les frustrations sociales génèrent sans doute la forme de spoliation la plus éprouvante. À la différence de l'animal qui ne peut se nourrir que de renforcement matériel et d'un peu de renforcement émotionnel, l'être humain se nourrit essentiellement de reconnaissance sociale. C'est-à-dire qu'il a un besoin viscéral de se sentir apprécié, valorisé, reconnu par les autres, que ce soient ses collègues, ses supérieurs, ses clients, ses prestataires, mais aussi sa famille, ses amis, ses proches.

C'est pourquoi l'absence des renforcements sociaux chez les travailleurs et chez l'encadrement est un facteur de stress gigantesque. On se rend compte que la gestion des ressources humaines est le reflet du mode général de fonctionnement de l'entreprise. Il existe des entreprises où l'on ne parle aux employés que pour leur dire ce qui va mal chez eux. On ne vient jamais les voir pour leur dire qu'ils ont bien fait leur travail : quand ils sont efficaces et que les résultats le prouvent, personne ne vient les remercier, ou si rarement. En revanche, à la moindre défaillance, on débarque dans leur bureau et on met le doigt sur l'erreur.

> « Je travaille dans une société d'assurances : je suis rédactrice et je monte des dossiers d'assurance. Mon superviseur, quand il vient me parler de la rédaction d'un contrat que j'ai fait, ce n'est que pour me montrer les erreurs, il ne vient jamais me dire quand c'est bien ! »
> « Je suis maître d'hôtel dans un restaurant de la Côte d'Azur. Quand un client demande à me voir, je sais que c'est pour râler. Quelque chose ne lui a pas plu ou il y a un problème. Il est très rare que quelqu'un vienne me voir pour me dire que ça s'est bien passé. »

On voit donc s'installer un système tout à fait pervers dans lequel les relations « managériales » ou les relations avec le client se font toujours sur le mode de la plainte.

Or, au niveau expérimental, on sait que le meilleur moyen d'épuiser un rat est de n'appliquer que des conséquences négatives : chaque fois que le rat fait ce qu'on lui demande de faire, il n'a pas de nourriture (de récompense), et chaque fois qu'il fait mal, il reçoit un choc électrique (une punition).

Ce type de fonctionnement, très générateur de stress, a son ancrage dans une culture spécifique à notre pays. En

France, lorsqu'un élève récupère sa copie, les annotations ne concernent que les fautes, les maladresses, les faiblesses. Le professeur ne souligne en rouge que ce qui ne va pas. Dans d'autres pays, dans d'autres cultures, le système éducatif est beaucoup plus positif ; dès l'école, les enseignants mettent en valeur ce qui est réussi : « Bien... bravo ! Mot difficile... et vous n'avez fait aucune erreur ! Superbe ! »

> « Je suis chercheur en biologie, et je fais de nombreuses conférences en France et à l'étranger. Ici, je suis sûr que la première intervention, après mon exposé, ne sera jamais pour me dire : "Comme vous avez bien expliqué ce sujet difficile !", mais plutôt : "Vous avez omis d'aborder un point !" Alors qu'aux États Unis c'est l'inverse : on commence systématiquement par vous féliciter, quitte ensuite à vous faire part de remarques plus critiques. »

La culture du négatif

Nous ne travaillons pas uniquement pour gagner notre vie. Nous attendons en retour une forme de reconnaissance pour notre contribution. Il n'y a pas que l'argent qui entre en jeu : quand on est reconnu pour ce que l'on fait, on a une satisfaction personnelle. Pourquoi les entreprises renâclent-elles à exprimer leur satisfaction, leur gratitude ? Alors que la distribution massive de renforcements sociaux met rarement en péril la trésorerie de l'entreprise. Plusieurs explications sont possibles.

BIEN FAIRE SON BOULOT, C'EST NORMAL

Un certain nombre de managers demandent beaucoup à leurs employés et considèrent que la rémunération suffit : après tout, ils sont payés pour faire du bon boulot. Le directeur de la société d'assurances que nous évoquions plus haut considère sans doute que, si sa rédactrice reçoit son virement sur son compte en banque en fin de mois, c'est pour faire de bons rapports. Par conséquent, il n'a pas à le lui dire, c'est normal ; en revanche, ce qui est anormal, c'est de faire de mauvais rapports, et, cela, il doit le faire savoir ! Le sentiment que faire bien, c'est normal et faire mal, ce n'est pas normal !

Raisonner ainsi, c'est oublier que bien faire, même si ce n'est pas un exploit, ne va pas de soi. C'est quelque chose de formidable, et on doit le dire !

IL N'EST PAS BON
DE FAIRE TROP DE COMPLIMENTS

L'autre frein au renforcement positif procède d'une culture assimilée dès l'école, sans doute influencée par notre héritage judéo-chrétien, selon laquelle il n'est pas bon de faire des compliments : si l'on dit aux gens que ce qu'ils ont fait est bien, ils vont avoir « la grosse tête » ou bien ils seront tellement satisfaits qu'ils risqueront de s'endormir sur leurs lauriers.

Cette idée totalement fausse révèle une méconnaissance des principes de base de la psychologie : nous ne sommes en aucun cas limités par les félicitations. Les bons enseignants le savent bien, tout comme les coaches des sportifs : les meilleurs résultats sont obtenus grâce aux renforcements réguliers.

FAIRE DES COMPLIMENTS, C'EST ÊTRE FAIBLE

Si étrange que cela paraisse, pour beaucoup de personnes, il est plus facile de faire une critique qu'un compliment. Un cadre m'avouait un jour :

> « Engueuler mes collaborateurs, leur dire que le travail n'est pas suffisant, ça, je sais le faire. Mais si je dois dire à quelqu'un que je suis content de travailler avec lui, je me sens presque ridicule... je me demande comment il va prendre ça... J'en suis presque gêné. D'ailleurs, si je dois vraiment le faire, je m'arrange pour éviter de regarder la personne dans les yeux... »

Les spécialistes ont bien décrit cette gêne que l'on peut éprouver parfois face à une autre personne et dans laquelle se joue une anxiété sociale[1]. Celle-ci peut se manifester dans de nombreuses occasions, notamment quand il s'agit de faire un compliment à quelqu'un. Un dirigeant analysait un jour pourquoi il maniait très peu les compliments :

> « À féliciter les gens, vous vous affaiblissez, vous leur montrez des signes de faiblesse. Avec les critiques, au contraire, vous montrez votre force... »

Il n'avait pas tort : les critiques sont le plus souvent associées aux émotions agressives qui permettent d'établir un rapport de forces en vue de dominer l'autre. Mais que ce type de raisonnement prévale dans certaines formes de rapports humains au sein de l'entreprise est en revanche très inquiétant.

---

1. C. André, P. Légeron, *La Peur des autres*, Paris, Odile Jacob, 2000.

5

L'homme est un stresseur pour l'homme

> *« Homo homini lupus »* (L'homme est un loup pour l'homme).
>
> PLAUTE.

La dictature du client

Autrefois, le client était roi. Aujourd'hui, il est devenu un véritable dictateur. Dans notre société de consommation, tout semble organisé pour le satisfaire à cent pour cent. D'où, bien sûr, une pression accrue pour tous les salariés, des entreprises privées au secteur public.

DES CLIENTS TOUJOURS PLUS EXIGEANTS

Les clients d'aujourd'hui sont de plus en plus exigeants, leurs attentes toujours plus fortes. Si quelque chose ne va pas, ils n'hésitent pas à se plaindre, mais, par contre, ils expriment beaucoup plus rarement leur satisfaction. Actuellement, on estime à plus de six millions le nombre de salariés en contact avec la clientèle[1], que ce contact soit direct ou téléphonique. Et ce chiffre devrait croître régulièrement les prochaines années.

---

1. Source DARES, ministère des Affaires sociales, de la Solidarité et de l'Emploi, 2000.

La première exigence du client concerne le temps : le client n'attend pas.

> « Je suis dépanneur d'ascenseurs. Chaque fois que j'arrive chez un client, c'est pour m'entendre dire que j'ai mis beaucoup de temps à arriver. Les gens ne comprennent pas qu'on n'intervienne pas tout de suite, à la seconde. »

Dans de nombreux secteurs où les attentes étaient traditionnellement acceptées avec un certain fatalisme, l'attitude des clients change radicalement.

> « Dans notre bureau de poste, il y a certes toujours une file d'attente, mais elle est nettement plus réduite qu'il y a quelques années. Or nous avons, malgré tout, de plus en plus d'incidents, certains étant assez violents, avec des personnes qui ne supportent pas d'attendre, ne serait-ce que quelques minutes. »

Aux guichets des administrations, les rapports avec les clients sont devenus souvent difficiles. Les causes en sont multiples. Il y a fréquemment une organisation insatisfaisante des services : personnel insuffisant, files d'attente mal définies (ce qui donne le sentiment que l'on n'est pas vraiment traité en fonction de son ordre d'arrivée), etc. Malgré un discours unanime sur le thème « le client est au cœur de nos préoccupations », le fonctionnement des services qui accueillent des clients ou des usagers laisse souvent à désirer.

Une autre cause manifeste des tensions qui surgissent de part et d'autres du guichet est le stress des clients eux-mêmes ;

> « Dans notre agence de l'ANPE, nos contacts avec les

demandeurs d'emploi ne sont pas toujours faciles. Cela s'explique par le fait qu'ils ont de réels problèmes et qu'ils sont inquiets. S'ils voient qu'on ne leur propose rien, ils s'en prennent à nous, au guichet. »

« Un des aspects les plus stressants de mon métier, c'est d'avoir à gérer le mécontentement des passagers quand un vol a du retard, me confiait une salariée d'une grande compagnie aérienne. Il nous faut être très diplomate pour faire face à l'ambiance très électrique qui s'installe dans le salon d'embarquement. Les gens sont très stressés, parce que ce retard perturbe leur emploi du temps... On les voit s'agiter et passer des coups de fil à droite, à gauche avec leurs portables... »

QUAND LA « COMMUNICATION »
D'UNE ENTREPRISE S'EN MÊLE

Toutes les entreprises se sont maintenant orientées vers des stratégies « centrées sur le client ». Non seulement elles acceptent l'exigence de leurs clients, mais, souvent, elles l'anticipent, quand elles ne la suscitent pas. Qui du client ou de la banque a souhaité le premier que le détenteur d'un compte puisse joindre vingt-quatre heures sur vingt-quatre un conseiller financier ?

On observe ainsi une véritable surenchère, qui permet aux entreprises de se démarquer de leurs concurrents. Et, de la même façon, on crée auprès des clients de nouvelles attentes et de futures exigences.

Pour certaines entreprises, le souci de la satisfaction totale du client est tel qu'il détermine le style et le contenu de la communication. Ainsi, on a vu, voici quelques années, une grande banque prendre pour slogan : « Le pouvoir de dire oui ». Sans doute une très belle idée des créatifs des agences de communication. Mais qui s'est mis à la place du salarié lorsqu'il doit dire à l'un de ses clients : « Non, je ne peux pas accepter votre découvert » ?

Un récent spot radio met en scène le conseiller commercial d'une grande entreprise de gaz, tellement attentif à satisfaire le désir de ses clients qu'il en oublie de manger. Une réussite indéniable d'un point de vue médiatique. Mais s'est-il rendu compte de la position inconfortable dans laquelle il peut mettre un employé lorsque celui-ci doit dire à son client : « Désolé, là, je ne peux pas vous renseigner, c'est l'heure de mon déjeuner » ?

Il serait faux de penser que seules les entreprises privées se sont engagées dans cette voie. Les administrations et le secteur public leur emboîtent le pas, même si c'est avec un net retard. Ainsi, à la Poste comme à la SNCF, on parle de « clients » et non plus d'« usagers », avec tout ce que cela sous-entend. Dans les hôpitaux, même évolution : on délaisse l'appellation de patients au profit de celle de « clients ».

NOS PATRONS, CE SONT LES CLIENTS

Les nombreux changements qui touchent l'organisation du travail sont pour beaucoup d'entre eux justifiés par la volonté d'améliorer le service aux clients. Il en est ainsi des horaires d'ouverture, mais aussi du fonctionnement des chaînes de production.

> « Les clients veulent un modèle automobile précis, avec une certaine couleur, certaines options, et ce dans les plus brefs délais. Avant, ils devaient se contenter des modèles en stock chez le concessionnaire. Tous les constructeurs automobiles ont repensé leur organisation de production pour raccourcir au maximum les délais entre la commande et la livraison. »

On est loin du temps où Henry Ford disait : « Les gens peuvent choisir n'importe quelle couleur pour la Ford T, du moment que c'est du noir. »

Avec Internet, il est par ailleurs possible, pour le client, de suivre en détail ses commandes, ce qui augmente encore un peu le pouvoir qu'il a sur les entreprises.

Non content d'influer sur le quotidien de son travail, le client pèse aussi sur la feuille de paye du salarié : ils sont en effet de plus en plus nombreux à voir une partie de leur rémunération calculée sur la satisfaction du client. Dans certains pays, comme aux États-Unis, ce sont les clients (par l'intermédiaire de divers systèmes d'évaluation) qui déterminent les meilleurs salariés de l'entreprise. L'appréciation par les seuls supérieurs perd du terrain...

Progressivement, les véritables patrons des employés deviennent les clients. Cela est encore plus vrai pour les salariés du secteur des services, qui regroupe près de 70 % des emplois en France [1]. La tyrannie exercée par ces clients est-elle moindre que celle que les « petits chefs » imposaient à leurs employés ? Difficile de répondre. En tout cas, on n'a pas encore vu de mouvements de grève dirigés contre les consommateurs.

LE PARADOXE DE L'EXIGENCE

Force est de constater que tous ces consommateurs exigeants, ces clients insupportables témoignent, sinon d'une réelle schizophrénie, du moins d'une certaine contradiction. La grande majorité d'entre eux sont en effet eux-mêmes des salariés. Pourtant, en tant que consommateurs, ils trouvent naturel de pouvoir négocier un prêt bancaire en pleine nuit, ou de se faire livrer leur épicerie un dimanche,

---

[1]. « Votre vrai patron, c'est le client », *Liaisons sociales magazine*, février 2001.

oubliant qu'eux-mêmes, en tant que salariés, n'acceptent pas de travailler le week-end ou la nuit.

La montée de l'incivilité

Notre société génère beaucoup d'incivilité. On désigne, par incivilité, l'absence de respect de l'autre : tout se passe comme si l'autre n'existait pas. Un client qui passe commande dans une charcuterie et qui allume sa cigarette, une automobiliste qui s'arrête pour acheter un journal et bloque la circulation, une personne qui double une file d'attente pour ne pas faire la queue. Phénomène de société, variable selon les cultures — en Suisse ou dans les pays anglo-saxons, elle est traditionnellement moindre —, l'incivilité augmente, se généralise et cède parfois le pas à l'agressivité, voire à la violence.

Le travail auprès des employés de banque, de bureau de poste et des caissières de supermarché nous montre que, si l'agressivité est pendant longtemps restée cantonnée aux zones sensibles, elle se répand maintenant dans tous les quartiers, y compris les beaux. Même les gens qui possèdent tous les signes extérieurs de respectabilité peuvent être impolis, agressifs ; ce n'est plus le privilège des petits loubards. Il suffit d'ailleurs de voir le comportement des automobilistes pour se convaincre que l'incivilité ne connaît pas les barrières socioculturelles.

DE L'IGNORANCE AU NON-RESPECT DE L'AUTRE

« Pas un bonjour, pas un merci, pas un au revoir. » Cette constatation amère, beaucoup de conducteurs de bus ou de caissières de supermarché la partagent. Outre les exigences et les pressions que les clients exercent au quotidien, l'un des aspects les plus déstabilisants pour les salariés, mais peut-être moins perceptible, est en effet la sensation de ne pas exister. Dans une étude que nous avions conduite auprès de la RATP[1], il apparaissait que le plus grand facteur de stress n'était pas, comme on pourrait l'imaginer, les contraintes liées à la circulation dans les rues de la capitale, mais, bien souvent, les relations avec la clientèle.

> « Le plus dur, c'est de se sentir inexistant ou mal considéré. Par exemple, les gens qui ne nous regardent pas en nous montrant leur carte. Ils ne nous voient pas, ils nous ignorent. Je me demande s'ils réalisent qu'il y a quand même, non pas un pilote dans l'avion, mais un conducteur au volant, c'est-à-dire un être humain. J'ai l'impression que, pour certains, nous faisons partie des meubles, de la machine. C'est peut-être pour ça, d'ailleurs, qu'on appelle les conducteurs de bus les "machinistes". »

Les gens qui exercent des professions sans contact avec les autres peuvent certes souffrir d'un sentiment d'isolement social. Mais, dans un autre registre, on peut côtoyer des centaines de personnes par jour, dans l'exercice de son métier, sans établir aucun échange satisfaisant avec elles.

> « Au bout d'un certain temps, vous avez tendance à vous replier sur vous-même. Car, si vous attendez quelque chose des autres, vous êtes trop déçu. »

Certains feront remarquer que le conducteur pourrait peut-être plus souvent prendre l'initiative de ce contact, dire le premier « bonjour » ou ne pas fuir du regard le pas-

---

[1]. « Le stress des conducteurs de bus dans une grande entreprise de transports publics », *Synapse*, janvier 1996.

sager qui monte. Mais quelques conducteurs vous expliquent qu'ils craignent que cette attitude plus accueillante ne soit parfois mal interprétée.

> « Je me souviens d'un jour où j'ai regardé un passager qui montait dans le bus. Il m'a lancé avec agressivité : "Tu veux ma photo ?" Depuis, j'évite de regarder les passagers dans les yeux. »

Si des salariés acceptent finalement comme un pis-aller ces relations déshumanisées, tous sont unanimes à reconnaître que les provocations, les transgressions et les diverses manifestations d'incivilité sont pour leur part très difficiles à vivre, surtout quand elles se déclinent au quotidien.

> « Les gens entrent dans le bus avec une cigarette au bec, ou un chien, alors que c'est interdit.
> Les gens s'amusent à nous provoquer. Je ne sais pas si c'est un jeu pour eux, mais, en tout cas, c'est épuisant ! Ils ne présentent pas leur titre de transport, montent par l'arrière ou descendent par l'avant, demandent à descendre devant chez eux ou devant un magasin...
> Je préfère fermer les yeux devant tout ça, sinon, certains jours, je ne résisterais pas. Bien que la direction nous rappelle aussi qu'il est de notre responsabilité de faire respecter le règlement à bord du bus.
> Ils tapent aux portes, nous hurlent après quand on ne leur ouvre pas assez vite. Ils nous prennent pour des larbins, des chiens.
> L'égoïsme des voyageurs n'a pas de limites : vous leur rendez un service, vous avez l'impression que vous le leur devez. »

L'AGRESSIVITÉ AU QUOTIDIEN

Dans des situations, hélas de plus en plus fréquentes, les relations humaines se déroulent sous le signe de la tension et de l'agressivité.

> « En tant qu'employé dans un service après-vente, mon travail consiste à gérer le mécontentement des gens. Ça, je l'accepte bien... Mais pas de me faire insulter ! »
>
> « Nous sommes en première ligne et c'est nous qui recevons tout le stress des clients, me confiait une caissière de supermarché. Les gens peuvent être odieux, je ne sais pas s'ils s'en rendent compte... Certains vous crient dessus pour faire savoir qu'un produit manque en rayon ou qu'il a augmenté et qu'ils ne sont pas contents. »
>
> Pour le serveur d'une grande brasserie, ce sont les comportements de mépris qui sont les plus durs : « J'ai l'impression d'être un esclave et je dois malgré tout garder mon sourire et rester poli avec les goujats. »

Certaines professions, sans doute à cause de l'image négative qui y est associée, souffrent beaucoup des conflits et de l'agressivité permanente dont elles sont l'objet. Ainsi, les contractuelles, notamment parisiennes, essuient quotidiennement les insultes d'automobilistes irascibles.

> « On nous traite de tous les noms... Certains mots sont tellement grossiers que je ne peux même pas les répéter. »
>
> « "Feignants de fonctionnaires" est leur insulte préférée, quand nous avons un problème et que le ton monte », nous indique cette responsable d'un bureau de poste en province.

L'agressivité verbale et les insultes semblent maintenant

provenir de tous les milieux socioculturels et toucher beaucoup de secteurs professionnels. Elle est loin d'être l'apanage des seules banlieues, des démunis ou des exclus.

> « Dans les beaux quartiers du 16ᵉ arrondissement, de beaux messieurs, impeccablement habillés, n'hésitent pas à nous traiter de salopes quand ils ne sont pas contents », remarque une employée de banque.
> « Dans les avions où les comportements incivils sont de plus en plus problématiques, nous devons faire face à l'agressivité dans toutes les classes de l'appareil. »

L'interdiction de fumer à bord, que certains passagers n'acceptent pas, est l'une des causes de cette agressivité. Chez d'autres, le niveau exorbitant des exigences est également la source de graves tensions. Ainsi, une hôtesse de l'air a récemment été copieusement insultée durant toute la durée d'un vol par un acteur renommé parce qu'elle avait refusé de céder à sa demande, abusive, de surclassement en classe affaires.

L'indiscipline et l'agressivité des passagers inquiètent de plus en plus les compagnies aériennes, car elles mettent à rude épreuve les nerfs du personnel navigant, mais menacent aussi parfois la sécurité des vols, comme le soulignent le syndicat des pilotes de ligne [1].

L'ambiance au travail

Un récent sondage [2] indiquait que la bonne ambiance au travail est, pour 83 % des salariés français, un critère très

---

1. « Passagers, de l'indiscipline à la violence », *Pilote de ligne*, magazine du SNPL, n° 29, mars-avril-mai 2001.
2. IFOP, janvier 2001.

important dans le choix d'une entreprise, bien avant l'intérêt pour la tâche à accomplir.

Or les relations difficiles que connaissent les salariés ne sont pas limitées à leurs contacts avec l'extérieur de l'entreprise ; elles peuvent exister au sein même du lieu de travail et représentent alors un facteur de stress supplémentaire.

LA LUTTE INTERNE

La compétition féroce que se livrent les entreprises, sur le terrain du marché économique, se retrouve aussi entre les salariés, au sein d'une même entreprise. L'obtention d'une promotion, la réussite d'une carrière, la bataille pour un dossier ont tôt fait d'alourdir l'atmosphère et d'installer un redoutable esprit de compétition entre les individus, surtout chez les cadres, et même si tout cela est très discret, bien lisse et peu visible de l'extérieur.

> « Dans notre cabinet, me confiait un jeune avocat international, la compétition est dure. Nous sommes nombreux à espérer une vraie carrière ici, mais nous savons bien que très peu finiront avec le statut d'associés. Entre nous, l'ambiance est agréable en superficie, mais, en réalité, chacun perçoit l'autre presque comme un adversaire à abattre. »

LE MANQUE DE SOLIDARITÉ

Un phénomène particulièrement inquiétant dans le monde du travail est le développement de plus en plus marqué d'un repli des individus sur eux-mêmes et, parfois même, de comportements égoïstes.

Pendant des décennies, les conditions de travail étaient rudes, mais l'existence d'une solidarité entre les individus en atténuait souvent le caractère pénible. L'apparition de la crise dans les années 1970 a entraîné un affaissement de cette solidarité, avec une impression de « chacun pour soi ». Lorsque les menaces sur l'emploi ont fortement pesé sur de nombreux secteurs professionnels, beaucoup pensaient plus à sauver leur peau qu'à se battre collectivement. On observe ainsi que, lorsqu'un salarié a des difficultés (s'il est par exemple harcelé par un supérieur hiérachique), l'entourage professionnel reste trop souvent passif, silencieux, pour ne pas dire complice [1].

LES CONFLITS

Les conflits interpersonnels

Les conflits qui nous opposent aux autres peuvent littéralement miner notre quotidien au travail. Que ce soit avec un collègue, un collaborateur ou un supérieur, qu'il s'agisse d'enjeux importants (une augmentation, un changement de poste, des dates de vacances) ou de choses plus anodines, mais qui nous tiennent néanmoins à cœur (l'agencement du bureau, l'heure de pause, etc.).

Les conflits de rôles

On décrit par ce terme les situations où un sujet se trouve pris entre deux feux, par exemple lorsqu'il est soumis à des ordres contradictoires de la part de deux supérieurs hiérarchiques. Ce genre de conflit est de plus en plus fréquent, car les entreprises sont aujourd'hui assez déstructurées, sans notion d'une hiérarchie directe. Elles sont organisées en unités, et plusieurs services peuvent travailler sur un même projet. Les salariés sont ainsi amenés à en référer à plusieurs chefs.

---

1. Christophe Dejours, *Travail, usure mentale*, Paris, Bayard, 2000.

Or, depuis longtemps, les psychiatres savent que, soumis à une « double contrainte », les individus s'exposent à des risques psychologiques[1].

Un autre exemple classique est celui du salarié qui a bénéficié d'une promotion : il doit donc désormais diriger ses anciens collègues. Que fera-t-il si l'un d'eux commet une erreur ? Endossera-t-il, sans état d'âme, le rôle du chef en sanctionnant son ex-collègue devenu son subordonné ? Ou privilégiera-t-il le rôle du camarade de travail, en fermant les yeux sur l'erreur ?

Que dire aussi des nombreux conflits de rôles auxquels sont confrontés ceux qui travaillent avec leur conjoint ou leurs enfants ?...

Le conflit de valeurs

Ce facteur de stress existe lorsque les messages ou les objectifs de l'entreprise heurtent les convictions morales du salarié, et, pire encore, lorsqu'on demande à celui-ci d'agir à l'encontre de sa propre morale. Par exemple, pour prendre des situations extrêmes, travailler dans une usine d'armement pour un pacifiste ou dans une centrale nucléaire pour un écologiste. Mais aussi, en tant que manager, devoir licencier des salariés en raison de leur âge.

> « Je suis très mal à l'aise quand je vois que je passe mon temps à essayer de vendre à mes clients des produits peu adaptés à leurs besoins. Je sais que c'est une source de bénéfice pour l'entreprise, mais, au fond de moi-même, ça me déplaît. »
>
> « Pour moi, les pires moments, me confiait une employée de banque, c'est quand je dois envoyer les

---

1. Paul Watzlawick, *La Réalité de la réalité*, Paris, Seuil, 1976.

huissiers chez des gens qui n'arrivent plus à rembourser un emprunt, alors que je sais très bien qu'ils n'ont pas un centime. Ça me rend vraiment malade. »

Les « personnalités difficiles »

Travailler avec les autres, c'est cohabiter avec des gens qui nous sont plus ou moins imposés. Dans notre vie personnelle, nous nous faisons les amis que nous voulons. Au travail, il est rare que nous puissions choisir nos collègues, et plus exceptionnel encore que nous choisissions notre supérieur...

Chacune des personnes qui nous entourent au bureau ou à l'usine (et avec qui nous passons souvent plus de temps qu'avec nos proches) a sa propre personnalité, avec laquelle nous nous accordons plus ou moins bien, selon ce que nous sommes.

Les psychologues savent bien qu'il existe des personnalités particulièrement dures à vivre : on les appelle les « personnalités difficiles[1] ». Voici une petite galerie de portraits.

LES ANXIEUX

> « Mon commercial est un grand anxieux. Quand il part en province voir des clients, il imagine toujours le pire, qu'il va y avoir une grève des avions, ou bien qu'à cause des embouteillages il va rater son vol. Il s'inquiète tout le temps sur la qualité de ses performances. Il vient me voir régulièrement pour être sûr qu'il fait bien les choses correctement. Je passe mon temps à le rassurer... »

---

[1]. F. Lelord, C. André, *Comment gérer les personnalités difficiles*, Paris, Odile Jacob, 1996.

LES PARANOÏAQUES

« Je partage mon bureau avec un collègue insupportable. Impossible d'avoir des relations de confiance avec lui. Quand il s'absente du bureau quelques instants, il ferme ses tiroirs à clé. La conversation avec lui n'est jamais détendue, il ne se livre pas. Un jour, je l'ai questionné sur la destination de ses vacances, il m'a demandé pourquoi je voulais le savoir. Lorsque je dois travailler sur l'un de ses dossiers, il imagine toujours que je vais en profiter pour lui piquer son client.
En plus, il est d'une susceptibilité énorme : dès qu'avec d'autres on rigole un peu, il s'imagine tout de suite qu'on se moque de lui. »

LES OBSESSIONNELS

« Le collègue avec qui je travaille est d'un perfectionnisme exaspérant : on est souvent amenés à bosser sur des dossiers communs, et il a toujours un détail à corriger, une note à vérifier. Si on l'écoutait, ça ne serait jamais terminé : il trouve qu'il y a toujours quelque chose qui cloche... En plus, c'est un vrai maniaque pour tout : il passe son temps à classer méticuleusement ses dossiers, et on s'accroche régulièrement quand tout n'est pas parfaitement en ordre. »

LES HISTRIONIQUES

« Avec ma patronne, j'ai l'impression d'être au spectacle. C'est une femme élégante, toujours impeccablement habillée. Dans notre agence de voyages, elle est plutôt bien vue des clients car de contact très facile. Elle s'amuse beaucoup à les séduire. Si vous voyiez sa façon de se pencher vers eux, surtout les hommes... J'ai parfois

l'impression qu'elle cherche à les draguer, mais, pour elle, c'est plutôt un besoin de se faire remarquer, de se sentir aimée.
Avec ses employés, elle a toujours des attitudes excessives : les yeux doux un jour, le dépit un autre jour. Dur, dur !... »

LES NARCISSIQUES

« Vu de l'extérieur, mon patron est un homme plutôt agréable, du moins, c'est le sentiment que j'ai eu quand il m'a embauchée. J'ai vite déchanté... Il a un ego pas possible. D'après lui, tout ce qu'il fait est génial, et il considère vraiment les autres comme pas grand-chose. Quand on a une bonne idée, on voit qu'il est irrité de ne pas l'avoir eue lui-même et qu'il cherche à se la réapproprier. Avec lui, il faut rester modeste : il ne supporte pas de descendre de son piédestal. »

LES ÉVITANTS

« La nouvelle assistante de fabrication est vraiment trop timide. Elle est consciencieuse, elle fait bien son travail, mais elle fuit tous les contacts. L'autre jour, on a fait un pot : elle n'est même pas venue. Elle reste dans son coin sans parler à personne. Je commence à me lier à elle, mais ça demande du temps, et je vois bien qu'elle a du mal à se confier. Même pour les problèmes de travail. Elle est susceptible comme c'est pas permis. Je sens qu'elle n'est pas sûre d'elle, je dois faire attention à tout ce que je lui dis. J'essaie de l'aider ; l'autre jour par exemple, c'est moi qui ai dû parler à notre chef pour qu'elle puisse modifier ses dates de vacances... Elle n'osait pas aller le voir. »

LES AGRESSIFS

« Mon chef est un battant... C'est l'image qu'il donne à tous, et c'est vrai qu'il a un tonus absolument incroyable. Mais il faut suivre... Avec lui, la vie tourne à cent à l'heure... Rien ne va assez vite.
Le plus difficile, en fait, ce sont ses impatiences permanentes : tout l'agace, tout l'irrite. Ça peut être des petites phrases désagréables, des petites piques. Mais aussi quelquefois de vraies explosions. »

**LES PERSONNALITÉS DIFFICILES
À VIVRE AU TRAVAIL**

TYPE DE PERSONNALITÉ	CARACTÉRISTIQUES
La personnalité anxieuse	• Soucis trop fréquents ou trop intenses • Tension physique souvent excessive • Attention permanente aux risques
La personnalité paranoïaque	• Méfiance (souvent jalouse, recherche dans le détail la preuve de ses soupçons, se sent facilement offensée) • Rigidité (rationnelle, froide, a du mal à montrer de la tendresse ou des émotions positives, peu d'humour)
La personnalité obsessionnelle	• Perfectionniste • Obstinée • Froide dans ses relations • Doute de soi • Beaucoup de conscience et de scrupules
La personnalité histrionique	• Cherche à attirer l'attention des autres • Dramatise l'expression de ses émotions • Discours plutôt émotionnel • Tendance à idéaliser ou à dévaluer exagérément son entourage

TYPE DE PERSONNALITÉ	CARACTÉRISTIQUES
La personnalité narcissique	• A le sentiment d'être exceptionnelle • Ambitions de succès éclatant • Soucieuse de son apparence physique • S'attend à des attentions, des privilèges sans forcément de réciprocité • Exploite et manipule les autres pour atteindre ses buts • Éprouve peu d'empathie
La personnalité évitante	• Hypersensibilité • Évite d'entrer en relation avec les gens tant qu'elle n'est pas assurée d'une bienveillance • Dévalorisation de soi • Par peur de l'échec, se maintient dans un rôle effacé
La personnalité agressive	• Fortement impliquée dans l'action, énergique dans son propos • Très réactive, surtout face aux difficultés, manque de recul • Exprime ses émotions, souvent violemment et sans nuance, et blesse souvent les autres

D'après F. Lelord et C. André, *op. cit.*

Il semblerait, hélas, que les troubles de la personnalité ne soient pas en régression : notre société cultive l'ego, la méfiance et accentue une forme de névrose collective. Dans certains types de professions — le milieu de la mode ou des agences de communication, pour ne citer qu'elles —, on a souvent affaire à des personnalités extrêmement particulières qui compliquent un plus encore la vie dans l'entreprise. En tant que psychiatre, je suis régulièrement confronté à des gens qui me font part de leurs difficultés à vivre avec un patron colérique, un collègue parano, un collaborateur dépressif, etc.

Les entreprises gagneraient sans doute à repérer ce type de personnalités dans leurs équipes managériales ; choisir des individus performants et efficaces, certes, mais à condition qu'il ne s'agisse pas de personnalités qui deviennent des sources de difficultés majeures pour leurs collaborateurs ou les gens qui les côtoient.

Le management par le stress

Pendant longtemps, on n'en faisait guère mystère, certains mettaient le stress au cœur du fonctionnement de leur entreprise : « Le stress, bien sûr que je connais... C'est comme ça qu'on manage chez nous. » Au début des années 1990, des entreprises comme Valéo, premier équipementier de voitures en France, ou encore le Club Méditerranée, avaient fait du stress l'un des principes forts de leur management des hommes, et ne manquaient pas de s'en vanter.

Même si les entreprises qui mettent une énorme pression sur les individus, pour leur faire atteindre des objectifs de plus en plus difficiles, ne font plus du management par le stress leur credo officiel (ce serait plutôt mal vu...), la réalité demeure. Certains secteurs sont particulièrement touchés, notamment celui de la grande distribution.

Dans le management par le stress, les comportements de l'encadrement envers les salariés sont sous-tendus par l'idée que les gens sont plus efficaces quand ils sentent peser sur eux une pression intense, voire, dans certains cas, s'ils ont peur.

D'un point de vue cyniquement économique, ce n'est pas entièrement faux. Encore faut-il être conscient que ce type de fonctionnement managérial ne peut être efficace que pendant un temps limité. D'où, sans doute, le *turn-over* important qui existe dans ces entreprises. Car, si l'on raisonne sur le plus long terme, l'échec est assuré, sans parler des conséquences sur la santé des gens. Les entreprises françaises qui, à la différence de ce qui se passe aux États-Unis, n'ont pas à prendre en charge les frais de maladie des salariés s'en soucient moins.

Les partisans acharnés (même s'ils ne l'avouent pas toujours) du management par le stress devraient quand même méditer le cas d'entreprises qui défendent le principe, affiché par exemple à l'entrée du siège social d'Hewlett Packard aux États-Unis, selon lequel : « Quand les gens se sentent bien, ils travaillent bien. »

Le harcèlement moral

Le harcèlement moral est actuellement au cœur de nombreux débats dans le monde de l'entreprise. Il représente à l'évidence l'une des formes les plus dures du stress au travail, mais, fort heureusement, sans doute pas la plus fréquente.

Le succès médiatique du phénomène a eu pour effet de révéler la souffrance au travail uniquement sous cet angle. Le harcèlement existe, certes. Il mérite à l'évidence qu'on le démasque et qu'on en condamne les faits. Mais il ne représente pas à lui seul, loin s'en faut, l'ensemble des situations relationnelles difficiles, sources de conflits, de malaises ou d'insatisfaction pour les individus dans leur vie professionnelle.

Le harcèlement est une démarche perverse. Perverse parce qu'il y a une intentionnalité, une volonté de faire du mal à l'autre, que ce soit d'ailleurs conscient ou inconscient. Dans son ouvrage best-seller[1], Marie-France Hirigoyen le définit comme une « conduite abusive (geste, parole, comportement, attitude) qui porte atteinte, par sa répétition ou sa systématisation, à la dignité ou à l'intégrité psychique ou physique d'une personne, mettant en péril l'emploi de celle-ci ou dégradant le climat de travail ».

Au sein d'une entreprise, tout le monde peut être potentiellement harceleur. Il ne faudrait pas croire que le harcèlement moral ne s'effectue que dans le cadre d'une relation hiérarchique, à l'encontre d'un subordonné. Ainsi, on a vu des salariés se liguer contre une nouvelle recrue et la harceler.

Le « mobing », de l'anglais *to mob*, « assaillir », a été initialement décrit chez les enfants dans les écoles : c'est le groupe qui, de façon collective, persécute une victime.

VOTRE PATRON VOUS FAIT SOUFFRIR : DE QUOI S'AGIT-IL ?

Êtes-vous victime de harcèlement moral, d'un management par le stress ou d'une personnalité difficile ?

Pour mieux vous y retrouver, posez-vous les questions suivantes :

1. Suis-je la seule personne concernée ?
Si la réponse est oui, il se peut que vous soyez l'objet d'un harcèlement moral. Le harceleur, en général, « choisit » une victime (il existe cependant des cas de harcèlement collectif). Si votre patron pratique le « management par le stress », ou s'il s'agit d'une personnalité difficile, c'est plus probablement l'ensemble de ses collaborateurs qui en souffre.

---

1. *Le Harcèlement moral. La violence perverse au quotidien*, Paris, Syros, 1999.

2. Quelle est l'attitude de mon patron quand j'obtiens de bons résultats ?
Les managers par le stress sont évidemment satisfaits si vos résultats sont bons (c'est d'ailleurs pour cela qu'ils vous « mettent la pression »). Le harceleur, pour sa part, est en général déstabilisé, car il ne veut pas que vous réussissiez et cherche le plus souvent à vous pousser à la faute.

3. Les autres managers se comportent-ils de la même façon que mon patron avec leurs propres collaborateurs ?
Si la réponse est positive, il est peu probable que vous ayez affaire à un harceleur ou à une personnalité difficile. C'est plutôt votre entreprise, dans son ensemble, qui a développé un style de management particulièrement éprouvant pour les salariés.

4. Comment se comporte mon patron en dehors de sa vie professionnelle (si vous êtes en mesure d'avoir des renseignements) ?
Si les attitudes de votre patron avec sa famille, ses proches et vous-même sont plutôt similaires, vous avez sans doute affaire à une personnalité difficile. En général, les harceleurs ou ceux qui managent par le stress n'exportent pas en dehors de leur travail leur façon d'agir.

N.B. Évidemment, ces éléments n'ont pour but que de vous donner des repères. Souvent, les choses sont plus complexes et peuvent se superposer. Ainsi, le harcèlement moral se développe plus facilement au sein d'une entreprise qui favorise un style de management dur et pénible pour les salariés.

Les processus qui conduisent un individu à harceler une victime sont multiples et se conjuguent :
- Le refus de l'atypicité, par rapport à un groupe, dans la manière de travailler et, surtout, dans la manière d'être (tenue, classe sociale, âge, orientation sexuelle, performance, etc.).
- La rivalité, l'envie, la jalousie (concernant les diplômes, la vie privée, les rapports avec la hiérarchie).
- La peur, qui conduit le harceleur à élaborer un système de défense et une logique de destruction s'il se sent menacé.

Le harcèlement moral se déroule généralement en plusieurs étapes :
— 1re étape : le choix de la victime (selon divers critères) ;
— 2e étape : son conditionnement (il faut que la victime « accroche ») ;
— 3e étape : sa déstabilisation (la victime ne comprend pas ce qui lui arrive : les comportements du harceleur ne sont pas logiques, et, en tout cas, ses explications sont irrationnelles) ;
— 4e étape : sa culpabilisation (l'individu harcelé commence à s'imaginer qu'il a une part de responsabilité dans sa souffrance) ;
— 5e et dernière étape : sa destruction (le harceleur a atteint son objectif : la victime a démissionné ou est tombée gravement malade).

Il n'existe pas de profil psychologique type des victimes, mais plutôt des situations de travail qui favorisent le harcèlement moral. Là où le stress est déjà important, où le système de management est peu respectueux des individus et où la solidarité entre les salariés est faible.

Dans une enquête récemment conduite [1], on trouve 70 % de femmes parmi les victimes, avec une moyenne d'âge assez élevée (43 % ont entre quarante-six et cinquante ans). Le harcèlement touche aussi préférentiellement les personnes atypiques, quant à leur race, leur orientation sexuelle ou l'existence d'un handicap physique. Les rapports avec le racisme sont alors évidents. Le plus souvent, ces personnes sont isolées dans l'entreprise et ont peu de réseau relationnel.

---

1. M.-F. Hirigoyen, *Malaise dans le travail. Démêler le vrai du faux : le harcèlement moral, la violence au quotidien*, Paris, Syros, 2001.

Depuis le début de l'année 2001, le harcèlement moral est entré dans le Code du travail et est défini comme « des agissements répétés d'un employeur, un représentant ou de toute personne abusant de l'autorité que lui confèrent ses fonctions, qui ont pour effet de porter atteinte à sa dignité et de créer des conditions de travail humiliantes ou dégradantes ». Il est aussi précisé qu'« aucun salarié ne pourra être sanctionné ni licencié pour avoir témoigné de tels agissements ».

En l'absence de données suffisamment étayées, il est difficile d'estimer l'importance réelle du harcèlement au travail. Selon certaines enquêtes (conduites aux États-Unis et en Europe)[1], il pourrait concerner de 3 à 10 % des salariés selon les secteurs d'activité. Il y aurait moins de harcèlement dans les secteurs à forte technicité, plus dans les secteurs tertiaires, éducatifs et sociaux où le contenu des tâches est moins défini. Le secteur public serait particulièrement touché : Éducation nationale, hôpitaux, fonction publique.

---

1. *La Violence au travail en Europe*, Paris, EUROGIP, 2000.

LES MANIFESTATIONS DU HARCÈLEMENT

Atteintes aux conditions de travail

On retire à la victime son autonomie.
On ne lui transmet pas les informations utiles à la réalisation d'une tâche.
On conteste systématiquement toutes ses décisions.
On critique son travail injustement ou exagérément.
On lui retire l'accès aux outils de travail : téléphone, fax, ordinateur.
On lui retire le travail qui normalement lui incombe.
On lui donne en permanence des tâches nouvelles.
On lui attribue volontairement et systématiquement des tâches inférieures ou supérieures à ses compétences.
On fait pression sur elle pour qu'elle ne fasse pas valoir ses droits (congés, horaires, primes).
On fait en sorte qu'elle n'obtienne pas de promotion.
On lui attribue contre son gré des travaux dangereux.
On lui attribue des tâches incompatibles avec sa santé.
On occasionne des dégâts à son poste de travail.
On lui donne délibérément des consignes impossibles à exécuter.
On ne tient pas compte des avis médicaux formulés par le médecin du travail.
On la pousse à la faute.

Atteintes à la dignité

On utilise des propos méprisants pour la qualifier.
On utilise envers elle des gestes de mépris (soupirs, regards méprisants, haussements d'épaules...).
On la discrédite auprès des collègues, des supérieurs ou des subordonnés.
On fait courir des rumeurs à son sujet.
On lui attribue des problèmes psychologiques (on dit que c'est une malade mentale).
On se moque de ses handicaps ou de son physique, on l'imite ou on la caricature.
On critique sa vie privée.
On se moque de ses origines ou de sa nationalité.
On s'attaque à ses croyances religieuses ou à ses convictions politiques.
On lui attribue des tâches humiliantes.
On l'injurie avec des termes obscènes ou dégradants.

Isolement et refus de communication

On interrompt sans cesse la victime.
Ses supérieurs hiérarchiques ou ses collègues ne lui parlent plus.
On communique avec elle uniquement par écrit.
On refuse tout contact même visuel avec elle.
On l'installe à l'écart des autres.
On ignore sa présence en s'adressant uniquement aux autres.
On interdit à ses collègues de lui parler.
On ne la laisse plus parler aux autres.
La direction refuse toute demande d'entretien.

Remarques déplacées dans le cadre du travail

La tenue vestimentaire est critiquée, le mode de vie ou le physique peuvent être tournés en dérision.
Réflexions désobligeantes, agissements hostiles : sarcasmes, pressions, menaces, chantages.
Volonté de déstabilisation du salarié : empêcher la personne de s'exprimer.
Critiquer systématiquement son travail.
Atteinte des conditions de travail : retrait du poste de travail des tâches qui y étaient précédemment affectées, surcharge ou sous-charge de travail, tâches absurdes ou irréalisables.
Négation du sens du travail effectué par le salarié.
Destruction de l'image que la personne a d'elle-même.
Isolement du salarié, oublier de lui transmettre des informations.
Négation, dérision de toutes les marques de souffrance du salarié.

Violences verbales, physiques ou sexuelles

On menace la victime de violences physiques.
On l'agresse physiquement même légèrement, on la bouscule, on lui claque la porte au nez.
On hurle contre elle.
On envahit sa vie privée par des coups de téléphone ou des lettres.
On la suit dans la rue, on la guette devant son domicile.
On occasionne des dégâts à son véhicule.
On la harcèle ou on l'agresse sexuellement (gestes ou propos).
On ne tient pas compte de ses problèmes de santé.
Atteinte de l'intimité par des insultes, des moqueries, voire des réflexions sur la féminité ou la virilité, selon...

6

La violence au travail

> « Plus de place, va y avoir de la casse, hélas ! »
> *Pour un nouveau massacre*, NTM.

Après avoir été quelque temps relativement protégé, le monde du travail n'est maintenant plus épargné par la violence qui touche l'ensemble de notre société. Lorsque la violence s'exerce entre collègues de travail ou, à l'encontre d'un salarié, par la hiérarchie, on parle de « violence interne ». Si la violence est le fait de personnes extérieures à l'entreprise, à l'encontre de l'entreprise et de ses salariés, on parlera de « violence externe ».

Qu'elle soit interne ou externe, la violence peut revêtir une forme physique ou psychologique. La première est la plus facilement perceptible, indentifiable et quantifiable, essentiellement par les coups et blessures qu'elle entraîne, voire par les meurtres ou les viols. La violence psychologique (encore appelée « violence morale ») se manifeste dans l'agressivité, les insultes, les crachats et les menaces.

Pour le Bureau international du travail, « la notion de violence au travail est en train d'évoluer en ce sens que l'on accorde désormais autant d'importance aux comportements psychologiques qu'aux comportements physiques [1] ».

---

1. *Violence at Work*, Rapport du BIT, Genève, 1998.

Les enquêtes les plus récentes indiquent que la violence au travail toucherait trois millions de personnes dans l'Union européenne sous la forme de harcèlement moral, six millions sous la forme de violence physique et douze millions sous la forme d'intimidation et de violence psychologique[1].

La violence psychologique interne

La violence interne au travail connaît partout dans le monde une nette évolution et prend de plus en plus un caractère psychologique. Elle concernerait environ 8 % de la population active, les hommes étant un peu moins touchés que les femmes (7 % contre 9 %).

Le harcèlement moral, dont nous avons déjà parlé, en est sans doute la forme la plus dure. Mais on observe aussi le développement de comportements abusifs et tyranniques à l'égard d'un subalterne ou d'un pair : « Il s'agit souvent d'actes mineurs en soi, mais qui, produits de façon répétée, peuvent constituer une forme grave de violence », souligne Victorio di Martino de l'Organisation internationale du travail.

Les remarques à un salarié relèvent évidemment de tout acte de management. Cependant, la façon dont ces remarques sont dites (vindicative, humiliante, dénigrante) et, surtout, les insinuations dont elles peuvent être le support en font parfois de véritables actes de violence. Dans le chapitre consacré aux relations humaines, nous avons vu à

---

1. *La Violence au travail en Europe. État des lieux*, Rapport d'enquête, janvier 1999-juillet 2000, Paris, EUROGIP, 2001.

quel point certains styles de management et surtout certains types de personnalités pouvaient être difficiles à vivre au quotidien. Ils favorisent, plus ou moins consciemment, la prolifération de cette violence psychologique délétère.

Plus souvent, c'est l'évolution du mode d'organisation des entreprises qui est en cause : la précarité de l'emploi, un contexte où les gens travaillent de façon isolée, ou encore une ambiance de suspicion mutuelle.

Les agressions et la violence externe

LES PROFESSIONS « NATURELLEMENT » EXPOSÉES À LA VIOLENCE

Longtemps, les professions exposées à la violence physique concernaient les militaires, les policiers, ainsi que des professions dites « cibles économiques » : les banquiers ont toujours été l'objet de hold-up tout comme les bijoutiers, mais aussi, plus récemment, les pharmaciens, chez lesquels les produits convoités sont la drogue. Bref, tous ceux qui possèdent des valeurs à prendre sont la cible traditionnelle de la violence.

On aurait pu croire qu'avec les systèmes de sécurité de plus en plus performants (système d'alarme, sas, caméras vidéo, etc.) les braquages dans les banques et les bureaux de poste diminueraient. Pourtant, les chiffres sont toujours élevés.

LES NOUVELLES CIBLES DE LA VIOLENCE

Phénomène plus récent, la violence touche aussi des individus qui ne constituent pas des cibles économiques : des chauffeurs de bus, des employés de l'ANPE, c'est-à-dire des gens chez lesquels « il n'y a rien à prendre » : si un conducteur de bus est attaqué, ce n'est pas pour le peu d'argent qu'il transporte. Il ne s'agit donc plus de cibles économiques, mais de cibles symboliques : le conducteur de bus représente, dans certains quartiers des grandes villes, le pouvoir public ou, plus généralement, la société. Lorsqu'on agresse un employé d'une ANPE, on s'en prend sans doute à ce que représente, pour le demandeur d'emploi, cette institution (liée au chômage), alors que l'objectif de celle-ci est justement d'aider les chômeurs.

Plus récemment encore, on a constaté l'apparition de cibles « gratuites » : les pompiers ou les médecins qui se font agresser dans certains quartiers alors qu'ils font leur travail ne sont pas un enjeu économique ni symbolique. Les professeurs sont victimes de la violence de quelques élèves ou d'individus extérieurs au système scolaire. Vengeance personnelle, mais aussi parfois violence gratuite. De plus en plus de métiers et de domaines d'activités sont concernés.

QUI COURT LE RISQUE D'ÊTRE AGRESSÉ ?

Les situations à risque se concentrent en grande partie dans le secteur des services, notamment là où les contacts avec la clientèle sont importants. Parmi les facteurs qui augmentent le risque d'agression, on relève [1] :

- Le travail isolé : agents de soins à domicile, chauffeurs de taxi, conducteurs de bus, stations-service, petits commerces, etc.
- La manipulation d'argent liquide ou d'objets précieux : caissiers, convoyeurs de fonds, employés de banque et pos-

---

[1]. *Lutter contre la violence au travail*, Fédération internationale des employés, techniciens et cadres, Rapport EURO-FIET, 1994.

tiers, personnels de sécurité, pharmaciens (pour les stupéfiants), etc.
- L'exercice de fonctions d'inspection, de contrôle et d'exécution : agents de circulation, policiers, agents des transports publics, contrôleurs de stationnement, gardiens de parking, etc. (et plus généralement de professions représentant l'autorité).
- Le travail dans le secteur des services de soins, des conseils ou de l'éducation : infirmiers, ambulanciers, travailleurs sociaux, enseignants, employés d'immeuble, personnel de restauration et d'hôtellerie, gestionnaires de comptes dans des établissements financiers, etc.
- L'emploi au contact de populations difficiles (malades mentaux, personnes sous l'emprise de l'alcool ou de stupéfiants, individus potentiellement violents) : gardiens de prison, gestionnaires de logements sociaux, infirmiers en psychiatrie ou en service d'urgence, etc.

Les risques d'être agressé augmentent bien sûr pour un salarié soumis à plusieurs de ces facteurs : c'est le cas des conducteurs de bus qui travaillent isolés, représentent une forme d'autorité publique et traversent des quartiers aux populations difficiles.

De l'incivilité à la violence

LES TROIS FORMES DE LA VIOLENCE

L'incivilité, dont nous avons parlé précédemment, fait le lit de l'agressivité. Quant aux agressions proprement dites, beaucoup de psychologues pensent qu'elles se développent parce que les comportements agressifs se banalisent. Ainsi, incivilité, agressivité et agressions sont trois manifestations, de la plus bénigne à la plus grave, d'un même phénomène : celui de la violence exercée à l'encontre d'autrui.

> « Quand on a des violents en face, confie cette employée d'une administration, il faut pouvoir supporter. Ça vous marque. Après, on angoisse pour recevoir des personnes. » « Ceux qui sont virulents, c'est traumatisant », remarque une autre. « Au téléphone, dit une standardiste, ils sont parfois d'une agressivité... À force d'attendre quinze ou vingt minutes, ils se défoulent sur le standard. On se fait régulièrement insulter. » « À la permanence téléphonique, quand on ne peut pas donner la réponse tout de suite, ils réagissent mal, ils vous raccrochent au nez. »
>
> « Je fais régulièrement des contrôles, vu mon métier d'inspecteur, et, à tout moment, j'ai l'impression que ça peut déraper. Un jour, il y en a un qui m'a montré son fusil chargé. »

Les trois formes de la violence

On peut subir trois types de violences de la part de clients, d'usagers ou de personnes extérieures à l'entreprise :
— l'incivilité, qui traduit un manque de respect,
— l'agressivité, physique ou verbale, qui témoigne de la volonté de blesser, de faire mal,
— l'agression, qui montre la volonté de « détruire ».

COMMENT LA VIOLENCE RETENTIT SUR
CEUX QUI LA SUBISSENT

Chacune de ces formes de violence n'a pas le même impact sur les individus.
- Les incivilités répétées entraînent une baisse de l'estime de soi ainsi qu'une démotivation.
- Être régulièrement confronté à des comportements d'agressivité verbale génère des états de stress chronique et d'anxiété.
- Subir une agression physique expose au risque de développer d'importants troubles anxieux post-traumatiques.

Souvent, ces différentes formes de violence s'additionnent, ce qui alourdit un peu plus encore la facture. Nous avons ainsi pu constater que ce sont les conducteurs de bus, exposés à la fois aux incivilités quotidiennes des passagers et aux comportements agressifs de certains, qui, à la suite d'une agression, avaient le plus de risques de développer des troubles psychologiques sévères.

LA PEUR AU VENTRE

Lorsqu'on aborde le problème de la violence au travail, on aimerait pouvoir rester dans le rationnel, c'est-à-dire dans l'objectif. Les chiffres sont du reste, en eux-mêmes, déjà inquiétants : on estime qu'il y aurait chaque année en France plus de deux cents braquages armés dans les établissements bancaires. Certains secteurs sont particulièrement touchés, notamment le secteur des transports publics[1].

---

1. Selon l'Union des transports publics, 4 000 agressions ont été commises en 1997 hors Île-de-France, dont 2 230 sur le personnel. En région parisienne, la même année, la RATP a enregistré 2 700 agressions contre ses agents, ce qui donne une moyenne de 10 agressions importantes par jour. Toujours en 1997, la SNCF a recensé l'agression de 660 de ses agents (ainsi que de

Ainsi, à la RATP, on compte une moyenne de dix agressions importantes par jour.

> « Moi, quand je pars au boulot le matin, avoue un conducteur de bus en zone sensible, j'y vais la peur au ventre. »

Sans succomber au catastrophisme, on ne peut donc nier la réalité de la violence au travail, même si chaque salarié n'est pas à tout instant une victime en puissance. Certains, pour se rassurer, brandissent la situation, plus alarmante encore, des Américains. Aux États-Unis, selon les chiffres du ministère de la Justice[1], ce sont un million de salariés qui sont chaque année victimes d'agressions. Près de cent soixante mille d'entre eux sont blessés physiquement, et huit cents personnes sont assassinées à leur travail. Le plus lourd tribut est payé par les conducteurs de taxi, les policiers et les détectives.

Mais les chiffres ne disent pas tout et ne suffisent pas à expliquer les dégâts causés par le phénomène de la violence au travail. Dans de nombreux secteurs professionnels, même si, statistiquement, le risque d'être agressé est moindre que celui d'avoir un accident de voiture, le sentiment de ne plus être en sécurité va grandissant. Au printemps 2001, les conducteurs de bus des grandes villes se sont mis plusieurs fois en grève pour réclamer l'abaissement de l'âge de la retraite. Leur argument principal : leur travail devient extrêmement pénible et éprouvant, en grande partie à cause des agressions dont ils sont ou peuvent être victimes.

---

1 600 voyageurs). En 1999, le chiffre avait fortement augmenté : 1 200 agents ont été agressés, et 549 de ces agressions ont entraîné un arrêt de travail.
1. US Department of Justice, « Violence and theft in workplace », 1994.

Le problème de la violence, en tant que facteur de stress, ne réside en effet pas uniquement dans la réalité objective : tout autant que la violence elle-même, c'est le sentiment d'insécurité, le fait de travailler « la peur au ventre » qui affecte de plus en plus de personnes. Cette angoisse les fait vivre dans un état de stress permanent.

7

Un environnement professionnel exigeant

> « [Les mineurs] s'avançaient lentement, avec une démarche pesante, comme s'ils souffraient dans les genoux, ce que je m'expliquai plus tard, lorsque j'eus moi-même parcouru les escaliers et les échelles qui conduisent au dernier niveau ; leur figure était noire comme celle des ramoneurs, leurs habits et leurs chapeaux étaient couverts de poussière de charbon et de plaques de boue mouillée. »
>
> Hector MALOT, *Sans famille.*

Il y a un siècle, les principales sources de stress au travail étaient l'environnement physique et la pénibilité des tâches. Et c'est sans doute par ces deux facteurs que nous aurions commencé un ouvrage comme celui-ci. Les ouvriers travaillaient dans des conditions rudes, voire dangereuses. Ils étaient exposés à de fortes températures ou au contraire devaient se protéger du froid. Le bruit des machines était souvent assourdissant. Le travail demandait des efforts physiques constants. Les jours de repos étaient rares, les journées longues. Cette vie inhumaine est méticuleusement décrite dans les romans de Zola, notamment dans *L'Assommoir* et dans *Germinal.*

Évidemment, il existe encore de nombreux métiers pénibles, physiquement difficiles et ingrats quant à l'enrichissement personnel qu'ils permettent d'accomplir. Les machines n'ont pas complètement remplacé les hommes dans les tâches les plus répétitives ou inintéressantes : le travail à la chaîne existe toujours, et à l'image du fameux Charlie Chaplin des *Temps modernes*, de nombreux salariés sont contraints à produire de façon mécanique. Dans le secteur du bâtiment et des travaux publics, le travail reste également très éprouvant pour la santé des salariés.

Cependant, ces différents facteurs de stress physique régressent progressivement (même si ce n'est pas encore assez rapide dans certains secteurs d'activités), alors que les autres sources de stress — la pression, les changements, les frustrations et les relations humaines dont nous avons parlé précédemment — sont en progression constante.

Le monde du travail n'est plus celui du XIXe siècle. Mais cela ne signifie pas qu'il ne fait plus souffrir les individus. L'utilisation de technologies modernes a même créé de nouvelles souffrances physiques : le travail sur ordinateur, avec la posture et l'immobilité qu'il suppose, entraîne ainsi des maladies professionnelles que les médecins du travail connaissent bien, les troubles musculo-squelettiques.

Quels sont les autres facteurs environnementaux du travail qui sont aujourd'hui pour nous des sources de stress ?

Le cadre de travail

Même dans le bureau le plus moderne, équipé d'air conditionné, doté d'un mobilier design, agrémenté d'une moquette épaisse et de plantes vertes, le travail peut s'avérer contraignant.

QUAND LES BUREAUX SE PAYSAGENT

Tous ceux et celles qui travaillent dans des bureaux paysagers — ces grandes pièces où des cloisons transparentes, des plantes vertes ou des paravents sont supposés délimiter des bureaux qui sont plutôt des postes de travail — se plaignent de ne plus avoir d'intimité, d'être sans cesse sous le regard des autres.

> « Depuis que le service de presse a déménagé, c'est devenu infernal. Maintenant, on est toutes — je dis toutes parce qu'il n'y a que des femmes —, on est donc installées dans un immense bureau. Douze filles avec des panneaux ridicules qui sont censés nous isoler les unes des autres. En plus, la presse, c'est un service où on ne travaille quasi que par téléphone. Mon téléphone sonne au moins cinquante fois par jours. Vous imaginez, cinquante fois douze : six cents sonneries dans une journée... Impossible de se concentrer, de rédiger correctement une note. Quand on reçoit quelqu'un, on se sent épiée. Non pas que j'aie quoi que ce soit à cacher, mais on n'a pas forcément envie de montrer à tout le monde comment on s'y prend dans le travail, dans le relationnel. »

LES SBF

Dans certains cabinets de consultants, il n'existe plus de bureaux attitrés. Chaque consultant possède son ordinateur portable et une petite mallette dans laquelle il range ses effets de travail personnels. Quand il n'est pas en déplacement chez des clients, il s'installe dans l'un des bureaux provisoirement mis à sa disposition par l'entreprise... qu'il libérera ensuite. On peut imaginer les difficultés que peut engendrer, chez ces SBF (sans bureau fixe), le fait de ne plus avoir de repères géographiques.

À L'HEURE DU TÉLÉTRAVAIL

Dans certains secteurs, on peut même travailler sans se rendre au travail... C'est ce qu'on appelle le « télétravail », mot à mot, le travail à distance. Il suffit d'avoir chez soi un ordinateur et un accès à Internet, et l'on peut travailler pour une entreprise qui se trouve à des dizaines, des centaines, voire — pourquoi pas ? — à des milliers de kilomètres.

S'il permet au salarié d'être plus libre dans l'organisation de son temps de travail, d'économiser la fatigue des déplacements, le télétravail n'a pas que des vertus positives. Outre l'isolement qu'il présuppose, le travail à domicile ne permet pas d'établir une distinction nette entre vie professionnelle et vie personnelle — toutes deux se déroulent dans un même lieu. Or l'étanchéité entre vie privée et travail est, comme nous le verrons plus loin, un des facteurs essentiels de notre équilibre.

> « Je travaille pour une revue professionnelle. Après la naissance de mon second, j'ai déménagé en province, parce que je ne supportais plus la vie à Paris avec des enfants. Au début, j'étais ravie que mon boss accepte que je continue à travailler pour lui à distance. Je viens une fois par semaine au bureau. Le reste du temps, avec le courrier électronique, le téléphone, le fax, je me débrouille. J'ai une baby-sitter qui garde le bébé chez moi, l'aîné va à l'école. Le problème, c'est qu'il n'y a plus de frontière entre ma vie privée et mon job. Quand je travaille et que j'entends mon bébé pleurer, j'angoisse, j'ai envie d'aller voir si tout va bien. Quand mon

grand rentre de l'école, il cogne à la porte jusqu'à ce que je lui fasse un baiser ; après, c'est la croix et la bannière pour le faire sortir de mon bureau. Évidemment, c'est toujours à ce moment-là que le téléphone sonne. Donc, quand je suis rédactrice, je ne peux pas me reposer de mes fonctions de mère de famille. Et le soir, quand ma journée de travail est terminée et que j'entends sonner le téléphone dans mon bureau, même s'il y a le répondeur, je ne peux pas m'empêcher d'aller voir s'il y a une urgence. Quand je vais me coucher, j'ai parfois du mal à ne pas penser à mon travail. Ça devient dur... »

LES HORAIRES

Si le temps de travail a tendance à diminuer progressivement en France, on assiste parallèlement à des changements de plus en plus marqués dans les horaires des salariés.

Sous la double pression des exigences des consommateurs et des objectifs de productivité, un nombre croissant de personnes travaillent maintenant le week-end ou la nuit ; et cela au-delà des secteurs traditionnellement concernés (les hôpitaux, la police).

L'impact sur la vie familiale et privée est évident.

Par ailleurs, diverses formes de travail dit « posté » (horaires décalés, trois-huit, etc.) se développent dans le contexte d'une « flexibilité » du travail.

Les conséquences négatives de cette forme de travail sur l'individu sont bien établies. Non seulement le sommeil est perturbé la plupart du temps par la désynchronisation permanente des rythmes biologiques que cela entraîne, mais encore on note chez les salariés concernés une fréquence accrue des problèmes de santé.

Les déplacements

Se rendre à son travail représente pour beaucoup une source de stress quotidienne. Dans les grandes agglomérations (Paris arrive largement en tête), le temps consacré aux transports augmente régulièrement. La principale raison ? La majorité des gens ne travaillent pas dans la commune où ils résident.

Les embouteillages à l'entrée et à la sortie des villes, les transports publics surchargés et parfois défaillants mettent régulièrement nos nerfs à l'épreuve. L'accroissement vertigineux de la mobilité de chacun, qui est l'une des caractéristiques de notre société, et l'augmentation du nombre de véhicules en circulation qui en découle n'ont rien pour diminuer notre stress.

> « Je ne suis pas stressé par le travail, mais par le trajet jusqu'à mon bureau. Et, par conséquent, je suis stressé quand j'arrive au travail et stressé quand je rentre chez moi. » « Pour aller travailler, j'ai deux ponts à traverser, et, du point de vue des bouchons, c'est la catastrophe. » « Je perds un temps fou sur les trajets. J'habite en région parisienne. Ça me rajoute une heure le matin, une heure le soir. Autant de pris sur les moments que je peux passer avec mes enfants. Les jours de grève, c'est un cauchemar. »

Certains métiers nécessitent des déplacements quasi quotidiens (les commerciaux par exemple). D'autres ont des responsabilités qui les obligent à sillonner le pays, voire le monde, et à passer des heures dans les TGV, les voitures ou les avions. Or les gares, les aéroports ou les routes sont des endroits peu propices à la détente.

« Je fais environ un voyage par semaine à l'étranger ou en province, confie le directeur financier d'une holding. Chaque fois, cela m'oblige à me lever à l'aube pour aller prendre mon avion ou mon train. Je rentre à pas d'heure, évidemment. Le lendemain, au bureau, après une journée d'absence, j'ai une foule de questions à régler, de coups de fil à passer. À peine ai-je éclusé ce cumul que je dois préparer mon prochain déplacement. Et ça recommence. C'est intéressant, mais tout de même très fatigant. »

La vie personnelle

Le monde du travail n'est bien évidemment pas la seule source de stress. Pour beaucoup d'entre nous, les soucis viennent essentiellement de notre vie personnelle. Il peut s'agir de stresseurs majeurs, comme de graves soucis financiers, un divorce, la maladie ou la mort d'un proche. Mais ce peuvent également être les mille et un petits tracas de la vie quotidienne : des voisins bruyants, une fuite d'eau dans son appartement, un problème de garde d'enfant.

Nos vies contemporaines sont par ailleurs ballottées dans un mouvement perpétuel : du déménagement à la famille recomposée, rares sont ceux qui peuvent se targuer de mener une vie stable, pareille au cours paisible d'un long fleuve tranquille.

On comprend donc aisément que, pour beaucoup, le plus difficile soit d'avoir à faire face à un double stress : celui de la vie personnelle et celui du travail. Les femmes sont à cet égard les plus touchées, puisqu'elles ont un « double métier » : à leur activité professionnelle se superposent la charge des tâches domestiques et l'éducation des enfants.

Il est vrai que les pères modernes ont beaucoup changé et qu'ils sont souvent prêts, aujourd'hui, à prendre en charge une partie de ce domaine autrefois réservé à la gent féminine. Il n'empêche que, même si quelques papas sont devenus maîtres dans l'art de passer l'aspirateur ou de donner le biberon, l'éducation et la santé des enfants ainsi que l'intendance familiale demeurent encore largement à la charge des femmes. C'est ce que montrent, sans beaucoup d'ambiguïté, les enquêtes les plus récentes.

FEMMES AU TRAVAIL : ENCORE PLUS DE STRESS

Le stress affecte tout particulièrement la femme qui doit concilier activité professionnelle et obligations familiales. Mais d'autres éléments entrent en jeu pour augmenter ses sources de stress.

Plus de performance en moins de temps : la notion de performance professionnelle est encore plus contraignante pour la femme, car elle doit en faire « encore plus » pour être reconnue, et cela dans un laps de temps plus restreint. Le sentiment de « manquer de temps » est largement exprimé par les femmes qui travaillent. L'interruption fréquente des tâches est un autre facteur de stress.

Une instabilité plus dure à vivre : les femmes sont particulièrement fragilisées par les changements continuels du monde du travail, qu'ils soient macroscopiques ou individuels. Ainsi, le technostress affecte plus les femmes que les hommes. Par ailleurs, les femmes subissent plus directement les changements au niveau familial (déménagements avec les modifications de la vie familiale qu'ils supposent, ruptures et divorces avec les problèmes que cela implique dans l'organisation et l'équilibre familial).

Des frustrations et conflits professionnels : les frustrations professionnelles, matérielles (salaires plus bas), émotionnelles et sociales (investissement professionnel moins reconnu), les problèmes relationnels (harcèlement moral, voire sexuel, agression verbale ou physique des clients, etc.) contribuent à rendre les femmes particulièrement vulnérables. Elles ne savent pas toujours y faire face. Cependant, et nous en reparlerons plus tard, le stress ne s'exprime pas de la même manière chez l'homme et chez la femme. Par ailleurs, face à certaines difficultés, les femmes font preuve d'une plus grande compétence émotionnelle, ce qui peut les préserver du stress relationnel.

8

Et vous ?

> « Connaissez l'ennemi, connaissez-vous vous-même, votre victoire ne sera jamais menacée. »
> Sun Tse, *L'Art de la guerre*.

À la lecture des précédents chapitres, vous avez pu constater que la première caractéristique du stress au travail est l'étonnante diversité de ses causes. Il n'y a pas une seule et unique source de stress, mais une multitude de facteurs, des plus petits aux plus grands, des plus évidents aux plus insidieux.

Nous sommes tous différents et inégaux face aux stresseurs

Certains stresseurs affectent la plupart d'entre nous, comme la pression du temps et des objectifs à atteindre. D'autres stresseurs ne concernent fort heureusement qu'une minorité de personnes : c'est le cas des agressions et de la violence. Pour certains d'entre nous, les changements sont modérés et gérables, alors que, pour d'autres, l'environnement du travail est le lieu d'un immense « chambardement ».

Par ailleurs, notre stress au travail croît lorsque les différents stresseurs s'additionnent. La plupart du temps, il ne s'agit pas d'un simple cumul, mais d'une véritable synergie. Ainsi, avoir toujours plus de travail augmente à l'évidence notre stress. Mais, lorsque cette charge augmente alors que, dans le même temps, notre environnement est en train de changer et que, par ailleurs, notre sentiment de frustration est à son summum, tout est réuni pour que notre niveau de stress explose littéralement.

Ce constat, en apparence simple, est trop souvent ignoré des entreprises. Ainsi, dans mes rencontres avec les dirigeants, je suis toujours surpris de constater combien il leur est difficile de comprendre pourquoi certains de leurs collaborateurs se disent stressés : « Vous vous rendez compte, être stressé à trente-cinq heures par semaine alors que, moi, j'en fais le double !... » À l'évidence, ils ne prennent en compte que l'un des facteurs de stress, la charge de travail, et en ignorent complètement les autres, tout aussi importants. En termes de reconnaissance sociale et de maîtrise de l'environnement, l'avantage changerait de camp. Et, globalement, les niveaux de stress du dirigeant et de ses collaborateurs seraient peut-être assez proches.

Identifier l'ennemi

Pour lutter efficacement contre les effets négatifs du stress, la première étape consiste à avoir une vison aussi claire que possible des stresseurs. Si certains d'entre eux sont parfaitement évidents pour vous, d'autres, plus subtils, peuvent échapper à votre vigilance alors qu'ils sont tout aussi délétères. D'autres encore avancent masqués, mais sont tout aussi dangereux.

Le questionnaire qui vous est proposé à la fin de ce chapitre n'a pas la prétention de dresser un état des lieux exhaustif de vos stresseurs individuels, mais il vous permettra malgré tout d'en avoir une vision plus précise. Libre à vous de continuer à en établir un inventaire plus complet...

Vous et vos stresseurs

Enfin, n'oublions jamais que le stress est un processus qui fait intervenir deux protagonistes : le stresseur et le stressé. Autrement dit, le stress dépend de la réaction que l'individu développe face aux stresseurs.

Pour prendre une image, tout se passe un peu comme pour les vagues de l'océan. Si la météo est mauvaise, tout le monde n'aura pas le même mal de mer à bord : certains seront très malades, d'autres moins, d'autres encore pas du tout. Par ailleurs, certaines vagues, quoique moins hautes que d'autres, provoqueront plus de nausées. Ainsi, face à un même stresseur, nous ne réagissons pas tous de la même manière. Par ailleurs, les stresseurs les plus impressionnants ne sont pas forcément les plus dangereux.

C'est pourquoi, après avoir repéré les vagues qui agitent l'océan de notre univers professionnel, il est important de comprendre par quels mécanismes elles nous affectent. C'est ce que je vous propose dans les prochains chapitres : en quoi consiste notre réponse de stress ? Que se passe-t-il en nous quand nous sommes stressés ?

VOTRE TRAVAIL EST-IL STRESSANT ?

Voici une liste de phrases concernant la vie au travail.

Pour chacune de ces phrases, vous allez entourer le chiffre qui correspond à ce que vous vivez actuellement dans votre travail.

Chaque fois, vous avez le choix entre : tout à fait vrai, plutôt vrai, plutôt faux ou tout à fait faux.

Pour certaines phrases, vous aurez peut-être du mal à vous décider, mais choisissez quand même la réponse la plus proche de ce que vous pensez.

		tout à fait vrai	plutôt vrai	plutôt faux	tout à fait faux
P 1	Les journées sont trop courtes pour tout le travail que j'ai à faire	3	2	1	0
C 2	Je ne peux pas prévoir le travail que je ferai dans un an	3	2	1	0
E 3	Mon cadre de travail est agréable	0	1	2	3
R 4	Autour de moi, il y a trop de gens qui ont de fichus caractères et ne sont pas faciles à vivre	3	2	1	0
E 5	Mon métier exige des efforts physiques ou des tâches pénibles	3	2	1	0
V 6	Vu le métier que j'exerce, je pourrais très bien être victime d'une agression	3	2	1	0
F 7	Avec tout ce que je fournis comme travail, je ne suis pas vraiment payé de retour	3	2	1	0
P 8	Je dois souvent mener plusieurs choses de front dans mon travail	3	2	1	0
C 9	Le service où je travaille risque prochainement d'être restructuré ou déplacé	3	2	1	0

	tout à fait vrai	plutôt vrai	plutôt faux	tout à fait faux
F 10 Je reçois plus de critiques que de félicitations dans mon travail	3	2	1	0
C 11 J'ai du mal à maîtriser les technologies nouvelles à mon travail (informatique, Internet, etc.)	3	2	1	0
R 12 Les contacts que j'ai avec les gens à mon travail sont source de satisfaction	0	1	2	3
P 13 Dans mon travail, faire une erreur pourrait avoir des conséquences graves	3	2	1	0
E 14 Je passe beaucoup de temps dans les déplacements (pour me rendre à mon travail ou de par mon métier)	3	2	1	0
V 15 Il m'arrive, au travail, de ressentir de la peur et craindre pour ma sécurité, face à certaines personnes	3	2	1	0
F 16 Je pense que mon entreprise ne se soucie pas de ma carrière	3	2	1	0
R 17 Je suis souvent en contact avec des gens impolis, voire franchement désagréables	3	2	1	0
C 18 Le métier que j'exerce nécessite de s'adapter sans cesse à des choses nouvelles	3	2	1	0
V 19 J'ai déjà reçu des coups ou des blessures dans l'exercice de mon métier	3	2	1	0
P 20 On m'a fixé des objectifs de travail que je trouve difficiles à atteindre	3	2	1	0

	tout à fait vrai	plutôt vrai	plutôt faux	tout à fait faux
V 21 Il y a, à mon travail, une personne (ou plusieurs) qui prend plaisir à me faire souffrir	3	2	1	0
E 22 Je travaille dans une atmosphère bruyante et agitée	3	2	1	0
F 23 L'entreprise où je travaille offre de nombreux avantages	0	1	2	3
R 24 Il y a une mauvaise ambiance à mon travail	3	2	1	0

Votre travail est-il riche en stresseurs ?

Faites le total de toutes les notes que vous avez entourées.

Si votre total est compris entre 0 et 10 :
Votre travail ne semble pas très stressant.
Si votre score est compris entre 11 et 20 :
Vous avez quelques facteurs de stress dans votre travail.
Si votre score est compris entre 21 et 30 :
Vous avez de nombreux facteurs de stress au travail.
Si votre score est compris entre 31 et 40 :
Votre travail est très stressant.
Si votre score est supérieur à 40 :
Votre travail est extrêmement stressant.

Quels sont vos stresseurs les plus importants ?

Pour savoir quels sont les facteurs de stress auxquels vous êtes le plus confronté dans votre travail, calculez les six scores suivants et repérez le ou les scores les plus élevés :

Score P : en additionnant les notes obtenues aux quatre questions P (1, 8, 13 et 20).
Ce score correspond aux stresseurs liés à la pression exercée sur vous (cf. chapitre 2).

Score C : en additionnant les notes obtenues aux quatre questions C (2, 9, 11 et 18).
Ce score correspond aux stresseurs liés aux changements que vous affrontez (cf. chapitre 3).

Score F : en additionnant les notes obtenues aux quatre questions F (7, 10, 16 et 23).
Ce score correspond aux stresseurs liés aux frustrations que vous vivez (cf. chapitre 4).

Score R : en additionnant les notes obtenues aux quatre questions R (4, 12, 17 et 24).
Ce score correspond aux stresseurs relationnels que vous rencontrez (cf. chapitre 5).

Score V : en additionnant les notes obtenues aux quatre questions V (6, 15, 19 et 21).
Ce score correspond aux stresseurs liés à la violence dont vous êtes victime (cf. chapitre 6).

Score E : en additionnant les notes obtenues aux quatre questions E (3, 5, 14 et 22).
Ce score correspond aux stresseurs liés à votre environnement de travail (cf. chapitre 7).

DEUXIÈME PARTIE

Les mécanismes du stress

Le stress. Un mot devenu banal, que tout le monde utilise, sans vraiment savoir ce qu'il signifie. Un mot souvent chargé de connotations négatives, alors qu'il s'agit d'une fonction essentielle à la vie. Le stress n'est pas une maladie. Pourtant, trop souvent, on le qualifie de « fléau de notre époque », au même titre que le sida ou le cancer. Ce n'est pas non plus un concept abstrait, aussi impalpable que l'âme ou l'esprit, mais un phénomène concret et scientifiquement étudié. Depuis plus de soixante-dix ans, les chercheurs s'intéressent au stress, et nous disposons aujourd'hui de nombreuses lumières pour comprendre cette réalité biologique et psychologique dans toute son utilité.

9

Qu'est-ce que le stress ?

> « Les espèces qui survivront ne sont ni les plus fortes ni les plus intelligentes, mais celles qui auront su s'adapter à leur environnement. »
>
> Charles Darwin.

Hans Selye, le « père » du stress

L'histoire du stress a commencé dans un laboratoire de physiologie, au Canada, au cours des années 1930. Un chercheur d'origine hongroise, Hans Selye, avait remarqué que beaucoup de maladies infectieuses, surtout dans leur stade précoce, se manifestaient par les mêmes types de symptômes. Alors qu'il effectuait des recherches sur les hormones sexuelles du rat, il se rendit compte que l'état de santé des animaux qu'il utilisait pour ses expérimentations se dégradait de plus en plus. Certains en venaient même à mourir.

Selye s'aperçut que les substances chimiques qu'il injectait aux animaux n'étaient pas directement en cause. En remplaçant les hormones sexuelles par du formol ou de l'eau contenant des impuretés, il observait les mêmes conséquences néfastes. Et même lorsque les animaux ne recevaient aucun produit, le simple fait qu'ils se trouvent dans un environnement pénible (froid, manipulations) ou confrontés à des agents agresseurs (brûlures, chocs électriques) provoquait une altération de leur état.

> ### Le « stress », un mot bien de chez nous
>
> Contrairement à ce que pourraient croire certains, le mot « stress » n'a pas été importé d'outre-Atlantique, avec le Coca-Cola et le McDo. Son étymologie est hexagonale, du vieux français *estrece* ou « étroitesse, oppression », lui-même issu du latin *stringere* qui signifie « serrer ». Le mot a traversé la Manche pour désigner la *contrainte*. C'est ainsi que l'on nomme la pression à laquelle sont soumises certaines pièces mécaniques (comme une poutre ou une arche de pont). Dès le XIVe siècle, on trouve le mot « stress » dans la langue anglaise pour désigner l'épreuve ou l'affliction. Il nous est revenu quatre siècles plus tard, de même du reste que le célèbre « tennis », à l'origine jeu français au cours duquel on envoyait une balle en criant « Tenez ».

De nombreux chercheurs, au XIXe et au début du XXe siècle, avaient pressenti l'existence du stress en tant que mode de réponse général d'un organisme vivant face à des agressions extérieures. Charles Darwin avait aussi souligné le rôle de la peur comme moyen de mobiliser l'organisme et de faciliter sa survie, en l'aidant à faire face au danger[1]. Au début du XXe siècle, Walter Cannon décrivait aussi la réaction de fuite ou de combat chez des animaux exposés à une situation menaçante (« *fight or flight* »)[2].

---
1. C. Darwin, *The Expression of the Emotions in Man and Animals*, New York, Oxford University Press, 1998.
2. W. B. Cannon, *Bodily Changes in Pain, Hunger, Fear and Rage*, New York, Appleton, 1929.

Cependant, c'est Hans Selye qui, le premier, étudia de la manière la plus approfondie ce phénomène. Il constata qu'il s'agissait en fait d'un mécanisme d'adaptation face à des agents agresseurs, une réponse « non spécifique (c'est-à-dire commune à tous les individus et dans tous les contextes) que donne notre corps à toute demande qui lui est faite ». Selye qualifia cette réponse de « syndrome général d'adaptation ». Ce n'est que plus tard qu'il lui donna le nom de « stress ».

Le syndrome général d'adaptation

Hans Selye constate que les animaux passent par trois stades :
- *Une phase d'alerte* : c'est le premier stade observé, au début de l'expérimentation. Lorsque les animaux se trouvent dans un environnement nouveau, inhabituel et source d'agressions (manipulation, injections, etc.), leurs réactions physiologiques sont fortes et nombreuses. Le cœur s'accélère, les muscles se contractent, les poils se dressent, les pupilles se dilatent. C'est une réponse d'urgence.
- *Une phase d'habituation ou d'endurance* : le deuxième stade survient si la situation stressante se prolonge. Progressivement, après quelques semaines, les animaux, toujours soumis au même environnement, manifestent de moins en moins de signes physiques, s'habituent à l'environnement et réagissent de moins en moins.
- *Une phase d'épuisement* : au bout d'un certain temps, les animaux sont dépassés par la situation, et leur organisme finit par s'épuiser. Cela peut aboutir à la mort.

Alarme, résistance et épuisement forment donc les séquences de la réaction d'adaptation au stresseur. Tout d'abord, l'organisme mobilise toutes ses ressources pour faire face à la situation. Si celle-ci se prolonge, l'état d'urgence devient inutile : il s'agit alors de « tenir la distance » et de s'organiser en conséquence. Mais cette nouvelle phase d'endurance ne peut se prolonger indéfiniment, et l'organisme risque de s'épuiser.

Bien que ce modèle soit aujourd'hui discuté, dans la mesure où les choses sont plus complexes que ne le pensait Selye, il est encore utile pour comprendre la *chronologie* d'un certain nombre de réactions de stress. Car on observe également, chez un humain soumis à des stresseurs aigus, ces trois grandes étapes.

On a, par exemple, étudié des ouvriers travaillant dans des ateliers de métallurgie et soumis au bruit. Pour cela, on les a équipés de *holters* (ces boîtiers miniaturisés qui permettent d'enregistrer en continu l'activité cardiaque). Chez les ouvriers nouvellement arrivés dans les ateliers, les réactions physiques enregistrées par l'appareil sont marquées. Mais, après plusieurs semaines de travail (parfois plusieurs mois), les enregistrements signalent de moins en moins de réactions, comme si ces ouvriers travaillaient à l'abri du bruit.

Des études similaires ont été réalisées sur des gens vivant près d'un aéroport, avec les mêmes résultats. Et, chaque fois, on a constaté que, même si les individus semblaient s'adapter à la situation (lors de la phase d'endurance), la plupart subissaient ensuite une phase d'épuisement, caractérisée par l'apparition de maladies. Sur le long terme, les études épidémiologiques montrent en effet que ces personnes présentent plus d'hypertension artérielle, de troubles digestifs ou de difficultés psychologiques que la population générale.

> ### Stress et stresseurs
>
> On utilise souvent un même mot pour désigner plusieurs réalités. Ainsi, on parle souvent du stress pour désigner en fait les *causes* du stress : un ordinateur qui tombe en panne, un embouteillage ou un patron difficile, ce n'est pas du stress, ce sont des stresseurs.
>
> Le stress, ou, pour être plus exact, la *réaction* de stress, est l'ensemble des manifestations (physiques et psychologiques) qui s'opèrent en nous, à la suite de l'action du stresseur.
>
> De même, qualifier de stress le fait de mal dormir, d'être anxieux, d'avoir des troubles digestifs ou de fumer cigarette sur cigarette est totalement erroné. Il s'agit en réalité des *conséquences* du stress.
>
>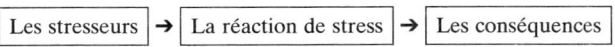
>
> Les choses se compliquent lorsque les conséquences du stress deviennent à leur tour des causes de stress : ainsi, être agressif et coléreux (conséquences du stress) peut créer des problèmes dans nos relations avec les autres, ce qui génère du stress. La boucle est alors bouclée.

Le stress est l'une des grandes fonctions de l'organisme

Le stress n'est donc pas un processus pathologique, mais une formidable réaction de notre organisme pour s'adapter aux menaces et aux contraintes de notre environnement. C'est pourquoi les scientifiques préfèrent souvent parler de « réaction d'adaptation » pour désigner le stress, cette réaction de notre organisme sans cesse sollicitée et indispensable à notre fonctionnement.

Plusieurs décennies de recherche nous permettent de comprendre maintenant le stress comme l'une des grandes fonctions de l'organisme, au même titre que la respiration, la digestion, la reproduction ou la fonction immunitaire.

Comme toute fonction, l'adaptation est non seulement utile mais nécessaire à notre survie. Nous la partageons avec tous les mammifères, même si, chez l'homme, comme nous le verrons, elle possède des caractéristiques particulières.

On raconte à ce propos l'anecdote suivante : à quelqu'un qui lui demandait s'il existait des personnes qui ne connaissaient pas le stress, Hans Selye répondit : « Oui, il existe près d'ici des hommes qui n'ont aucun stress... » Et de conduire son interlocuteur curieux au cimetière le plus proche... Tout cela pour dire que le stress, c'est la vie, et que, sans stress, il nous est impossible de vivre [1].

C'est donc un véritable non-sens que de chercher à éliminer le stress lorsqu'il devient une difficulté. Réglerait-on un problème d'asthme en supprimant la fonction respiratoire ? Ou un ulcère gastrique en mettant fin à la fonction digestive ?

---

1. H. Selye, *The Stress of Life*, New York, Mc Graw-Hill, 1956.

10

La biologie du stress

> « Donne-moi la force de me battre contre ce qui peut être changé, la sagesse d'accepter ce qui ne peut l'être et l'intelligence de savoir faire la différence entre les deux. »
>
> Proverbe chinois.

Nous disposons aujourd'hui d'une bonne connaissance des mécanismes biologiques du stress, grâce aux considérables travaux scientifiques qui ont permis l'identification des hormones du stress, essentiellement les catécholamines et les glucocorticoïdes[1].

Dans une situation de stress, c'est-à-dire chaque fois que nous sommes confrontés à une situation qui nécessite potentiellement une adaptation, nous sommes le siège de réactions biologiques, à la fois nerveuses et hormonales.

La phase d'alerte : l'adrénaline nous permet d'agir

QUE SE PASSE-T-IL ?

D'abord, les organes de nos sens captent dans l'environnement les stresseurs éventuellement présents et transmet-

---

1. J. Rivolier, *L'Homme stressé*, Paris, PUF, 1989.

tent les informations au cerveau. Le cerveau les analyse, puis stimule l'hypothalamus, qui est le centre de nos émotions. Celui-ci, par l'intermédiaire de la moelle épinière, commande à deux petites glandes qui se trouvent au-dessus des reins — les glandes surrénales — de libérer dans le sang des substances chimiques : les catécholamines. Parmi ces différentes substances, on retiendra surtout la fameuse adrénaline, mais il en existe d'autres, notamment la noradrénaline.

Adrénaline ou, plutôt, surrénaline

Logiquement, la substance libérée par les glandes *surrénales* devrait s'appeler la *surrénaline*. En fait, les glandes surrénales, ainsi nommées parce qu'elles se trouvent posées « sur » les reins (sur-rénales), s'appellent en anglais les *adrenals* (littéralement « à côté des reins »), et l'hormone qu'elles produisent a donc pour nom *adrenalin*, nom qui a été repris en français.

La présence rapide d'adrénaline dans notre sang entraîne immédiatement dans notre corps toute une série de changements. Parmi les plus importants (mais il y en a d'autres), citons :

1) Au niveau cardio-vasculaire :
— L'augmentation de la fréquence cardiaque (le cœur bat plus vite) ;
— La vaso-dilatation au niveau des muscles (les muscles sont mieux irrigués par le sang) ;
— La dilatation des pupilles.

2) Au niveau respiratoire :
— L'augmentation de la fréquence et de la profondeur de la respiration.
3) Au niveau musculaire :
— L'augmentation du tonus des muscles (afin qu'ils se tendent).
4) Au niveau cutané :
— La vaso-constriction (les petites artères se contractent) ;
— L'augmentation de la sudation ;
— L'horripilation (les poils se dressent).
5) Au niveau digestif :
— La diminution de la motilité digestive (la digestion se ralentit, voire s'arrête).
6) Au niveau sanguin :
— La diminution du temps de coagulation du sang ;
— L'augmentation de la glycémie (ou taux de sucre dans le sang).

À QUOI SERT CETTE RÉACTION BIOLOGIQUE ?

Tous ces changements dans la physiologie de notre corps permettent d'apporter rapidement et massivement de l'oxygène, à la fois dans notre cerveau et dans nos muscles : c'est à cela que servent l'accélération de notre cœur et celle de notre respiration, mais aussi le déplacement du sang vers certaines zones, afin d'alimenter les mucles et le cerveau encore plus abondamment.

Ainsi, le sang quitte :
— l'extrémité de nos doigts (par un phénomène de contraction des petites artères pouvant se traduire par un refroidissement de la température cutanée),
— notre tube digestif (nous pouvons alors ressentir des signes digestifs tels que la nausée),

— notre système urinaire (d'où parfois l'envie d'uriner à cette phase de la réaction de stress).

En fait, toutes ces manifestations physiques ont pour unique objectif de nous préparer instantanément à une action physique brutale, voire violente. C'est ce que le physiologiste américain Cannon a appelé la *fight or flight response*, mot à mot la réponse de combat ou de fuite. Autrement dit, dès que notre cerveau a perçu une situation stressante, il ordonne immédiatement à notre corps d'être prêt pour agir.

Cette préparation à l'action physique s'accompagne aussi d'une augmentation de notre vigilance, grâce à l'oxygénation de notre cerveau et à la dilatation de nos pupilles. Ainsi parés, nous pouvons mieux scruter l'environnement et organiser notre façon d'agir. Nous devenons également plus ouverts à toutes les sensations (bruits, lumières, odeurs, etc.), toujours pour mieux appréhender notre environnement.

Tout notre corps participe à ce profond bouleversement physiologique : si nous transpirons, c'est pour préparer, par l'humidification, le refroidissement de nos muscles qui vont devoir entrer en fonction. D'autres phénomènes impliqués dans la réaction de stress paraissent moins utiles, mais ils ont sans doute répondu, au cours de l'évolution, au besoin de se préparer à un combat : l'horripilation des poils a pour but d'augmenter la masse apparente du sujet, afin d'impressionner l'adversaire (comme chez les chats lorsqu'ils font le gros dos) ; la diminution du temps de coagulation du sang permet de limiter les saignements en cas de blessure.

Ainsi, à l'instar des autres mammifères, nous sommes génétiquement programmés pour cette réponse primaire, à l'origine extrêmement utile à la survie de notre espèce : pendant les premiers temps de l'humanité, lorsque les principaux stresseurs étaient des prédateurs, des adversaires ou des catastrophes naturelles, il était vital pour l'individu d'être capable de combattre violemment ou de fuir rapidement. Tout ce qui favorisait l'action musculaire ou la vigilance était donc un atout considérable. Et la réponse de stress y pourvoyait largement.

Aujourd'hui, pour l'être humain au travail, cette réaction biologique innée et spontanée s'avère souvent inutile : être coincé dans un embouteillage alors qu'on a un rendez-vous urgent ou être critiqué au cours d'une réunion de travail par son patron, voilà des situations qui ne peuvent être résolues ni par une action de combat ni par une action de fuite.

Nous avons donc hérité d'un système archaïque, le plus souvent inadapté aux stresseurs d'aujourd'hui, qui sont beaucoup plus psychologiques que physiques. C'est pourquoi il nous faut presque constamment inhiber cette réaction primaire (les Anglo-Saxons disent que nous devons la geler : *freeze*).

Des rats et des hommes

Henri Laborit a mené de nombreuses recherches sur le stress, concluant que l'aspect le plus néfaste était cette nécessité d'inhiber la réponse de combat ou de fuite à laquelle la société actuelle nous condamne[1]. Les travaux du chercheur ont largement inspiré le film d'Alain Resnais *Mon oncle d'Amérique* (le scientifique et le réalisateur ont du reste collaboré). Les protagonistes sont confrontés à de nombreuses difficultés (santé, problèmes de couples, etc.) auxquelles ils ont à faire face. Par un trucage, ils apparaissent alors avec des têtes d'animaux (rats, chats, chiens), pour nous signifier que, face au stress, nos réactions ne sont

---

1. H. Laborit, *L'Inhibition de l'action*, 2ᵉ édition, Paris, Masson, 1986.

> guère différentes de celles des autres mammifères, mais que, socialement, il nous est difficile d'attaquer ou de fuir. D'où les problèmes... Laborit peut ainsi conclure sur les méfaits de l'inhibition de l'action et sur un paradoxal « éloge de la fuite [1] ».

La phase de résistance : les glucocorticoïdes nous permettent d'endurer

À côté du premier système biologique, représenté par l'adrénaline, il existe un second système biologique, très différent, mais aussi fondamental. Ce second système se met en action lorsque l'agent stresseur se maintient.

Ce second système a lui aussi comme point de départ notre cerveau. L'hypothalamus (encore lui... c'est véritablement la zone de notre cerveau qui peut être considérée comme le chef d'orchestre de la réaction biologique de stress), puis l'hypophyse (une petite glande à la base de notre cerveau) sont stimulés et commandent à nos glandes surrénales de produire d'autres hormones : les glucocorticoïdes (ainsi nommées parce qu'elles sont sécrétées par le cortex, l'enveloppe des surrénales). Ces substances chimiques n'ont rien à voir avec l'adrénaline et n'ont aucun des effets physiologiques précédemment décrits. Leur rôle est d'augmenter le métabolisme de base de l'organisme, c'est-à-dire de faire fonctionner l'ensemble de notre corps avec une dépense énergétique accrue : face au stresseur, il faut « tenir le coup ».

Les glucocorticoïdes ont pour action majeure de favori-

---

1. H. Laborit, *Éloge de la fuite*, Paris, Folio Essais, 1999.

ser la glycogenèse, c'est-à-dire la production de sucre à partir des protéines et des lipides du corps. Cette contribution au métabolisme énergétique est importante pour un organisme qui va s'engager dans l'action.

À côté de l'adrénaline, qui « tire » ses réserves immédiatement disponibles pour réaliser l'action « en urgence », les glucocorticoïdes gèrent l'intendance sur l'arrière du front, en se ravitaillant dans les réserves constituées [1].

La mesure biologique du stress

Le stress d'un individu se manifeste au niveau le plus primaire par la libération de substances chimiques — les hormones de stress — dans le sang. Certains ont pensé pouvoir objectiver l'état de stress d'un individu par le dosage de ces substances. C'est cependant une opération complexe dans la mesure où les hormones de stress circulent en concentration très faible, nécessitant des moyens d'analyse sophistiqués. C'est le cortisol (un produit du métabolisme des glucocorticoïdes) qui est l'indicateur le plus souvent utilisé, de l'ordre d'un millionième de gramme par millilitre ! Le dosage du cortisol peut se faire dans le sang ou dans la salive. En cas de stress, son taux peut être multiplié par cinq ou par dix. Les catécholamines sont plus difficiles à doser, parce qu'elles se trouvent dans le sang à des doses encore plus faibles et de façon très éphémère. C'est pourquoi on préfère mesurer les conséquences de leur action principalement au niveau cardio-vasculaire (rythme cardiaque ou pression artérielle).

---

1. P. Lôo, H. Lôo, *Le Stress permanent*, Paris, Masson, 1999.

Agir ou endurer, un subtil équilibre

Les deux systèmes que nous venons de décrire rapidement ont donc des fonctions très différentes :
- Le premier fonctionne dans une situation de *stress aigu* et permet d'*agir* sur le stresseur.
- Le second, plus lent, entre en jeu pour le *stress chronique* et nous prépare non pas à agir, mais à *endurer*.

LES DEUX PRINCIPALES VOIES BIOLOGIQUES DU STRESS

	LE SYSTÈME HYPOTHALAMO-SYMPATHICO-ADRÉNERGIQUE	**LE SYSTÈME HYPOTHALAMO-HYPOPHYSO-CORTICO-SURRÉNALIEN**
Voie d'action	Système nerveux sympathique	Voie sanguine
Hormones libérées	Catécholamines (adrénaline et noradrénaline)	Glucocorticoïdes
Lieu de libération	Adrénaline : médullo-surrénales (partie centrale des glandes surrénales) Noradrénaline : terminaisons des nerfs du système sympathique	Corticosurrénales (partie externe des glandes surrénales)
Délai d'action	Immédiat	Progressif
Finalité	Préparer le corps à l'action	Augmenter l'endurance
Stratégies adaptatives du sujet	Contrôle de l'environnement	Résignation

LA RÉACTION BIOLOGIQUE DE STRESS

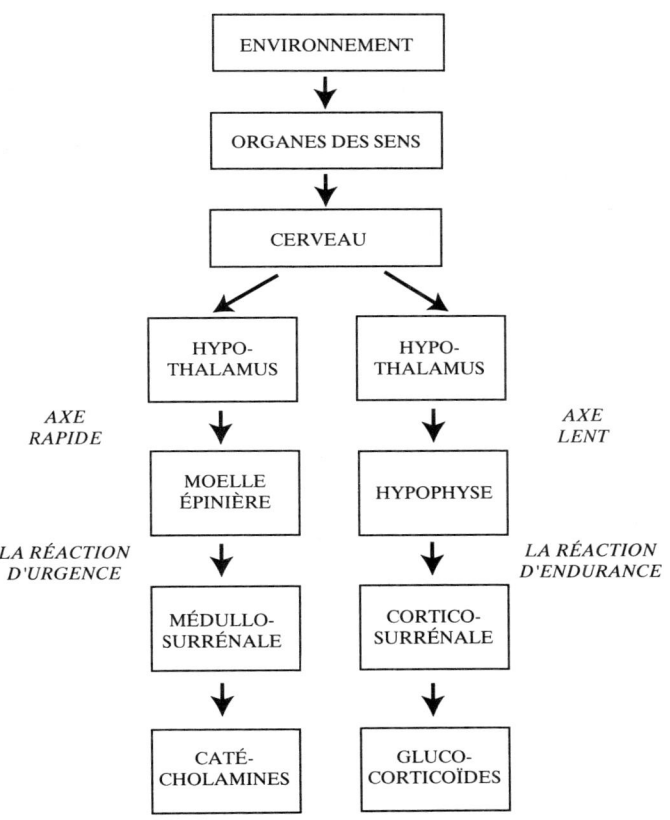

Pour comprendre comment ces deux systèmes entrent en action, imaginons une scène de naufrage.

- Dans un premier temps (la phase d'alerte), prenant conscience du danger, le marin cherche les gilets de sauvetage, bondit dans le canot de survie, aide ses compagnons d'infortune, tout cela étant facilité par la sécrétion accrue d'adrénaline et de noradrénaline.
- Dans un second temps (la phase d'endurance), alors que le radeau part à la dérive au gré des vents, le système corticosurrénal du marin entre en action pour augmenter ses chances de survie.

En fait, les choses ne sont pas tout à fait aussi simples. Tout d'abord, ces deux systèmes biologiques interagissent. De plus, on a découvert que d'autres systèmes immunitaires et hormonaux étaient impliqués dans la réaction de stress. Au fur et à mesure que la recherche avance, on se rend compte que l'ensemble des phénomènes biologiques liés au stress est beaucoup plus complexe qu'on ne l'imaginait.

Enfin, on s'aperçoit qu'il n'y a pas de cloison étanche entre le psychologique et le biologique, dans la mesure où ces deux systèmes mettent déjà en jeu des émotions :

- Le premier système nous met dans un état psychologique d'anxiété (« Il faut agir »).
- Le second nous prépare à nous détacher de l'événement et active des émotions dépressives (« À quoi bon agir ? »).

Finalement, la mécanique biologique qui régit notre réponse de stress s'inspire du proverbe chinois plusieurs fois millénaire : « Donne-moi la force de me battre contre ce qui peut être changé, la sagesse d'accepter ce qui ne peut l'être (...). » Quant à la dernière partie du proverbe, « (...) et l'intelligence de savoir faire la différence entre ce qui peut être changé et ce qui ne peut pas l'être », nous y reviendrons plus tard.

Les hormones de stress

Catécholamines et glucocorticoïdes sont les principales hormones du stress, libérées par les glandes surrénales que l'on peut considérer comme nos « glandes du stress ». Mais, outre ces deux acteurs principaux, il existe de nombreux « seconds rôles », dont les endomorphines encore appelées morphines endogènes, et qui ont beaucoup fait parler d'elles. C'est à partir des années 1970 que débutent les recherches sur les endomorphines, avec la mise en évidence, dans le cerveau, de récepteurs spécifiques pour la morphine. La morphine est le principe actif de l'opium. Elle est connue depuis longtemps pour ses propriétés analgésiques (contre la douleur), antidiarrhéiques (c'est l'élixir parégorique) et antitussives (contre la toux). On s'aperçoit que ces substances (il en existe plusieurs catégories) coexistent avec les autres hormones de stress, à la fois dans la glande médullo-surrénale et dans l'hypophyse.

Plus intéressant encore, l'endomorphine est libérée dans le sang lors de la confrontation à des situations de stress.

On avait observé depuis longtemps qu'un individu engagé dans une action de combat (un soldat, par exemple) pouvait supporter la douleur des blessures qu'il venait de recevoir, ou même ne pas la percevoir. Ce phénomène a désormais des explications scientifiques grâce à la compréhension du rôle des endomorphines dans la réaction biologique de stress.

D'autres substances sont régulièrement découvertes, produites par diverses zones de notre cerveau. Leur fonction n'est pas entièrement élucidée. À n'en pas douter, les hormones du stress constituent une grande famille, dont tous les membres n'ont pas encore été identifiés. L'histoire de la biologie du stress est loin d'être terminée...

11

La psychologie du stress

> « Ce ne sont pas les événements qui perturbent les hommes, mais l'idée qu'ils s'en font. »
> *Manuel*, Épictète.

Nous ne sommes pas égaux face au stress : une même situation professionnelle suscitera chez l'un le stress, chez l'autre l'indifférence, et *vice versa*. Chez la même personne, un événement peut, à un moment donné, entraîner une réponse de stress, et aucune réaction à un autre moment. Au-delà d'une vision purement biologique du stress, une approche individualisée est donc nécessaire.

Car, en situation de stress, nous ne recevons pas les informations de manière passive : nous sélectionnons certains des messages qui nous parviennent, et nous en laissons d'autres de côté. D'où une interprétation subjective et souvent variable des divers événements qui nous arrivent dans une journée.

> Au cours d'un travail auprès des conducteurs de bus de la RATP, nous avions constaté qu'au fur et à mesure que le stress des chauffeurs s'accumulait leurs interprétations des comportements des passagers devenaient de plus en plus négatives : si un passager montait dans le bus sans montrer son titre de transport, le conducteur stressé pensait : « Il le fait exprès, il me provoque. » Un

autre moins stressé aurait sans doute interprété la même scène de la façon suivante : « Il est dans la lune. »

Cette lecture très orientée de notre environnement fait partie intégrante de la réponse de stress en la déclenchant, voire en l'aggravant.

D'innombrables travaux se sont attachés à décrypter cette dimension subjective de la réaction de stress. Une étude[1], devenue un classique, a étudié le niveau de stress et d'anxiété ressentis par des parachutistes. Elle montre que les pics d'inquiétude sont très différents selon que les parachutistes sont des débutants ou des vétérans : les parachutistes peu expérimentés ont leur niveau de stress maximal juste avant de sauter, et les vétérans le matin du saut (anticipation anxieuse) et peu avant l'atterrissage (connaissance des risques réels d'accident à ce moment précis du saut). Pour une même expérience, les courbes de stress présentent des aspects quasi inversés dans les deux populations.

La double évaluation

Face à une situation stressante, nous procédons instantanément à son évaluation, de manière évidemment subjective. Cette évaluation est un processus mental par lequel nous allons apprécier deux éléments :
- le risque ou la menace que peut contenir la situation ;
- les ressources en notre possession pour y faire face.

Il s'agit donc d'une double évaluation. L'évaluation primaire est dirigée vers le stresseur. Ainsi, face à une quantité importante de travail, nous percevons le risque de ne pas

---

1. W. D. Fenz, S. Epstein, « Gradients of physiological arousal in parachutists as a function of an approaching jump », *Psychosomatic Medicine*, 29, 33-51, 1967.

finir à temps. Réalisant une tâche délicate, nous prenons conscience qu'une erreur est possible. Affrontant un client mécontent, nous pouvons craindre de le perdre.

Toutes les situations de stress sont ainsi analysées par notre cerveau.

L'évaluation secondaire est, quant à elle, dirigée vers nos propres capacités à gérer la situation. Nous pouvons nous dire « Je n'y arriverai pas », « Je n'ai pas les moyens d'y faire face » ou, au contraire, « Pas de problème, ça va bien se passer », « Je vais trouver une solution. »

Ces deux catégories d'évaluation sont automatiques et rapides et, par conséquent, rarement le résultat d'une analyse rationnelle de notre part. Elles sont, bien sûr, complètement subjectives et dépendent largement de notre personnalité, de nos expériences passées et des souvenirs que nous avons gardés de situations semblables ou du passé.

Quoi qu'il en soit, nos évaluations vont déterminer le déclenchement ou non de la réaction de stress. C'est-à-dire que le stress va se manifester si nous avons évalué que nos ressources étaient insuffisantes par rapport à la menace, autrement dit, s'il y a un déséquilibre entre notre évaluation primaire et notre évaluation secondaire.

Le schéma qui suit de la double évaluation nous montre que notre analyse psychologique d'une situation de stress peut prendre trois formes.

LE MODÈLE DE LA DOUBLE ÉVALUATION[1]

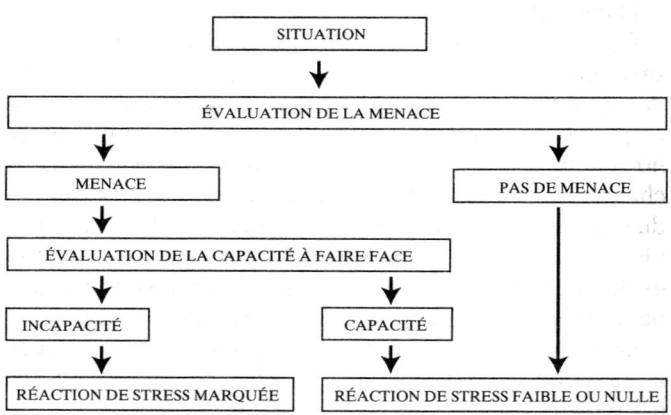

Prenons l'exemple d'un conférencier intervenant auprès d'un public. Trois possibilités s'offrent à lui :

1) Il n'évalue pas de menace. « Ces gens sont agréables... C'est un sujet qui les intéresse... »

2) Il évalue une menace, mais, parallèlement, juge qu'il a les capacités pour y faire face. « C'est un public difficile... Ils vont me poser des questions dures » et « Je connais bien mon sujet... Je me suis déjà trouvé dans une situation identique et m'en suis toujours bien sorti. »

3) Il évalue une menace, mais, en même temps, estime qu'il n'a pas les moyens d'y faire face. « Ils vont me poser des questions difficiles » et « Je ne vais pas trouver les réponses appropriées. »

Dans le premier cas, cet orateur ne connaîtra pas d'état

---

[1]. R. S. Lazarus, S. Folkman, *Stress, Apraisal and Coping*, New York, Springer, 1984.

de stress, alors que, dans le dernier cas, il se trouvera à un niveau important de stress.

Dans le deuxième cas, sa réaction de stress sera faible.

Ces deux systèmes d'évaluation peuvent interférer et subir parfois un véritable phénomène d'« emballement ». Ainsi, après avoir évalué qu'une situation présentait un risque, notre seconde évaluation aboutit au sentiment que nous n'avons pas les moyens de l'affronter. Il y a de fortes chances que notre cerveau procède alors à une réévaluation du stresseur qui va être perçu cette fois comme étant encore plus menaçant que nous ne l'avions jugé initialement. Nos évaluations entrent alors dans une véritable spirale ascendante pouvant conduire à des niveaux élevés de stress.

Dans notre vie professionnelle, les stresseurs auxquels nous sommes confrontés nécessitent sans doute assez fréquemment la perception d'une menace. C'est alors par le biais de l'évaluation secondaire de nos propres ressources que se crée ou non notre état de stress. Percevoir, dans une situation, qu'il y a un enjeu et en même temps que nous pouvons y faire face est l'attitude psychologique qui transforme le stress en challenge.

Une plus grande sensibilité à la menace

La réaction de stress entraîne une vigilance accrue à l'environnement et un mécanisme psychologique important : nous devenons beaucoup plus sensibles à tout ce qui peut représenter pour nous une menace éventuelle. Il existe à ce sujet une théorie intéressante selon laquelle tout être vivant perçoit, dans son environnement, deux types de signaux :

— des signaux de sécurité, en général associés à des situations non menaçantes,

— des signaux de danger, associés à des situations menaçantes.

Par exemple, pour un animal sauvage, les signaux de sécurité seront les bruits normaux de son environnement, les comportements calmes de ses congénères, l'absence de signes ambigus. À l'inverse, des bruits inhabituels ou l'absence de bruits habituels, la nervosité de ses congénères ou des phénomènes ambigus (l'herbe qui bouge alors qu'il n'y a pas de vent) seront interprétés comme des signaux de danger, parce qu'ils peuvent témoigner de la présence d'un prédateur.

L'accroissement de la vigilance à l'environnement, enclenchée par le stress, est un avantage dans un contexte hostile où la survie est primordiale. En revanche, dans des situations quotidiennes de stress professionnel, elle est souvent inutile et épuisante. Car plus notre niveau de stress s'élève, plus nous sommes sensibles aux signaux de danger, et moins nous percevons les signaux de sécurité.

Prenons un exemple : un orateur stressé se focalisera de façon excessive sur les auditeurs renfrognés ou parlant entre eux (signaux de danger, puisque le risque couru est de ne pas satisfaire son auditoire) et ne remarquera pas les auditeurs qui l'écoutent avec intérêt, prennent des notes ou acquiescent (signaux de sécurité).

COMMENT PERCEVEZ-VOUS LE STRESS ?

Ce questionnaire[1] explore le sentiment subjectif de stress ressenti par chacun de nous, c'est-à-dire la façon dont nous l'évaluons.
Il s'agit d'y répondre en se référant à ce qui s'est passé pour vous durant le mois écoulé.
Mettez donc une croix dans la case correspondante, en répondant assez vite et spontanément.

Au cours du dernier mois, combien de fois...

	Jamais	Presque jamais	Parfois	Assez souvent	Souvent
1. avez-vous été dérangé(e) par un événement inattendu ?	1	2	3	4	5
2. vous a-t-il semblé difficile de contrôler les choses importantes de votre vie ?	1	2	3	4	5
3. vous êtes-vous senti(e) nerveux(se) ou stressé(e) ?	1	2	3	4	5
4. avez-vous affronté avec succès les petits problèmes et ennuis quotidiens ?	5	4	3	2	1
5. avez-vous senti que vous faisiez face efficacement aux changements importants qui survenaient dans votre vie ?	5	4	3	2	1
6. vous êtes-vous senti(e) confiant(e) dans vos capacités à prendre en main vos problèmes personnels ?	5	4	3	2	1
7. avez-vous senti que les choses allaient comme vous le vouliez ?	5	4	3	2	1
8. avez-vous pensé que vous ne pouviez pas assumer toutes les choses que vous deviez faire ?	1	2	3	4	5
9. avez-vous été capable de maîtriser votre énervement ?	5	4	3	2	1

1. S. Cohen, C. M. Williamson, « Perceived stress in a probability sample of the United States », *in* S. Spacapam et S. Oskamp (eds), *The Social Psychology of Health*, Londres, Sage, 1988.

10. avez-vous senti que vous dominiez la situation ? .... ⑤ ④ ③ ② ①

11. vous êtes-vous senti(e) irrité(e) parce que les événements échappaient à votre contrôle ?.............................. ① ② ③ ④ ⑤

12. vous êtes-vous surpris(e) à penser à des choses que vous deviez mener à bien ? ① ② ③ ④ ⑤

13. avez-vous été capable de contrôler la façon dont vous passiez votre temps ?.... ⑤ ④ ③ ② ①

14. avez-vous trouvé que les difficultés s'accumulaient à un point tel que vous ne pouviez les contrôler ? .... ① ② ③ ④ ⑤

Faites le total des points des cases que vous avez cochées.

Si votre score est inférieur à 25, vous êtes sans doute à un niveau assez faible de stress. En revanche, un score supérieur à 50 témoigne d'un niveau élevé de stress.

Le contrôle des situations

L'évaluation de nos capacités à faire face à une situation détermine largement notre niveau de stress.

De nombreux travaux scientifiques ont révélé les liens qui existent entre ce sentiment de contrôle et le stress que l'on perçoit.

LE CONTRÔLE CHEZ L'ANIMAL

Dans une expérience, on place deux rats dans une même cage, mais séparés par un compartiment. Le fond de la cage est parcouru de décharges électriques qui surviennent de manière aléatoire et concernent les deux rats de la même façon. Seule différence, dans une partie de la cage est installé un petit tourniquet : lorsque le rat qui se trouve dans cette partie actionne ce tourniquet, le choc électrique s'interrompt *pour l'ensemble de la cage* et donc pour l'autre rat également.

Soumis à un tel « régime », les rats vont bien sûr développer des réactions de stress qui, si elles se prolongent assez longtemps, vont se manifester par l'apparition d'ulcères digestifs.

On constate que le rat qui, durant toute l'expérience, avait la possibilité d'actionner le tourniquet et donc d'interrompre les décharges a développé nettement moins d'ulcères que son congénère placé dans une situation où il ne pouvait que subir. Et cela, alors que les deux animaux recevaient exactement la même dose de stress, représentée par les chocs électriques.

La conclusion est simple : plus l'animal a la possibilité de contrôler tout ou partie de son environnement stressant, moins il est stressé. Ou, plutôt, moins il présente de complications liées au stress.

CONTRÔLE OU SENTIMENT DE CONTRÔLE ?

Chez l'homme aussi, ce phénomène a pu être étudié expérimentalement. Par exemple au travers d'une situation classique de stress, que beaucoup d'entre nous connaissent lorsqu'ils sont chez le dentiste et subissent, sur leurs dents, les assauts répétés de la roulette dentaire, encore appelée « fraise ».

L'étude consiste à étudier le niveau de stress de patients (en enregistrant le rythme cardiaque, par exemple), selon qu'ils disposent ou non d'un petit bouton placé à l'extrémité de l'un des bras du fauteuil leur permettant d'arrêter la fraise. Que ressort-il de cette étude ?

■ Première constatation : ceux qui disposent d'un bouton sont beaucoup moins stressés que les autres.

■ **Deuxième constatation** : parmi ceux qui disposent d'un bouton, on élimine de l'étude ceux qui y ont eu recours. On s'aperçoit alors que ceux qui, disposant d'un bouton, ne l'ont pas utilisé sont moins stressés que ceux qui ne possédaient pas de bouton.

■ **Troisième constatation** : on fait la même expérience avec un « faux » bouton, qui ne fonctionne pas. On élimine bien sûr de l'expérience ceux qui ont utilisé ce bouton et se sont aperçus qu'il n'interrompait pas la fraise, et on ne retient que ceux qui ont cru disposer d'un vrai interrupteur. Là encore, on constate que le stress est nettement moindre que si l'on n'avait pas de bouton du tout, alors que, pourtant, dans la réalité, ils sont dans la même situation, totalement dépourvus du contrôle sur la fraise. C'est-à-dire que le simple fait de s'imaginer que l'on *peut* interrompre l'appareil, même si c'est une illusion, réduit le stress.

La conclusion scientifique est claire :
— le contrôle de la situation réduit le stress,
— ce n'est pas la réalité du contrôle, mais le *sentiment* de contrôle qui est le facteur essentiel de la réduction du niveau de stress.

De la même façon, et pour revenir à des réalités plus quotidiennes, on constate que, pour la majorité des gens, le stress est plus grand quand ils sont passagers d'une voiture que lorsqu'ils conduisent. Ils ont le sentiment de ne rien contrôler alors que le chauffeur, même s'il est un mauvais conducteur, tient le volant et a donc l'impression de contrôler la situation. C'est aussi la raison pour laquelle certaines personnes éprouvent un stress élevé en avion : elles ont un sentiment de non-contrôle absolu de la situation.

CONTRÔLE ET SANTÉ

L'importance du contrôle dans la réalisation de tâches professionnelles a été soulignée par plusieurs études.

On a pu montrer que les réactions cardio-vasculaires, tout comme l'activation neuro-endocrinienne, étaient plus importantes pendant les périodes de travail où le rythme était imposé, comparées à celles où le rythme était choisi par l'individu, et cela pour des rythmes identiques.

Dans une étude réalisée en Norvège [1], on a observé l'influence du rythme de travail et des pauses au sein d'un grand échantillon de femmes enceintes. La probabilité, pour ces femmes qui travaillaient, d'avoir des problèmes de grossesse, des douleurs lombaires et de donner le jour à un enfant de faible poids était d'autant plus grande que leur rythme de travail et leurs pauses n'étaient pas sous leur contrôle.

STRESS PROFESSIONNEL ET MARGE DE MANŒUVRE

Dans une étude portant sur 4 995 personnes [2], le chercheur américain Robert Karasek a étudié le stress professionnel à partir de deux axes fondamentaux : la demande (ou contrainte professionnelle) et la possibilité de contrôle de l'individu. Selon lui, c'est le mélange de ces deux composantes du stress qui est le meilleur prédicteur du niveau de stress : plus la demande est forte et le contrôle faible, plus le salarié est stressé. Une caissière de supermarché, par exemple, soumise à une forte demande et disposant d'un

---

1. J. Scand, « Workpace control and pregnancy health in a population-base sample of employed women in Norway », *Work Environ. Health*, 1998, 24, 206-212.
2. R. Karasek, « Occupational distribution of psychological demands and decision latitude », *International Journal of Health Services*, 19, 481-508, 1989.

faible contrôle, subit un stress très élevé. À l'inverse, un chercheur, avec une faible pression professionnelle et un grand pouvoir de contrôle, sera beaucoup moins stressé.

Ce modèle de Karasek permet ainsi de classer les situations de travail et d'établir une typologie des activités professionnelles en quatre groupes :

— *Travail très contraignant* (charge de travail importante et faible marge de manœuvre). C'est le cas des serveurs de restaurant, des standardistes, des ouvriers travaillant à la chaîne.

— *Travail peu contraignant* (charge de travail faible et large marge de manœuvre). Il s'agit, par exemple, des chercheurs.

— *Travail actif* (charge de travail et marge de manœuvre importantes). Cela concerne les médecins, les dirigeants d'entreprise, les agriculteurs.

— *Travail passif* (charge de travail et marge de manœuvre faibles). Cette catégorie regroupe les gardiens de nuit, les personnels de surveillance.

Il s'agit bien sûr d'une typologie approximative, car, au sein d'un même métier, les conditions de travail peuvent être très différentes.

Plusieurs études ont cependant montré que c'était le travail contraignant qui soumettait la santé des individus aux plus grands risques.

LES DIFFÉRENTES CATÉGORIES DE TRAVAIL [1]

En tenant compte de deux caractéristiques de la situation professionnelle, la charge de travail, d'une part, et la marge de manœuvre, d'autre part, il est possible de classer les différentes conditions de travail en quatre catégories.

CHARGE DE TRAVAIL

	Faible	Forte
Forte (Marge de manœuvre)	TRAVAIL PEU CONTRAIGNANT	TRAVAIL ACTIF
Faible (Marge de manœuvre)	TRAVAIL PASSIF	TRAVAIL CONTRAIGNANT

LES PATRONS SONT-ILS PLUS STRESSÉS QUE LEURS COLLABORATEURS ?

Pour les mêmes raisons, le stress n'augmente pas forcément au fur et à mesure que l'on grimpe dans la hiérarchie. Le mythe du patron plus stressé que ses collaborateurs ne correspond pas toujours à la réalité.

Moins le salarié est qualifié, plus il est situé en bas de la hiérarchie, et plus son stress peut s'avérer important car, en

---

1. R. Karasek, T. Theorell, *Healthy Work : Stress, Productivity and the Reconstruction of Working Life*, Basicbooks, 1990.

général, il dispose d'une marge de manœuvre et d'un degré d'autonomie bien moindres.

À l'opposé, un individu soumis à de fortes demandes de son environnement sera d'autant moins stressé qu'il aura plus d'autonomie dans la réalisation de ses activités professionnelles.

STRESS ET NIVEAU HIÉRARCHIQUE

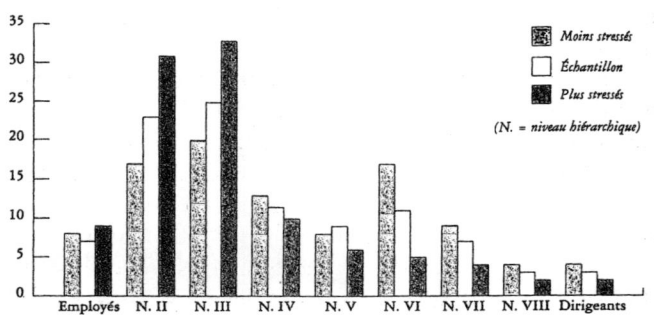

Lors d'une vaste étude sur le stress conduite en collaboration avec le service de médecine du travail d'une des plus grandes banques françaises, nous avons étudié, auprès d'un échantillon représentatif de 960 salariés, le rapport entre le niveau de stress (mesuré notamment par un questionnaire validé) et le niveau hiérarchique. Il existait globalement une relation inverse entre la position hiérarchique et le stress mesuré...

La colonne du milieu représente la moyenne du niveau de stress obtenue par les salariés de chaque catégorie à un questionnaire validé d'évaluation des réactions de stress (questionnaire dit « MSP », ou « Mesure du stress psychologique »). On voit qu'à partir d'un premier niveau de responsabilités, dit « Niveau III » (les employés « de base » semblent relativement protégés), le stress diminue régulièrement avec l'élévation du niveau hiérarchique. Le phénomène est encore plus clair si on se concentre sur les 20 % de chaque catégorie les plus stressés (colonnes de droite), ou les moins stressés (colonnes de gauche).

LE LIEU DE CONTRÔLE

De nombreux travaux sur la psychologie du contrôle [1] ont permis de mettre en évidence deux types de tendances chez chacun de nous. En permanence, nous attribuons une cause aux événements que nous rencontrons dans notre vie :

- Soit nous attribuons ce qui nous arrive à une sorte de destin extérieur. On nomme « externalistes » ceux qui pensent que, quoi qu'ils fassent, les événements qui doivent survenir surviennent, et que leurs efforts sont plus ou moins inutiles : « Je n'ai pas de chance », « On n'est jamais sûr de rien », « Je n'y suis pour rien. »
- Soit nous pensons que ce qui nous arrive dépend de nous-mêmes, de nos efforts, de nos attitudes. De tels individus sont persuadés que leurs échecs comme leurs réussites sont la conséquence de leurs actes : « Quand on veut, on peut... », « Si j'avais fait différemment, cela n'aurait pas été la même chose », « Si c'est comme ça, c'est de mon fait. »

Bien sûr, il n'y a pas deux catégories très tranchées, et les individus se répartissent entre ces deux extrêmes. De la même façon, selon les circonstances et les moments, nous pouvons effectuer des attributions tour à tour externes ou internes. Mais l'intérêt de ces notions en matière de stress est évident : toutes les études montrent que les « internalistes » sont moins sensibles au stress que les « externalistes », parce qu'ils ont développé un système de pensée tel qu'ils ont en eux-mêmes plus de ressources pour contrôler les événements [2].

---

1. J. B. Rotter, « Generalized expectancies for internal versus external control of reinforcement », *Psychological Monographs*, 80, 1966.
2. S. Cohen, J. R. Edwards, « Personality characteristics as moderator of the relationship between stress and disorder », *in* R. W. J. Neufeld (ed.), *Advande in the Investigation of Psychological Stress*, New York, Wiley, 1989.

Prenons un exemple tout simple qui concerne le stress relationnel : imaginons un patron désagréable, compliqué, toujours de mauvaise humeur. Bien entendu, l'atmosphère est difficile pour l'ensemble de ses collaborateurs. Cependant, si on analyse le fonctionnement psychologique de ces derniers, on s'aperçoit que certains d'entre eux ont une attribution majoritairement ou totalement « externe ». « Mon patron, on peut jamais lui parler », « C'est quelqu'un d'odieux. » D'autres, en revanche, ont une attribution en partie « interne » : ils se disent que, peut-être, ils s'y prennent mal, ou qu'il faut repérer à quel moment c'est plus facile de lui parler, ou encore qu'il faut trouver une façon de présenter les choses. Ce qui indique un niveau de stress moindre, dans la mesure où ils ont le sentiment de pouvoir malgré tout agir sur la situation.

ÊTES-VOUS « EXTERNALISTE » OU « INTERNALISTE » ?

Ce questionnaire explore la façon qu'ont les gens de réagir à diverses situations. Choisissez, pour chaque paire, l'affirmation qui correspond le mieux à votre point de vue.

		I	E	
1	On obtient de l'avancement grâce à son travail et à sa persévérance.			Réussir est surtout une question de chance.
2	Selon moi, il y a un rapport entre mon travail et mes notes.			Les réactions de mes supérieurs sont plutôt imprévisibles.
3	Le nombre de divorces montre que de plus en plus de gens ne font pas d'efforts pour que leur mariage marche.			Le mariage est, en grande partie, un jeu de hasard.

		I	E	
4	Lorsque j'ai raison, je peux convaincre les autres.			Il est stupide de penser que l'on peut changer les autres.
5	Dans notre société, la réussite future dépend des capacités de chacun.			Pour avoir de l'avancement, il suffit d'avoir un peu plus de chance que les autres.
6	Si l'on sait prendre les gens, on peut leur faire faire ce que l'on veut.			J'ai peu d'influence sur le comportement des autres.
7	Les appréciations que j'obtiens résultent de mes efforts ; le hasard a peu ou pas d'influence à ce niveau.			J'ai parfois l'impression d'être jugé au hasard.
8	Les gens comme moi peuvent changer le cours des choses.			Il est illusoire de croire que l'on peut avoir une influence sur la société.
9	Je suis maître de mon destin.			Presque tout ce qui m'arrive n'est qu'une question de hasard.
10	On peut apprendre à s'entendre avec les gens.			Il est presque impossible de savoir comment satisfaire certaines personnes.

Comptez le nombre de réponses de la colonne de gauche (I) que vous avez choisies. Elles correspondent à des attitudes « internalistes », c'est-à-dire au sentiment que l'on peut contrôler les événements. Comptez le nombre de réponses de la colonne de droite (E). Elles reflètent des attitudes « externalistes », c'est-à-dire le sentiment d'impuissance par rapport aux événements.

Un total de réponses de gauche plus élevé (I), et donc un « lien de contrôle » plus interne, est associé à une meilleure maîtrise du stress.

L'IMPUISSANCE APPRISE

À la fin des années 1960, deux psychologues américains [1] ont constaté que des chiens qui avaient expérimentalement reçu des chocs électriques (auxquels ils ne pouvaient échapper) devenaient totalement incapables, par la suite, d'apprendre à éviter d'autres chocs qui, cette fois-ci, pouvaient l'être.

Ce phénomène a été qualifié par leurs auteurs d'impuissance apprise. Il s'agit d'un phénomène qui ne résulte ni d'une adaptation ni d'une tolérance aux chocs reçus, dans la mesure où l'augmentation de l'intensité du choc ne modifie en rien les comportements passifs des animaux. En revanche, si les animaux ont appris à éviter les chocs avant d'être à nouveau soumis à des chocs électriques, ils ne sont plus affectés.

Ces constatations ont été à l'origine d'une théorie de la dépression humaine : la survenue d'événements apparaissant de façon indépendante du comportement amène le sujet à apprendre qu'il n'a aucune prise sur ce qui lui arrive. D'où la perte du désir de faire quoi que ce soit puisque, de toute façon, cela ne sert à rien. Il en résulte un sentiment d'impuissance et de résignation.

Les stratégies d'adaptation

LES COPINGS

Dans une situation de stress, l'individu ne reste pas inactif. Au-delà des réactions physiques de stress qui surgissent

---

[1]. M. E. P. Seligman et J. B. Avermeier, « Effects of inescapade shock upon subsequent espace and advoidance responding », *Journal of Comparative and Physiological Psychology*, 63, 28, 1967.

en lui (largement sous la dépendance du processus biologique), il va tenter d'y répondre. En langue anglaise, on parle de « coping », du verbe *to cope with*, « faire face ».

Le coping peut ainsi être défini comme la façon dont nous raisonnons et agissons pour remédier aux aspects négatifs d'une situation stressante [1].

L'étude des copings chez l'homme a profondément bouleversé notre façon de concevoir le stress. On ne cherche plus à décrire et à comprendre les réactions de stress par les situations auxquelles le sujet est confronté (les stresseurs), mais par la façon dont il gère la situation, ce qui a autant, sinon plus d'importance.

Les émotions, les raisonnements et les comportements d'un individu en situation de stress déterminent largement la manière dont va se développer sa réaction. Bien plus, ces copings modulent les effets négatifs du stress et semblent primordiaux dans la genèse des maladies liées au stress, comme nous le verrons plus loin.

Ainsi, à côté d'une conception biologique du stress dans laquelle le rôle des hormones de stress est de mieux en mieux compris, a pris place une conception psychologique du stress qui souligne l'importance des processus de coping.

Femmes et hommes : des réponses de stress différentes

La réponse de combat ou de fuite semblait être la réaction majeure déclenchée par le stress. En fait, une équipe de chercheurs de l'université de Californie à Los Angeles a montré que le stress pouvait induire d'autres types de comportement que les psychologues ont dénommé « soi-

---

[1]. I. Paulham, M. Bourgeois, *Stress et coping : les stratégies d'ajustement à l'adversité*, Paris, PUF Nodules, 1995.

gner et copiner[1] ». Ces attitudes s'observent principalement chez les femmes.

On avait déjà remarqué chez les mammifères que l'attaque ou la fuite n'avaient pas une efficacité adaptative marquée pour les femelles, dont dépendent à la fois la fonction de reproduction et la protection des jeunes.

Chez les chimpanzés, par exemple, le stress induit chez les femelles des comportements protecteurs vis-à-vis de leur progéniture : baisers et toilettage.

Récemment, une psychologue, Rena Repetti, a observé qu'après une dure journée de travail les femmes s'occupaient souvent davantage de leurs enfants, alors que les hommes avaient tendance à prendre de la distance vis-à-vis de leur vie de famille.

L'homme devenait aussi plus agressif, alors que la femme cherchait davantage le contact en appelant des proches pour discuter avec eux, par exemple.

Cette différence de réaction face au stress chez les deux sexes pourrait être due à la libération d'hormones spécifiques chez la femme, comme l'ocytocine, qui régule l'accouchement, l'allaitement et l'orgasme. Cette substance chimique limiterait les pulsions plus agressives et rendrait la femme plus sociable que l'homme en situation de stress.

AGIR SUR LE PROBLÈME OU SUR L'ÉMOTION

Ces processus de coping ne sont pas des traits de personnalité inhérents à l'individu, mais des « stratégies d'ajustement » que l'on adopte en fonction du stresseur.

---

[1]. Shelley Taylor, « Biobehavioral response to stress in femals : tend and befriend, not fight or flight », *Psychological Review*, 2000.

Ils peuvent être orientés :
- soit vers la diminution de la réaction de stress : agir sur ses réactions physiologiques et émotionnelles (se relaxer, s'engager dans une activité plaisante) et sur ses réactions psychologiques (relativiser, penser à autre chose). Cette forme de coping est dite « centrée sur l'émotion » ;
- soit vers le contrôle de la situation stressante : mettre en place une action pour résoudre le problème (rechercher des informations, agir ou supprimer le stresseur). Cette forme de coping est dite « centrée sur le problème ».

Si à votre travail vous vous trouvez dans un bureau surchauffé (stresseur thermique), vos stratégies d'ajustement peuvent être :
- centrées sur l'émotion : tomber votre veste, vous éventer avec une feuille de papier, vous dire que c'est bientôt la fin de la journée ;
- centrées sur le problème : éteindre le chauffage, ouvrir la fenêtre, téléphoner aux services techniques pour régler la température.

Une autre façon de classer les différentes formes de coping[1] consiste à distinguer :
- d'une part le coping « évitant » caractérisé par des comportements de fuite, d'évitement ou d'agressivité et par des attitudes de déni, de résignation ou de fatalisme. Ce coping réduit la tension émotionnelle. Il s'agit d'une stratégie passive ;
- d'autre part le coping « vigilant » qui se manifeste par la recherche d'informations, de soutien social, le dévelop-

---

1. J. Suls, B. Fletcher, « The relative efficacy of avoidant and non avoidant coping strategies », *Health Psychology*, 4, 249-288, 1985.

pement de plans d'action et la recherche de moyens. Ce coping traduit l'affrontement de la situation. Il s'agit d'une stratégie active.

L'EFFICACITÉ DES DIFFÉRENTES FORMES DE COPINGS

Chacune de ces formes de coping a ses avantages et ses inconvénients, et s'avérera plus ou moins adaptée en fonction des stresseurs, de leur moment de survenue ou de leur durée d'évolution.

Dans le domaine du stress professionnel, plusieurs études ont montré que le coping centré sur l'émotion, ou coping « évitant », pouvait avoir à long terme des effets nocifs. Il induit un niveau élevé de dépression et d'insatisfaction professionnelle [1].

Au contraire, un coping centré sur le problème, ou coping « vigilant », s'avère généralement meilleur pour l'individu, car il limite les effets négatifs des stresseurs sur la santé physique et mentale. Plusieurs études menées auprès d'enseignants et d'infirmières concluent dans ce sens [2, 3].

---

1. B. A. Israel, J. J. House, S. J. Schumman, C. A. Heaney, R. P. Mero, « The relation of personal ressources, participation, influence. Interpersonal relationship and coping strategies to occupational stress, job strains and health : a multivasiste analysis », *Work and Stress*, 3, 2, 163-194, 1989.
2. R. S. Bhagat, S. M. Allie, D. L. Ford, « Organisational stress, personal life stress and symptoms of life strains : an inquiry into the moderating role of styles in coping », *in* P. L. Perrewe (ed.), « Handbook on Job Stress », *Journal of Social Behavior and Personality*, 6, 7, 163-184, 1991.
3. A. E. Rijk, P. M. Leblanc, W. B. Schaufeli, J. De Jongle, « Active coping and need for control as moderators of the job demand-control model : effects on burn out », *Journal of Occupational and Organizational Psychology*, 71, 1-18, 1998.

COMMENT FAITES-VOUS FACE AUX SITUATIONS STRESSANTES ?

Pensez à une situation de stress important que vous avez vécue ces derniers temps. Plus cette situation a été stressante, et plus cet exercice sera intéressant. Maintenant, remémorez-vous la façon dont vous avez géré la situation et votre stress.

Différentes manières de faire face à des situations de stress sont indiquées ci-dessous. Marquez d'une croix celles que vous avez alors utilisées.

1. ☐ J'ai essayé de voir l'aspect positif de cette situation.
2. ☐ J'ai essayé de prendre du recul et d'analyser plus objectivement la situation.
3. ☐ J'ai prié pour me donner de la force.
4. ☐ Je me suis défoulé sur certaines personnes quand j'étais énervé ou abattu.
5. ☐ Je me suis occupé à diverses activités pour chasser le problème de mon esprit.
6. ☐ J'ai décidé de ne pas me faire du souci pour ça, pensant que les choses s'arrangeraient d'elles-mêmes.
7. ☐ J'ai abordé le problème étape par étape.
8. ☐ J'ai cherché à m'informer sur les diverses solutions possibles.
9. ☐ J'ai repensé à la façon dont j'avais pu agir dans des situations semblables antérieures.
10. ☐ J'ai cherché des conseils auprès de collègues, d'amis ou de proches.
11. ☐ J'ai rencontré des spécialistes (médecin, avocat, prêtre, etc.) pour m'aider.
12. ☐ J'ai pris des décisions concrètes pour sortir de cette situation.

Les six premières propositions (1 à 6) sont des exemples de copings centrés sur les émotions. Combien en avez-vous coché ?

Les six dernières (7 à 12) illustrent des copings centrés sur le problème. Combien en avez-vous coché ?

Vous saurez ainsi si vous avez tendance à faire face aux situations de stress en tentant de résoudre le problème ou au contraire en essayant de gérer vos émotions. À moins que ces deux tendances s'équilibrent chez vous[1].

Finalement, quand on peut agir sur la situation, les copings centrés sur le problème sont les plus utiles. En revanche, les copings centrés sur l'émotion aident provisoirement l'individu quand le stresseur n'est pas contrôlable, en attendant de pouvoir assimiler la situation et de mettre en place des stratégies d'adaptation plus actives.

---

[1]. A. G. Billings, R. H. Moss, « The role of coping responses and social ressources in alternative the stress of live events », *Journal of Behavioral Medicine*, 4, 139-157, 1981.

12

Stress et performance

> « À consommer avec modération. »
> Mise en garde du ministère de la Santé.

La courbe de stress

Les mécanismes biologiques et psychologiques du stress ont pour premier objectif de nous mettre dans le meilleur état physique et mental pour faire face à une situation difficile et ainsi nous aider à nous y adapter au mieux.

Le stress nous est donc fondamentalement utile, à cette seule condition que ces mécanismes biologique et psychologique soient déclenchés à bon escient et dans des limites acceptables. Il est en revanche nocif s'il est activé à un niveau très élevé, poussant à leur extrême nos réactions biologiques et psychologiques car il va progressivement nous user physiquement et mentalement. Mais, à l'inverse, le stress peut nous être également nuisible s'il ne réussit pas à mobiliser suffisamment nos ressources. Autrement dit, si notre niveau de stress est trop bas ou absent, nos ressources et notre efficacité seront insuffisantes. On se souvient du bon mot de Sarah Bernhardt, répondant à une jeune comédienne qui se vantait de ne jamais avoir le trac : « Rassurez-vous, ça viendra avec le talent ! »

> ### Stress et efficacité chez l'animal
>
> Chez l'animal, il existe une expérience classique qui montre qu'un niveau de stress trop faible ou au contraire trop élevé ne produit pas les comportements les plus adaptés à la situation. C'est le test de l'« open field ».
>
> Un rat est placé dans une cage assez grande et très éclairée, avec en son centre un peu de nourriture. C'est pour l'animal une situation stressante dans la mesure où il s'agit d'un lieu ouvert et éclairé, donc *a priori* dangereux. Un rat témoin va aller chercher sa nourriture au centre de l'enceinte mais, rapidement, va retourner le long des parois pour la manger. Il s'agit d'un comportement adapté. Un deuxième rat auquel on va administrer une substance anxiogène, c'est-à-dire activant sa réponse de stress, demeurera le long des parois et n'ira donc pas, au centre, chercher sa nourriture. Trop stressé, il ne saura pas bénéficier de la nourriture.
>
> Un troisième rat, qui, pour sa part, a reçu un tranquillisant supprimant son anxiété, va au contraire se déplacer, aller au centre et y restera pour manger, sans tenir compte du danger auquel il s'expose. L'absence de stress lui aura fait prendre trop de risque.

Si le stress est nécessaire pour s'adapter à la situation, le rapport qui existe entre l'intensité de la réaction de stress et le niveau de performance n'est pas linéaire. Dès le début du XXe siècle, deux psychologues, Yerkes et Dodson, l'ont illustré sous la forme d'une courbe qui porte leur nom [1].

---

[1]. R. M. Yerkes, J. D. Dodson, « The relation of strengh of stimulus to rapidity of habit formation », *J. Comp. Neurol. Psychol.*, 18, 459-482, 1908.

UTILITÉ DE LA RÉACTION DE STRESS

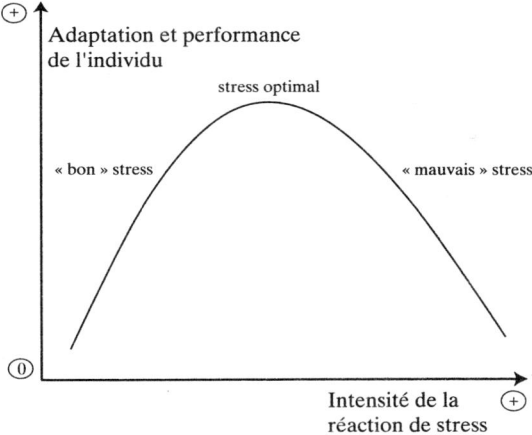

Dans un premier temps, stress et performance croissent ensemble, puis, le stress continuant d'augmenter, la performance chute.

Entre les deux extrêmes (trop de stress/pas de stress), il existe un niveau optimal de fonctionnement de stress qui nous permet de nous mobiliser suffisamment pour faire face le plus efficacement possible aux nombreux stresseurs professionnels qui nous assaillent, sans mettre en péril notre santé.

Il n'y a pas de bon ni de mauvais stress

On peut à raison parler de bon ou de mauvais cholestérol, dans la mesure où il s'agit de deux molécules chimiques différentes, l'une étant bénéfique pour l'organisme, l'autre non. En revanche, le stress, faible ou intense, est toujours le même, les hormones de stress ne changent pas de nature selon l'intensité, et il n'y a donc pas deux formes biologiques de stress...

Il est beaucoup plus pertinent de parler de *niveau* de la réponse de stress. En termes d'efficacité et d'harmonie individuelle, il est évident qu'un excès de stress est néfaste. À l'inverse, une absence totale de stress est elle aussi négative. Un artiste ou un sportif savent très bien qu'un trop faible stress nuira à leur performance.

C'est pourquoi il est absurde de parler d'un « monde sans stress », d'une part parce que c'est un leurre et que nous ne pourrons jamais supprimer les stresseurs qui font partie de notre environnement professionnel et naturel, et d'autre part parce que, si nous arrivions à inhiber en nous toute réaction de stress, nous serions démunis et incapables de nous adapter. On ne peut pas supprimer le stress ni « vivre sans stress ». C'est dans la gestion individuelle et collective qu'un équilibre satisfaisant de performance sans souffrance peut être trouvé.

Le rapport qui existe entre l'efficacité à faire face à la situation stressante et le niveau de stress qui existe en nous est parfaitement illustré par cette courbe en forme de U inversé. Lorsque la réaction de stress est inexistante, l'efficacité est nulle. Au fur et à mesure que le stress croît, la performance augmente pour se stabiliser à un niveau maximal. Cette partie ascendante de la courbe peut être considérée comme le « bon stress » (le *eustress* en anglais).

Ce stress continuant de croître, la performance, pour sa part, va au contraire décroître. C'est le « mauvais stress » (ou *distress* en anglais qui veut aussi dire « détresse »).

LE STRESS OPTIMAL EST DIFFÉRENT POUR CHACUN

Pour atteindre son efficacité maximale, nous avons besoin d'une certaine dose de stress. Mais ce niveau « optimal » est en fait très variable selon les individus. Certains ont besoin d'une grande activation de stress, alors que d'autres peuvent se contenter de peu de stress, et sont au contraire peu performants s'ils sont soumis à un stress quelque peu intense.

Imaginez, par exemple, que vous ayez un rapport très important à rendre à un supérieur hiérarchique. Si vous vous mettez au travail deux semaines avant la date de remise, il est probable que, pour un certain nombre d'entre vous, le stress étant à un niveau très bas, la motivation et l'inspiration soient assez faibles. Vous serez alors peu performant : vous n'arrivez pas à vous concentrer, les idées ne vous viennent pas. Si peu de stress ne vous aide pas. Mais pour d'autres, en revanche, ce délai confortable est favorable à la réflexion, et ce bas niveau de stress les rend déjà performants.

Imaginez maintenant qu'on vous demande de rédiger ce rapport pour le surlendemain alors que vous n'avez encore rien fait. Cette fois, le niveau de stress est à coup sûr très élevé. Certains — sans doute ceux qui ne se sentaient pas très motivés loin de l'obstacle — vont être alors extrêmement performants, dynamisés et sans doute réussir leur tâche, alors que d'autres vont paniquer, mal dormir et perdre tous leurs moyens.

C'est pourquoi la notion de stress optimal est éminemment relative : les besoins en stress varient considérablement selon les individus. Certains, que l'on appelle les « personnalités de type A » (nous en reparlerons plus loin), ont besoin d'être dans un état de stress permanent pour être efficaces, alors que leurs opposés, les « types B », ont besoin d'un niveau de stress relativement bas pour être performants.

Entre ces deux types de personnalité, chacun de nous se positionne. Et chacun de nous organise sa façon de travailler plus ou moins consciemment de manière à s'ajuster au niveau de stress le plus adéquat à son efficacité. C'est vrai pour celui qui se mettra à la rédaction de son rapport au dernier moment, tout comme pour celui qui y travaillera suffisamment à l'avance. Qui remettra le meilleur rapport ? Il n'est pas possible d'y répondre. La seule chose dont on soit sûr, c'est que celui qui s'y sera pris au dernier moment aura fortement activé l'ensemble de ses réactions de stress. Et que, si c'est sa façon habituelle de fonctionner, il en paiera un jour le prix, en termes de santé.

Drogués à l'adrénaline ?

Certains ne travaillent qu'avec un niveau de stress élevé. Ils ne peuvent être performants sans cette production d'adrénaline, induite par la réaction d'urgence et d'alerte. En psychiatrie, on a aujourd'hui tendance à considérer que ces individus deviennent progressivement des « dépendants à l'adrénaline ». Fait de société, conséquence du tourbillon économique et socioculturel induit par la société actuelle, mais aussi phénomène qui correspond à un type de personnalité particulière, qui s'épanouit dans le fonctionnement adrénalitique. Ces individus ont un mode de fonctionnement au travail qui les met toujours dans un état de stress intense. Ils ne sont pas friands de méthodes de gestion du stress, car apprendre à organiser leur temps ou leurs émotions, c'est diminuer le stress dont ils ont fait un moteur. Sans stimulation, sans défi, sans conflit, et toutes autres situations de stress suscitant la production d'adrénaline, ils perdent toute motivation. Ils préfèrent se retrouver dans des situations de pression qui correspondent non pas tant à leur personnalité qu'à leur besoin de se « doper » à l'adrénaline.

Avez-vous besoin d'un fort niveau de stress pour être efficace ?

Pour chacune des six affirmations qui suivent, indiquez à quel point elles vous concernent en cochant la case correspondante : tout à fait vrai, plutôt vrai, plutôt faux ou tout à fait faux.

	Tout à fait vrai	Plutôt vrai	Plutôt faux	Tout à fait faux
J'ai tendance à faire des choses au dernier moment et dans une certaine urgence	3	2	1	0
Je ne suis jamais aussi bon à exprimer mes idées que lorsqu'on m'apporte la contradiction	3	2	1	0
Je préfère les situations où il y a un enjeu important, voire un risque, à celles moins incertaines	3	2	1	0
J'ai besoin de « bouger » (par exemple faire les cent pas si je suis seul, ou faire des gestes si je m'adresse à des interlocuteurs) pour mieux faire venir les idées	3	2	1	0
J'ai recours à des substances « dopantes » (tabac, café, etc.) pour être davantage concentré et productif lors d'une tâche difficile	3	2	1	0
C'est surtout en fin de journée (plus que tôt le matin) que je suis au mieux de mes capacités intellectuelles	3	2	1	0

Faites le total des points obtenus qui figurent dans les cases que vous avez cochées.

Si votre total est inférieur à 6 : vous fonctionnez au mieux de votre efficacité avec un niveau plutôt bas de stress.

Si votre total est compris entre 6 et 12 : vous avez besoin d'un certain niveau de stress pour être performant.

Si votre total est supérieur à 12 : pour être efficace vous vous nourrissez du stress, ce qui n'est pas sans risque.

STRESS OU CHALLENGE ?

Pour beaucoup de personnes, un état de stress assez élevé n'est pas forcément vécu de façon négative dans certaines circonstances. C'est le cas, par exemple, du sportif avant une compétition, mais aussi de chacun de nous lorsque nous devons affronter des situations pour lesquelles nous anticipons une issue positive. On parle alors plus de challenge que de stress. Pourtant, il s'agit d'une véritable réaction de stress au niveau biologique.

Mais le stress s'accompagne alors non plus d'émotions pénibles, mais d'émotions agréables et stimulantes.

> « J'aime ces moments où je dois convaincre un client. Je sais qu'il y a un enjeu important pour moi et que la partie n'est pas gagnée d'avance. Je me sens un peu fébrile, je ne sais pas si c'est du stress, mais ça lui ressemble. Et en même temps je suis dans un état d'esprit positif, quasi serein. C'est presque irrationnel, mais je sais que je vais gagner... »

Quand nous évaluons que nous avons en nous toutes les ressources pour faire face, le stress nous mobilise encore plus pour agir.

Le challenge serait-il la forme la plus accomplie et la plus plaisante du stress ?

TROISIÈME PARTIE

Le stress fait mal

Bien qu'indispensable à la vie, le stress représente une menace pour notre bien-être. Car, de même qu'un médicament utile peut devenir nuisible au-delà d'une certaine dose, des réactions de stress trop intenses, trop fréquentes, trop prolongées et mal gérées peuvent avoir des effets négatifs sur notre santé. On sait par exemple que le stress multiplie par trois les risques cardio-vasculaires et qu'il est largement responsable des troubles musculaires, les plus fréquentes des maladies professionnelles. Quant aux conséquences psychologiques, elles sont de plus en plus alarmantes : environ 10 % des salariés souffrent de dépression, d'anxiété ou de surmenage. Serions-nous en train de suivre les traces du Japon où près de dix mille personnes meurent chaque année à cause du stress au travail ? Le stress sera-t-il bientôt considéré comme une maladie professionnelle ? Continuera-t-il à coûter aussi cher aux entreprises et à la collectivité ?

13

Les troubles psychologiques

> « Ça ne prévient pas
> Ça arrive,
> Ça vient de loin. »
> *Le Mal de vivre*,
> BARBARA.

Au-delà de la simple libération de substances chimiques dans notre corps (comme l'adrénaline ou les corticoïdes), le stress active fortement trois grands types d'émotions :

- L'anxiété : l'individu se rend compte que le stresseur représente un danger et se met en état d'alerte, mobilisant toutes ses capacités pour faire face.
- La dépression : l'individu développe une réaction de détachement par rapport au stresseur ; il endure sans agir ; il baisse les bras.
- La colère ou l'agressivité : l'individu y trouve ses forces pour attaquer et/ou détruire le stresseur.

Ces trois émotions sont tout à fait « normales » et font partie de la vie de tout être humain. Mais si celui-ci est régulièrement soumis à des facteurs de stress, alors ces émotions négatives vont se trouver activées en permanence et risquent d'évoluer vers ce qu'on appelle des « troubles émotionnels » (les Anglo-Saxons parlent de *emotional disorders*), dont les plus fréquents sont les troubles anxieux et les troubles dépressifs.

Anxiété et dépression : ces maladies sont aujourd'hui très répandues. Les études épidémiologiques montrent qu'au cours de son existence un individu a un risque de développer un trouble anxieux ou dépressif de l'ordre de 20 %. C'est ce qu'on appelle la « prévalence vie entière ». Autrement dit, une personne sur cinq a souffert, souffre ou souffrira dans sa vie d'un trouble anxieux ou dépressif.

À un instant donné, on peut considérer qu'environ 4 à 6 % de la population est dans un état dépressif et que 7 à 8 % présente un trouble anxieux ! La très forte consommation de psychotropes, c'est-à-dire essentiellement de médicaments antidépresseurs et anxiolytiques, ne fait hélas que confirmer la réalité du phénomène.

Certes, les troubles anxieux et dépressifs ne sont pas uniquement dus au stress. Il existe des facteurs génétiques qui prédisposent certains individus à être anxieux ou dépressifs.

De même, et les psychanalystes ont beaucoup insisté sur ce point, notre développement psychologique, depuis notre petite enfance, a pu nous préparer à connaître plus facilement de l'anxiété ou de la dépression. Les études suggèrent, malgré tout, que le stress en augmenterait le risque par un facteur de deux ou trois. En médecine du travail, l'anxiété et la dépression sont sans doute les pathologies les plus fréquentes ; de nos jours, l'environnement du travail n'est plus dangereux — mis à part, bien sûr, certains secteurs particuliers comme le bâtiment, où il y a encore des chutes et des accidents, et les usines, où les salariés peuvent être exposés à des substances nocives —, et la grande majorité des problèmes de santé, chez les salariés, se jouent dans le domaine des troubles psychologiques.

Tous nos confrères médecins du travail nous le disent. « Maintenant, lors de consultations avec les salariés, nous devons faire le psychiatre ! »

Dans son rapport publié en octobre 2000[1], le Bureau international du travail poussait un cri d'alarme : « Les troubles psychiques sont de plus en plus fréquents. En effet, un travailleur sur dix souffre de dépression, d'anxiété, de stress ou de surmenage et risque de ce fait l'hospitalisation et le chômage. »

Et d'ajouter : « Les salariés sont déprimés, surmenés, angoissés, stressés. Ils perdent leurs revenus, voire se retrouvent au chômage, victimes du discrédit qu'engendre inévitablement la maladie mentale. »

L'anxiété

L'anxiété est caractérisée par un vécu permanent d'inquiétude et d'appréhension. Elle se manifeste par un ensemble de symptômes, dans trois domaines : somatique, psychologique et comportemental.

VOUS VOUS SENTEZ TENDU

Vous avez la sensation d'une tension physique permanente : vous sentez que vos muscles sont contractés, le plus souvent les muscles des épaules, les muscles des mâchoires, les muscles du dos, les muscles des poings.

Il se produit également une activation du système neurovégétatif : votre cœur bat plus vite, votre tension artérielle monte, vous transpirez peut-être au bout des doigts ou sur

---

[1]. « Mental health in the work place », Bureau international du travail, Genève, 2000.

le visage. Bref, votre corps est mis en tension, ce qui correspond, nous l'avons vu, à la réaction de stress physique normale. La seule différence, c'est que, là, vous ne vivez pas un processus adaptatif, lié à une situation ponctuelle, mais un état permanent. Avoir le cœur qui bat vite avant de prononcer un discours, les muscles qui se contractent ou la respiration qui s'accélère quand vous avez peur, rien de plus normal. Mais si cet état physiologique perdure, ou se manifeste sans raison, si vous avez l'impression d'avoir sans arrêt une boule dans la gorge, qui vous gêne pour déglutir, si vous sentez une oppression thoracique tenace, comme si vous aviez un poids sur la poitrine, alors, il est probable que ces différentes manifestations physiques signent une anxiété.

VOUS ÊTES ANGOISSÉ

Vous éprouvez un sentiment d'inquiétude en permanence, comme si vous redoutiez que quelque chose de dangereux ou d'indésirable survienne. Tout suscite votre appréhension : le téléphone qui sonne, un courrier dans la boîte aux lettres, le retard d'une personne que vous attendez, une convocation de votre supérieur, comme si cela était forcément un mauvais signe, l'annonce d'un malheur ou d'une catastrophe.

Cette fois-ci, nous ne sommes plus dans le domaine du somatique, mais dans l'ordre psychique. Cet état psychologique d'inquiétude vous rend extrêmement vigilant, attentif à votre environnement : vous observez tout ce qui se passe autour de vous, vous avez même parfois du mal à vous concentrer parce que vous êtes attentif au moindre détail, au moindre bruit. C'est ce qu'on appelle l'« hypervigilance » : elle traduit un état de mise en alerte de tout votre organisme qui guette un danger potentiel.

La sensation d'être psychologiquement toujours sur le qui-vive suscite une émotion extrêmement pénible, qui peut aller jusqu'à provoquer des troubles du sommeil : au moment d'aller au lit, l'angoisse est toujours là qui vous empêcher de dormir, de vous laisser aller...

VOUS CHANGEZ DE COMPORTEMENT

Troisième caractéristique de l'anxiété, vos comportements ne sont plus les mêmes. Par exemple, vous évitez des situations que vous craignez. Dans ses formes les plus prononcées, ce comportement anxieux peut aboutir à des manifestations véritablement phobiques, parfois accompagnées de crises d'angoisse.

Les comportements d'évitement ne sont pas les seuls à traduire l'anxiété. On peut aussi observer des comportements de « réassurance ». L'individu tente cette fois-ci non plus de fuir le danger, mais de s'en prémunir. Ainsi cette personne qui appelle plusieurs fois par jour chez elle pour s'assurer que ses enfants vont bien. Ou cette autre qui cherche auprès de ses collègues à être rassurée sur la qualité de son travail.

Toutes ces manifestations somatiques, psychologiques et comportementales, qui sont les plus classiques, traduisent l'anxiété et peuvent nous perturber, elles peuvent aussi devenir de véritables maladies très handicapantes, notamment dans le milieu du travail. On les appelle « les troubles anxieux ».

LES MALADIES DE L'ANXIÉTÉ

Les troubles de l'adaptation

Il est inévitable et normal que, lorsque nous connaissons d'importants facteurs de stress dans notre environnement professionnel, nous devenions parfois anxieux. Tant que cela reste à un degré raisonnable. Car, si cette réaction émotionnelle atteint un haut niveau, elle doit être considérée comme pathologique. On parle alors d'un trouble de l'adaptation.

Ce sont souvent des stresseurs professionnels importants (licenciement, conflit avec sa hiérarchie, surcharge de travail ingérable, etc.) qui sont à l'origine de ce trouble. L'anxiété apparaît assez rapidement. Elle peut même persister quelque temps, alors que la cause du stress a disparu.

> « Il y a quelques mois, j'ai eu un grave différend avec mon responsable. Il n'était absolument pas d'accord avec ma manière de travailler et m'a confié d'autres activités moins valorisantes. J'ai été de moins en moins en contact avec des clients et j'ai dû me consacrer à des tâches administratives sans intérêt. Les relations avec ce responsable sont devenues très tendues, et nous en sommes arrivés à ne plus nous adresser la parole, sauf en cas de nécessité absolue. Progressivement, je suis devenue de plus en plus anxieuse. Je dormais de plus en plus mal, je faisais des cauchemars. J'avais toute la journée une sensation de poids sur la poitrine, je me sentais tendue, sursautant au moindre bruit.
> Il y a quinze jours, suite à une réorganisation de notre service, un nouveau chef est arrivé. Ça a été un soulagement, d'autant plus que nous nous entendons parfaitement. Malheureusement, au niveau de mon anxiété, cela n'a pas changé grand-chose, et je me sens toujours aussi nerveuse et mal dans ma peau... »

Dans la plupart des cas, les troubles de l'adaptation se manifestent par des états émotionnels pénibles : anxiété, mais, parfois aussi, dépression (nous y reviendrons un peu plus loin dans ce chapitre). Le patient souffre moralement, mais il est aussi gêné dans sa vie pratique, car il n'arrive plus à faire face à ses obligations, qu'elles soient professionnelles ou familiales.

Dans certains cas (beaucoup plus rares), ce trouble s'accompagne de perturbations des comportements.

> Je me souviens d'un cadre d'entreprise qui avait été fortement secoué par un échec professionnel. On lui avait confié la charge de mener la réorganisation informatique de son secteur. Il y avait consacré beaucoup d'énergie, mais, malgré cela, n'avait pas réussi sa mission. Il en avait donc été dessaisi par sa direction. Son entreprise n'avait pas été trop dure avec lui puisqu'on lui avait immédiatement confié d'autres responsabilités. Malgré cela, il était devenu très anxieux et légèrement dépressif. Surtout, il n'était plus le même homme. Il se mit à jouer au casino, à sortir le soir dans des bars. Alors qu'il était de tempérament calme et rangé, il fut même emmené au commissariat de police pour s'être bagarré dans la rue.

Le trouble de l'adaptation semble être l'un des troubles psychologiques les plus répandus dans la population générale. Il toucherait, selon les études, entre 5 et 13 % des personnes, et deux fois plus les femmes que les hommes[1]. Alors que, pour beaucoup d'autres maladies liées au stress, il est parfois difficile de faire un lien clair entre l'état du sujet et l'environnement stressant, il s'agit là d'une maladie anxieuse directement consécutive à un stresseur.

---

1. J. H. Newcorn, J. Strain, « Adjustment Disorders », *in Comprehensive Texbook of Psychiatry* (H. J. Kaplan, B. J. Sadock, eds), Baltimore, Williams & Wilkins, 1995.

L'anxiété généralisée

Une personne souffrant d'anxiété généralisée développe un fonctionnement psychologique particulier : elle se fait du souci pour tout, craint, sans raisons objectives, de ne pas réussir à boucler un dossier à temps, d'être menacée dans son poste ou de ne pas être appréciée à son travail. Cette angoisse peut contaminer sa vie tout entière : elle s'inquiète de l'avenir de ses enfants, elle a peur qu'ils tombent malades, craint de ne pas pouvoir payer les factures de la maison, redoute d'avoir un accident, etc.

La principale caractéristique de l'anxiété généralisée est que les soucis sont excessifs par rapport à la réalité. De plus, même si la personne est consciente de l'aspect exagéré de ses préoccupations, il est difficile pour elle de les chasser de son esprit.

D'où les difficultés de concentration et souvent un grand handicap à faire son travail correctement.

L'anxiété généralisée est une maladie assez répandue, touchant environ 5 % de la population générale à un moment ou à un autre de l'existence[1]. Son apparition est favorisée chez les gens qui vivent en situation de stress : en effet, à partir d'un premier noyau d'inquiétude, qui a germé autour du stress, tout un système d'angoisse se met en place et se développe.

Le trouble panique

Le trouble panique se caractérise par la survenue régulière de crises d'angoisse, qu'on nomme aujourd'hui « les attaques de panique ». De quoi s'agit-il ? D'un seul coup, sans raison apparente, la personne ressent des signes phy-

---

1. *Diagnostical Manual of Mental Disorders*, 4th Edition, Text Revision, American Psychiatric Association, Washington, 2000.

siques à la fois pénibles et inquiétants pour elle, comme, par exemple, l'impression qu'elle va s'évanouir, étouffer ou avoir une crise cardiaque. On appelle ces manifestations un « orage physiologique » : le cœur se met à battre, la respiration s'accélère, on suffoque, la tête tourne, on a une grande bouffée de chaleur ou au contraire de grand froid, on sent des tremblements et des picotements dans tout le corps.

On pense que beaucoup d'individus (les études indiquent 30 à 40 %) ont connu un jour ou l'autre une attaque de panique, le plus souvent d'intensité légère et sans suite. Par exemple lors de périodes de l'existence plus difficiles ou stressantes.

Lorsque ces crises d'angoisse se répètent et que l'individu vit dans la hantise permanente qu'elles surviennent sans crier gare, une véritable maladie anxieuse s'installe. Environ 3 à 5 % de la population semble concernée par ce trouble chronique.

Il y a sans doute des facteurs prédisposants à l'apparition d'un trouble panique : une personnalité particulière ou même des aspects héréditaires. Cependant, le stress est souvent l'un des facteurs déclenchants de la maladie.

Ainsi, chez de nombreux patients, les crises de panique ressurgissent lors de périodes difficiles de stress et au contraire s'estompent quand leur existence est plus sereine.

Le handicap est facilement compréhensible. Comment travailler efficacement et avoir l'esprit libre quand on est sans cesse suspendu à la survenue de telles crises ?

Dans notre pays, le trouble panique est nettement sous-estimé. Les personnes qui en sont atteintes sont trop souvent diagnostiquées « spasmophiles ». Or la spasmophilie, rappelons-le, est une maladie bien française. Dans aucun autre pays ce diagnostic n'existe, on parle en effet soit de crise de tétanie (maladie relativement rare finalement), soit de trouble panique (beaucoup plus fréquent).

Médecins et patients sont sans doute complices lorsqu'ils utilisent un terme erroné et faussement rassurant. Expliquer les crises par un manque de calcium de l'organisme est sans doute vécu comme moins menaçant que reconnaître la présence d'une anxiété et donc un problème psychologique.

Le stress post-traumatique

Lorsqu'une personne a été confrontée à un événement particulièrement violent et traumatisant, le risque est grand de voir apparaître progressivement et parfois s'installer durablement un trouble anxieux sévère dénommé « l'état de stress post-traumatique ».

Pendant longtemps, ces troubles étaient étudiés et pris en charge par les médecins militaires, puisqu'il s'agissait essentiellement de victimes de violences de guerre. Avec le développement de la violence civile, on a vu apparaître de nombreux cas de stress post-traumatique chez des personnes qui avaient été victimes d'attentats, d'agressions ou de viols.

Nous avons vu précédemment que la violence peut toucher de nombreux salariés. Les agressions, braquages ou prises d'otages risquent aussi d'entraîner, chez eux aussi, d'importantes perturbations psychologiques.

L'état de stress post-traumatique se caractérise d'abord par la remémorisation constante de l'événement traumatique. Le sujet a l'impression de revivre sans cesse cet événement, sous forme de rêves, de « flash-backs », et ces souvenirs envahissants s'imposent, malgré lui, à sa conscience.

Il va alors chercher à éviter tout ce qui peut lui rappeler le traumatisme, dans la crainte de « réveiller » en lui les souvenirs traumatisants. Il peut ainsi fuir aussi bien les personnes, les lieux et même les conversations ou les émotions (comme la peur ou la colère) qui risquent de lui rappeler l'événement et de provoquer des réminiscences pénibles.

Au niveau psychologique, outre la grande souffrance liée à un état d'anxiété permanent, on peut voir apparaître des perturbations émotionnelles, comme un sentiment de détachement affectif vis-à-vis des autres, l'incapacité à ressentir des émotions. Les spécialistes appellent cela « l'émoussement affectif ».

> « Je m'en souviens comme si c'était hier... Trois hommes cagoulés ont fait brutalement irruption dans notre agence bancaire en hurlant. L'un d'eux s'est précipité sur moi et m'a violemment poussée à terre. Je me suis retrouvée allongée avec un pistolet sur la tempe. On m'a dit que tout s'est déroulé très vite. Moi, j'ai l'impression que ça a duré des heures. Je n'ai jamais eu aussi peur de ma vie... Depuis, je n'arrête pas d'y penser. J'en fais des cauchemars presque chaque nuit. Je dois prendre des somnifères et des tranquillisants.
>
> Je n'ai pas pu reprendre mon travail. L'idée de me retrouver derrière un guichet me paralyse. Je n'arrive même pas à aller dans un bureau de poste pour moi-même... J'ai l'impression que ça va recommencer.
>
> Dès que j'entends des gens parler un peu fort, je me sens mal, la gorge nouée, le cœur qui bat... Je ne lis plus les journaux et ne regarde plus les infos à la télé : dès qu'on y parle de hold-up ou même de violence, ça repart dans ma tête.
>
> J'ai l'impression de ne plus être la même... de me détacher des autres... que ma vie n'a plus beaucoup de sens. »

Ce trouble ne survient pas chez toutes les victimes d'un traumatisme psychologique. Globalement, on estime que le risque d'apparition chez celles-ci est de l'ordre de 30 %. Évidemment, le risque est d'autant plus grand que l'événement est traumatisant en lui-même. Mais d'autres facteurs entrent en jeu : la personnalité du sujet, certes, le fait qu'il ait ou non connu auparavant d'autres traumatismes, mais aussi l'aide psychologique qu'il peut recevoir dans les suites immédiates de l'événement.

D'où le rôle fondamental, pour les entreprises, dans la prise en charge précoce et le suivi des victimes de violence au travail, dont nous reparlerons plus tard.

Une fois installé, l'état de stress post-traumatique peut durer des mois, voire des années et donc devenir invalidant. Il peut aussi se compliquer de conduites d'alcoolisation, d'abus de drogue, de troubles dépressifs et de suicides.

Quand l'anxiété devient une maladie

L'anxiété est une émotion humaine normale. Elle devient une véritable maladie (on parle alors de « troubles anxieux ») quand les trois critères suivants sont présents.

1) *L'anxiété est importante.* La personne connaît un état anxieux élevé (pouvant aller jusqu'à des réactions de panique), mais aussi permanent ou chronique. L'anxiété ne quitte plus la personne et se manifeste même en dehors des moments de stress.

2) *L'anxiété fait souffrir.* Cet état est vécu par la personne comme extrêmement pénible et peut la conduire à consommer des substances pour alléger cette souffrance psychologique (alcool ou tranquillisants).

> 3) *L'anxiété perturbe la vie.* Le handicap peut être sévère. La personne trop anxieuse peut ne plus pouvoir se concentrer, avoir des trous de mémoire. Parfois, l'anxiété entraîne des comportements particuliers (comme l'évitement systématique de certaines situations chez les sujets phobiques) qui entravent le fonctionnement d'une vie normale.

La dépression

Les troubles anxieux risquent de se compliquer, c'est-à-dire de s'aggraver et d'évoluer vers des troubles dépressifs. Les liens entre anxiété et dépression sont complexes : tous les troubles dépressifs ne sont pas, à l'origine, des troubles anxieux. Cependant, on constate que, dans un tiers à la moitié des cas, les personnes qui ont ressenti des manifestations d'anxiété prononcées pendant plusieurs années évoluent vers des troubles dépressifs. Toutes les études épidémiologiques montrent que le trouble anxieux fait le lit de la dépression nerveuse : les personnes victimes de troubles anxieux réguliers multiplient par deux ou trois le risque de faire un syndrome dépressif. On pense que le trouble anxieux précéderait la dépression, et certains spécialistes vont jusqu'à considérer qu'il s'agit de la même maladie, qui évoluerait en plusieurs phases.

Les troubles dépressifs sont les troubles psychologiques les plus marqués du stress. Ils sont devenus une préoccupation de santé publique, certains disent que c'est LE problème de santé numéro un. L'Organisation mondiale de la santé estime qu'en 2005 ce seront les maladies les plus répandues sur l'ensemble de la planète, dépassant, en nombre de victimes, les maladies cardio-vasculaires.

Trop de stress est mauvais pour la mémoire [1]

Nous avons déjà vu que le stress provoquait la libération de corticoïdes dans le sang. Or ces substances chimiques ont une action bien établie sur l'hippocampe (structure de notre cerveau impliquée dans les processus de mémorisation) en activant certains récepteurs aux glucocorticoïdes de type II. Cette activation des récepteurs est indispensable à la mémorisation : en l'absence de stress, les capacités d'apprentissage sont au niveau le plus bas.

Mais, lors de stress répétés ou après administration de fortes doses de corticoïdes, on observe une désensibilisation de ces récepteurs qui ne répondent plus, ainsi qu'une diminution des capacités d'enregistrement mnésique.

Cette désensibilisation des récepteurs peut même se transformer en dégénérescence lorsque le taux de corticoïdes dans le sang reste élevé.

Chez le rat hyperstressé, on aboutit même à une destruction de l'hippocampe.

Chez l'homme, plusieurs études vont dans le même sens :
1) *Dans les dépressions sévères* (où les troubles de la mémoire font partie du tableau clinique), le taux de corticoïdes est souvent élevé, et les techniques d'imagerie médicale mettent en évidence une atrophie de l'hippocampe plus ou moins marquée.
2) *Dans les états de stress post-traumatiques* (par exemple chez les militaires qui ont participé à la guerre du Viêt-nam ou à la guerre du Golfe), on observe des dégénérescences de l'hippocampe d'autant plus étendues que la durée des combats a été importante.

---

[1]. R. M. Sapolsky, « Why stress is bad for your brain », *Nature*, 1996, 273, 749-50.

> 3) *Chez les personnes âgées*, victimes de stress répétés, on constate une augmentation des corticoïdes dans le sang avec une dégénérescence de l'hippocampe. Chez les patients atteints de la maladie d'Alzheimer, le stress entraîne souvent des aggravations irréversibles de leur perte de mémoire déjà altérée.

La dépression peut concerner tout le monde, en dehors du contexte professionnel et pour des raisons étrangères à celui-ci, mais il semble qu'elle touche fréquemment le milieu du travail, avec cette particularité qu'elle est en général mal reconnue. Autant on peut, à la rigueur, admettre qu'on est anxieux, même si ce n'est pas toujours facile, autant la dépression est encore taboue : on préfère parler de fatigue, de surmenage. Il est vrai que, dans le milieu du travail, les enjeux sont considérables, notamment pour l'encadrement : un cadre déprimé, ça ne se fait pas... Pourtant, comme le relève cet employé d'une grande firme pétrolière : « Ici, il y a de plus en plus d'absences pour cause de dépression. » Dans beaucoup d'autres entreprises, même son de cloche : « Beaucoup sont hyperstressés. Chez eux, ils n'arrivent plus à dormir. Certains finissent par s'arrêter pour cause de déprime. »

COMMENT RECONNAÎTRE LA DÉPRESSION

La dépression se caractérise par plusieurs catégories de symptômes.

La tristesse ou l'effondrement de l'humeur
Les psychiatres considèrent « l'effondrement de l'humeur » comme le premier symptôme de la dépression.

Qu'entend-on par « humeur » ? Il s'agit de l'état d'esprit, du paysage mental, dans lequel on se trouve. Ce paysage peut changer : certains jours — nous en avons tous fait l'expérience —, nous regardons la vie avec des lunettes roses, mais, parfois, les verres sont teintés de gris. L'humeur, c'est un peu comme les couleurs que nous donnons à la vie. L'humeur n'est pas stable, elle change comme le ciel des bords de mer.

La caractéristique principale du déprimé est d'avoir, de manière permanente, une humeur triste : il voit constamment la vie en noir. Sa tristesse n'est pas passagère, elle s'installe durablement et devient peu à peu imperméable aux événements extérieurs. On pourrait en effet imaginer que, lorsqu'on a des soucis, la visite d'un ami ou d'un être cher, une promenade, un cadeau, bref n'importe quelle occasion agréable ferait disparaître pendant un instant la tristesse. Nous passons tous par des « hauts » et des « bas ». Or le déprimé n'est plus sensible à l'environnement, même bénéfique. Il ne connaît que les « bas ». C'est pour cela que l'on dit que son humeur est effondrée.

La perte d'intérêt

Le deuxième symptôme caractéristique de la dépression concerne la perte d'intérêt. Lorsque vous êtes déprimé, plus rien ne vous intéresse, dans le travail bien sûr, mais aussi dans la vie. Vous continuez, par routine, à suivre le cours habituel des jours — bien que les différences soient énormes selon qu'il s'agit de formes graves ou de formes mineures de dépression —, mais les petits plaisirs de l'existence ont disparu. Tout ce que vous aimiez faire auparavant, tout ce qui vous procurait de la joie et du plaisir, qu'il s'agisse d'un sport que vous pratiquiez, de musique, de livres, de voir vos enfants, de dîner avec vos amis, tout cela a perdu tout intérêt pour vous, y compris les activités sexuelles.

> ### La fatigue chronique
>
> Un mal mystérieux est apparu aux États-Unis, au milieu des années 1980. Il a d'abord été noté chez des personnes menant une activité professionnelle intense, par exemple les jeunes banquiers new-yorkais. On lui a donné le nom de « syndrome des yuppies ». En fait, il concernerait plusieurs centaines de milliers de personnes outre-Atlantique. On a même soupçonné l'ancien président Bill Clinton d'en être atteint.
>
> C'est effectivement une maladie énigmatique qui se manifeste par l'apparition brutale d'une fatigue importante. Bien sûr, on a pensé à des causes virales. Beaucoup de pistes de recherches se sont avérées vaines.
>
> La fatigue est, à l'évidence, l'un des grands maux de notre époque, et, d'après diverses enquêtes, 60 % des Français se déclarent fatigués.
>
> Nos activités professionnelles étant de moins en moins physiques, il s'agit d'une fatigue psychique, la plus difficile à gérer. En effet, à l'issue d'une journée consacrée à nous dépenser physiquement, nous ressentons une « bonne fatigue » qui nous pousse à nous mettre au lit pour un sommeil réparateur.
>
> Il n'en est rien pour la fatigue psychique, largement influencée par le stress. Notre corps ne réclame pas vraiment le repos (il ne s'est pas dépensé), alors que notre cerveau est encore sous tension, fortement stimulé.
>
> Tout est alors réuni pour perturber notre sommeil. On a du mal à s'endormir et, quand on se réveille au cours de la

> nuit, comme il est normal de le faire quelques instants à la fin de chaque cycle, on n'arrive pas à se rendormir.
> Les mauvaises nuits renforçant ensuite la fatigue et l'état de tension, la boucle est bouclée.

La vie au ralenti

Le troisième symptôme de la dépression est un ralentissement général. Plus on est dépressif, moins on trouve d'intérêt à une quelconque action, professionnelle ou non, et moins on est actif. On voit déjà comment tout cela peut s'organiser en une sorte de cercle vicieux : le syndrome dépressif et le stress au travail, c'est un peu comme l'œuf et la poule, parfois on ne sait pas vraiment lequel a précédé l'autre, la seule certitude, c'est qu'on n'arrive plus à faire face.

La dépression est un phénomène psychologique, qui a également des bases biologiques. Le sujet connaît un état assez proche de celui d'hibernation. Beaucoup d'études scientifiques ont découvert des analogies entre la dépression humaine et ce qu'on observe chez les animaux en hibernation qui se détachent de leur environnement. Le fonctionnement de leur corps se met au ralenti. De la même façon, le déprimé est quelqu'un que l'on repère facilement parce qu'il semble faire des efforts pour tout : se lever, s'habiller, manger, parler, tout semble lent, fastidieux et pesant.

La perte d'appétit

Les retentissements somatiques sont extrêmement importants lorsqu'on est déprimé. On se sent fatigué, on a souvent des douleurs diffuses.

Le plus souvent, l'appétit est très diminué, avec les

risques d'amaigrissement qui en découlent. Parfois, au contraire, il existe des manifestations de boulimie.

Toutes ces somatisations peuvent conforter le sujet (et parfois les médecins) dans l'idée que le problème est physique et non pas psychologique, alors qu'il s'agit bel et bien d'une dépression. Vitamines et fortifiants seront prescrits en toute inutilité...

Les troubles du sommeil

Les troubles du sommeil font fréquemment partie du tableau de la dépression. On repère souvent un réveil très matinal, vers 5 heures du matin, avec impossibilité de se rendormir. À ce sujet, on fait souvent la différence entre un anxieux et un déprimé : un anxieux a des difficultés à s'endormir, il est « plutôt du soir », alors que, le matin, il a du mal à se réveiller. En revanche, le déprimé, même s'il a parfois du mal à s'endormir, se réveille très tôt le matin. Pour un psychiatre ou un médecin, lorsque quelqu'un a des troubles du sommeil et dit : « Moi, à 4 h 30 du matin, je suis réveillé et je commence à avoir tous mes soucis qui tournent dans ma tête ! », on pense davantage à un syndrome dépressif.

ÊTES-VOUS ANXIEUX OU DÉPRESSIF ?

Le stress active de nombreuses émotions. Il peut même être à l'origine de véritables troubles émotionnels comme l'anxiété et la dépression.
Ce questionnaire a été conçu pour mieux connaître ce que vous éprouvez vous-même sur le plan émotionnel[1].
Lisez chacune des quatorze questions et cochez la réponse qui exprime

---

1. A. S. Zigmond, R. P. Snaith, « The hospital anxiety and depression scale », *Acta Psychiatr. Scand*, 1983, 67, 361-370 ; version française *in* O. J. Guelfi (éd.), *L'Évaluation clinique standardisée en psychiatrie*, Castres, Éditions médicales Pierre Fabre, 1996.

le mieux ce que vous avez éprouvé au cours de la semaine qui vient de s'écouler.

Ne vous attardez pas sur la réponse à faire ; votre réaction immédiate fournira probablement une meilleure indication de ce que vous éprouvez qu'une réponse longuement méditée.

1) Je me sens tendu(e) ou énervé(e) :
(3) La plupart du temps
(2) Souvent
(1) De temps en temps
(0) Jamais

2) Je prends plaisir aux mêmes choses qu'autrefois :
(0) Oui, tout autant
(1) Pas autant
(2) Un peu seulement
(3) Presque plus

3) J'ai une sensation de peur comme si quelque chose d'horrible allait m'arriver :
(3) Oui, très nettement
(2) Oui, mais ce n'est pas trop grave
(1) Un peu, mais cela ne m'inquiète pas
(0) Pas du tout

4) Je ris facilement et vois le bon côté des choses :
(0) Autant que par le passé
(1) Pas autant qu'avant
(2) Vraiment moins qu'avant
(3) Plus du tout

5) Je me fais du souci :
(3) Très souvent
(2) Assez souvent
(1) Occasionnellement
(0) Très occasionnellement

6) Je suis de bonne humeur :
(3) Jamais (2) Rarement
(1) Assez souvent
(0) La plupart du temps

7) Je peux rester tranquillement assis à ne rien faire et me sentir décontracté :
(0) Oui, quoi qu'il arrive
(1) Oui, en général
(2) Rarement
(3) Jamais

8) J'ai l'impression de fonctionner au ralenti :
(3) Presque toujours
(2) Très souvent
(1) Parfois
(0) Jamais

9) J'éprouve des sensations de peur et j'ai l'estomac noué :
(0) Jamais
(1) Parfois
(2) Assez souvent
(3) Très souvent

10) Je ne m'intéresse plus à mon apparence :
(3) Plus du tout
(2) Je n'y accorde pas autant d'attention que je le devrais
(1) Il se peut que je n'y fasse plus autant attention
(0) J'y prête autant d'attention que par le passé

11) J'ai la bougeotte et n'arrive pas à tenir en place :
(3) Oui, c'est tout à fait le cas
(2) Un peu
(1) Pas tellement
(0) Pas du tout

12) Je me réjouis d'avance à l'idée de faire certaines choses :
(0) Autant qu'avant
(1) Un peu moins qu'avant
(2) Bien moins qu'avant
(3) Presque jamais

13) J'éprouve des sensations soudaines de panique :
(3) Vraiment souvent
(2) Assez souvent
(1) Pas très souvent
(0) Jamais

14) Je peux prendre plaisir à un bon livre ou à une bonne émission de radio ou de télévision :
(0) Souvent
(1) Parfois
(2) Rarement
(3) Très rarement

Résultats

La réponse que vous avez fournie à chacune des quatorze questions vous donne une note (entre 0 et 3) indiquée dans la parenthèse que vous avez cochée.

Vous avez à calculer à la fois votre « score d'anxiété » et votre « score de dépression ».

— Le score d'anxiété est obtenu en additionnant les notes attribuées aux sept questions impaires (1, 3, 5, 7, 9, 11 et 13).

— Le score de dépression est obtenu en additionnant les notes attribuées aux sept questions paires (2, 4, 6, 8, 10, 12 et 14).

Pour chacun des deux scores, pris séparément :

Note inférieure à 4 :
pas de problème émotionnel particulier

Note comprise entre 4 et 8 :
votre émotion (anxieuse et/ou dépressive) reste dans des limites acceptables

Note comprise entre 8 et 12 :
vous vous trouvez dans d'importantes « turbulences » émotionnelles

Note supérieure à 12 :
vous avez sans doute un trouble émotionnel (trouble anxieux et/ou dépression).

Le *burn out*

Pour certaines professions, aux causes de stress traditionnelles (comme la surcharge de travail, la pression du temps et les relations difficiles avec les autres) s'ajoute la confrontation régulière à des situations éprouvantes sur le plan émotionnel. C'est le cas des policiers, des travailleurs sociaux, des infirmières, etc.

Chez eux, le risque est important de connaître un « burn out », mot à mot : une brûlure de l'intérieur. Il s'agit d'un état d'épuisement aussi bien physique que psychologique, caractérisé par la présence des symptômes suivants :

- Une fatique intense avec des douleurs diffuses (dorsalgies ou migraines) et des troubles du sommeil.
- Un sentiment de « déshumanisation » qui se traduit par un détachement émotionnel de plus en plus marqué, allant même jusqu'à l'absence d'émotions envers les autres, voire une totale indifférence à leur souffrance.
- Un désenchantement vis-à-vis de son métier et le sentiment d'inutilité de ce qu'on y fait, et l'impression d'être incapable d'apporter la moindre aide aux autres.

Survenant chez des personnes dont le métier est l'aide et le contact avec les autres, le *burn out* se manifeste donc par de grandes perturbations émotionnelles et psychologiques dans leur relation avec les autres.

Il s'agit d'une complication grave du stress professionnel qu'il vaut mieux prévenir que guérir.

Le suicide

La dépression est une maladie grave, qui atteint l'individu dans le tréfonds de son être. C'est une maladie lourde, pénible : la maladie de la douleur morale. Ce que m'a confié l'un de mes patients, lorsque je commençais mes études de psychiatrie, m'a beaucoup marqué. À propos de sa dépression, il disait : « J'ai souffert tour à tour de coliques néphrétiques et de dépression. J'ai pu comparer et je peux vous dire que la douleur morale est bien plus pénible que la douleur physique ! »

L'une des principales et plus graves complications de la dépression est le suicide. Un dépressif peut ne plus voir d'issue à son état : son avenir lui semble bouché, le présent ne l'intéresse pas, il ne trouve plus de plaisir dans quoi que ce soit. Tout cela peut former un risque de suicide, se donner la mort apparaissant comme la seule issue.

LE SUICIDE AU ET À CAUSE DU TRAVAIL

Le suicide est l'un des grands problèmes de santé publique : on dénombre environ onze mille morts par suicide par an en France. C'est-à-dire plus que par accident de voiture, même si l'opinion publique y est moins sensibilisée.

Quant au nombre de tentatives de suicide, et même si les chiffres sont difficiles à donner avec exactitude, il dépasserait, semble-t-il, les cent mille par an.

La France est, parmi les pays occidentaux, particulièrement touchée. Contrairement aux idées reçues, nous n'avons pas moins de suicides (par nombre d'habitants) chez nous que dans les pays scandinaves, qui, pendant longtemps, étaient considérés comme les plus frappés par ce phénomène. Tout ce que l'on peut dire (est-ce notre culture majoritairement catholique ?), c'est que l'on en parle moins. Ce silence est bien sûr encore plus pesant lorsque le suicide touche le monde du travail.

Il arrive en effet que les suicides surviennent sur le lieu de travail, phénomène aussi macabre que nouveau. On conçoit, dans ce cas, l'impact que cela peut avoir, non pas pour le suicidé, puisque, malheureusement, il n'est plus de ce monde, mais pour ses proches et ceux qui travaillaient avec lui. Car, pour l'environnement, un tel drame est extrêmement traumatisant : quand vous travaillez avec ou aux côtés de quelqu'un dont vous aviez remarqué qu'il n'était plus très en forme, qu'il était plutôt triste, et quand, un matin, vous entendez un coup de feu, que vous entrez dans son bureau et que vous trouvez cette personne effondrée avec une balle dans le crâne, il y a de quoi être bouleversé. Imaginez le choc que représente un suicide pour l'entreprise, aussi bien pour l'encadrement que pour les collègues.

Quelques exemples : au siège d'une importante administration française, un employé se jette du haut du grand atrium au centre de l'édifice. Ses collègues voient le corps tomber.

Dans une autre entreprise, un cadre se suicide par pendaison, le soir dans son bureau, et laisse une lettre qui met directement en cause la direction.

Surinvestissement au travail : la mort passionnelle

De même que la passion amoureuse génère des crimes passionnels, l'investissement émotionnel au travail peut conduire jusqu'au suicide. C'est un phénomène dont on ne parlait quasiment pas il y a dix ans, et dont on ignore l'importance qu'il peut prendre actuellement.

Déterminer les raisons du suicide est toujours difficile, dans la mesure où ce geste définitif est la rencontre :
- d'un environnement professionnel, quand celui-ci est stressant,
- mais aussi d'un environnement personnel, car, même si l'entreprise a été choisie comme le lieu et la raison invoquée du suicide, des problèmes personnels peuvent aussi être en jeu ;
- dernier facteur enfin, la personnalité des gens : selon qu'ils ont une plus ou moins grande capacité à « digérer » ces différents stresseurs, ils réagissent de façon plus ou moins dramatique.

Le dépression n'explique pas complètement le suicide. On estime en effet qu'une moitié seulement des suicidés présentent un trouble dépressif, au sens médical du terme.

On sait aussi qu'il existe des risques familiaux au suicide. Avoir dans sa famille des gens qui se sont suicidés augmente pour un individu le risque qu'il se suicide lui-même.

On a aussi constaté qu'au sein d'un groupe social il existe un phénomène de « contagion » du suicide. Lorsqu'une personne a mis fin à ses jours, les risques augmentent, autour d'elle, d'en voir d'autres suivre son exemple. Nous avons récemment constaté cela dans une entreprise où un suicide a été suivi, à quelques semaines d'intervalle, de deux tentatives de suicide.

On sait aussi que les personnes qui abusent de substances comme l'alcool ou les drogues, comme celles qui présentent des difficultés psychologiques diverses (pas forcément dépressives) se suicident plus que les autres.

Toutes ces « prédispositions » au suicide, qui sont aussi nombreuses que complexes, n'enlèvent rien au rôle déterminant que peuvent avoir l'environnement et les facteurs de stress dans le passage à l'acte. C'est en tout cas ce que l'on constate dans la grande majorité des cas de suicide au travail.

Les stresseurs les plus importants évoqués chez l'homme sont liés à la notion d'échec, et en particulier d'échec professionnel. Chez les femmes, ils seraient plus relationnels. Les événements négatifs et les conflits sociaux entrent souvent en jeu : difficultés économiques, perte d'un être cher ou rupture, désaccords avec des proches, conflits avec des institutions ou ses supérieurs, difficultés professionnelles de tout ordre, difficultés d'adaptation au changement, pertes de repères...

Au-delà de la confrontation à l'adversité, l'une des caractéristiques fréquemment retrouvées lors de suicides est la raréfaction du tissu social. L'individu se voit de plus en plus isolé face à ses difficultés.

Même si l'entreprise ne peut pas être systématiquement mise en cause lors du suicide de l'un de ses employés, elle se doit de considérer le risque suicidaire comme une réalité et, sous l'impulsion des médecins du travail, définir une politique de prévention, en plusieurs points :

- reconnaître les signes précurseurs (personnes en difficulté, avec des réactions émotionnelles),
- prendre en charge (abord des problèmes, écoute, orientation, aménagement du travail).

À défaut, l'entreprise court le risque d'être reconnue en partie responsable, comme cela a été récemment le cas devant les tribunaux. La cour d'appel de Riom, le 26 février 2000, a mis en cause une entreprise pour le suicide de l'un de ses employés.

Même si l'origine de la plupart des suicides au travail se trouve en partie dans l'intimité du sujet, tout acte suicidaire au travail doit être abordé comme un véritable « fait social ». C'est-à-dire qu'il traduit toujours une perturbation extrême des relations entre l'individu et son milieu humain. L'entreprise ne doit pas l'ignorer.

Le karoshi ou la mort au travail

S'il n'existe que de rares études, en France, sur le sujet de la mort au travail, le phénomène est en revanche bien connu et analysé au Japon.

Chaque année, plus de dix mille Japonais meurent à cause du stress au travail. Il s'agit de morts liées à la dépression et au suicide, mais aussi à l'épuisement physique. Ce phénomène se nomme, en japonais, le « karoshi ».

Pourquoi les Japonais paient-ils un si lourd tribut au monde du travail ? Plusieurs facteurs se combinent.

- D'abord, évidemment, une charge de travail considérable, peu de vacances, des horaires épouvantables.
- Ensuite, des conditions de vie souvent exécrables. Les cadres japonais habitent loin de leur lieu de travail et logent dans des petits hôtels à côté de leur bureau.
- Enfin, un investissement affectif considérable : d'où l'obsession du travail, l'obsession de plaire, l'obsession de satisfaire son employeur. Alors, lorsque la dépression survient, ceux qu'on appelle les « samouraïs du travail » ont l'impression que la terre s'écroule sous leurs pieds : d'abord parce qu'ils ont le sentiment de ne plus pouvoir « bien faire », d'être handicapés, ensuite parce qu'ils ont peur de montrer une image de faiblesse, d'inadaptation.

Il faut dire aussi que la notion d'éthique au travail y est bien plus extrême qu'en Occident, en raison des particularités liées à la culture japonaise : la loyauté, l'image, le refus de chercher de l'aide.

Lorsqu'on a essayé de comprendre ce qui avait provoqué le décès de ces individus, on s'est rendu compte qu'ils présentaient tous une « aplasie surrénalienne », c'est-à-dire que leurs deux glandes surrénales — ces fameuses glandes placées au-dessus des reins qui produisent les hormones de stress et dont on a abondamment parlé — étaient complètement détruites. Autrement dit, le déséquilibre était trop grand entre les demandes auxquelles étaient soumises ces deux glandes et les réponses biologiques qu'elles pouvaient fournir.

Ces observations ont été les premières constatations du stress aboutissant à un véritable *burn out* somatique. Pour comprendre ce qu'il en est de cet épuisement somatique, rappelons que le stress, comme on l'a vu, mobilise :
- une réaction physique d'hormones de stress (libération des hormones, des substances chimiques),
- des réactions émotionnelles (anxiété, colère, démotivation).

La sollicitation répétée et incessante de ces deux types de réactions est dangereuse et menace la santé : si la réponse physiologique est trop fréquente et/ou trop intense, cela se traduit par des troubles somatiques. De même que la sollicitation régulière, répétée et intense de la réponse émotionnelle n'est pas anodine au niveau des conséquences psychologiques.

Stress et médicaments

La grande fréquence des troubles anxieux et des troubles dépressifs explique sans doute largement l'importante consommation des médicaments psychotropes.

UNE SURCONSOMMATION DES PSYCHOTROPES ?

On estime qu'en 2001 cent quatre-vingts millions de boîtes de tranquillisants, antidépresseurs et somnifères seront vendues en France[1] (contre cent soixante-cinq millions en 1995). En six ans, de 1995 à 2001, la consommation des antidépresseurs a progressé de plus de 30 %, celle des tranquillisants a au contraire connu une légère baisse de 5 %.

La France est, dans ce domaine aussi, championne du monde. Notre pays se distingue par une consommation de ces médicaments trois à quatre fois plus importante par tête d'habitant que celle de la Grande-Bretagne ou des États-Unis.

Certains[2], à juste titre, se sont inquiétés d'une surconsommation de ces médicaments du système nerveux central.

Le phénomène est en fait complexe à analyser. On peut cependant faire deux constatations :

■ La première est que de très nombreux patients réellement déprimés ne reçoivent pas de traitement médicamenteux adapté à leur maladie. On sait ainsi qu'un déprimé sur deux seulement a été diagnostiqué comme tel. Beaucoup de patients s'imaginent qu'il ne s'agit que d'une simple fatigue physique ou d'une « baisse de régime », on ne leur prescrit donc pas d'antidépresseurs. Parmi ceux qui ont été diagnostiqués comme déprimés, un sur deux seulement se verra prescrire et suivra un traitement correct (c'est-à-dire à dose suffisante et suffisamment longtemps, souvent pendant plusieurs mois, pour éviter les rechutes). On voit donc qu'au total un patient déprimé sur quatre seulement bénéficie d'un traitement antidépresseur efficace.

---

1. Source : Industrie pharmaceutique. Documents non publiés.
2. E. Zarifian, *Le Prix du bien-être*, Paris, Odile Jacob, 1996.

On peut donc plutôt parler dans ce cas de « sous-consommation ».

- Seconde constatation, inverse cette fois : les médicaments psychotropes sont consommés aussi par des personnes qui ne présentent aucun trouble au sens médical du terme. Le succès médiatique du Prozac (mais n'oublions pas qu'il y a quelques décennies le Valium avait lui aussi fait la une de beaucoup de journaux) a eu pour conséquence de faire croire qu'un médicament pouvait aider à résoudre les difficultés de l'existence.

À l'évidence, ces produits ne sont pourtant pas des médicaments du stress, même s'ils sont largement consommés par des personnes stressées. Cette fois-ci, on peut parler de « surconsommation ». Alors, surconsommation ou sous-consommation de médicaments psychotropes ? Il s'agit plutôt d'une « dys-consommation ».

En l'absence de troubles anxieux ou dépressifs avérés, l'utilisation des psychotropes pour le stress n'est pas souhaitable. Alors pourquoi y a-t-on si largement recours en France ? On peut avancer plusieurs explications :

- Tout d'abord, les médecins, dans leur ensemble, sont insuffisamment formés dans ce domaine. Alors que plus des trois quarts de leurs consultations concernent des problèmes ayant un rapport avec le stress, ils n'ont quasiment rien appris au cours de leurs études sur ce sujet. Soumis à des contraintes de temps, ils se contentent trop souvent de prescrire à leurs patients stressés un tranquillisant ou un antidépresseur.
- L'autre raison est le faible développement en France des stratégies non médicamenteuses de prise en charge du stress, à la différence de ce qui existe dans d'autres pays, anglo-saxons en particulier.

Ainsi, en France, un patient qui a des problèmes de sommeil liés au stress a de fortes chances de sortir de chez son médecin avec une ordonnance de somnifères. En Angleterre, ou en Europe du Nord, on lui aurait plutôt conseillé, dans un premier temps, d'apprendre des techniques de relaxation tout aussi efficaces pour retrouver le sommeil.

Dans les entreprises, c'est encore un sujet tabou, mais beaucoup de médecins du travail s'inquiètent du nombre croissant de salariés prenant régulièrement des tranquillisants ou des antidépresseurs.

Un phénomène encore plus secret, et dont, par conséquent, il est difficile d'évaluer l'ampleur réelle, est la consommation d'antidépresseurs (mais aussi d'autres substances, parmi lesquelles des drogues) dans le seul but d'accroître sa performance au travail. À l'instar du dopage des sportifs, existe-t-il aussi un dopage des cadres ?

LES MÉDICAMENTS « ANTISTRESS »

Tranquillisants et antidépresseurs ne peuvent être délivrés que sur ordonnance. À côté d'eux, il existe de nombreux autres médicaments, en vente libre, que chacun peut se procurer sans prescription médicale. De l'homéopathie à la phytothérapie, en passant par la minéralothérapie, il y a le choix.

Le vaste marché des produits « anti-stress » s'étale dans les publicités de nombreux journaux, mais aussi dans les vitrines des pharmacies.

Pourtant, il n'y a quasiment pas d'études scientifiques validant une quelconque efficacité de ces produits. Leur action au niveau même de la réponse biologique du stress reste plus qu'hypothétique.

Certains de ces médicaments, par les effets relaxants qu'ils procurent (en particulier ceux à base de plantes ou de minéraux), peuvent apporter une aide légère mais incomplète.

Dans la plupart des cas, leur effet placebo est majeur. Ayant le sentiment qu'il agit sur son stress en prenant un médicament, l'individu retrouve un peu le contrôle de la situation au lieu de la subir. Ce qui, comme nous l'avons déjà vu dans la psychologie du stress, réduit la réaction de stress.

14

Les maladies somatiques

> « [...] je suis abîmé par mon milieu. Naturellement, j'ai aussi le cancer [...] »
>
> Fritz Zorn, *Mars*.

Le travail ne serait-il plus la santé ? En tout cas, tous les indicateurs sont au rouge. À en croire les rapports et études qui se succèdent, de l'Organisation mondiale de la santé (OMS)[1] ou de l'Organisation internationale du travail (OIT)[2], travailler rendrait plutôt malade et mettrait même notre vie en danger.

On évalue à plus de 1,3 million le nombre de personnes mourant d'accidents ou de maladies liées au travail par an dans le monde, soit une moyenne de trois mille trois cents par jour.

Évidemment, les causes en sont multiples, des accidents (trois cent mille morts par an) aux maladies liées au contact permanent avec des substances toxiques.

Chaque année, on estime que cent soixante millions de nouveaux cas de maladies liées au travail apparaissent dans le monde. Il s'agit essentiellement des maladies respira-

---

1. World Health Organisation, *Occupational Health Program*, Rapport 1999, Genève.
2. Organisation internationale du travail, « Programme pour la santé et la sécurité au travail », Rapport 1999, Genève.

toires et cardio-vasculaires, du cancer, des troubles auditifs, des troubles musculo-squelettiques, des troubles mentaux et des maladies neurologiques.

Pour un certain nombre de ces maladies, le rôle du stress professionnel apparaît incontestable (les pathologies cardiaques et les pathologies musculaires entre autres, mais aussi les troubles mentaux dont nous avons parlé dans le précédent chapitre).

Pour d'autres maladies, les certitudes sont moindres.

Quoi qu'il en soit, on sait maintenant que le stress en général[1], et tout particulièrement le stress professionnel peut rendre vraiment malade.

Les maladies cardio-vasculaires

LE « COMPORTEMENT DE TYPE A »

Il y a une trentaine d'années, deux cardiologues américains de l'université de Stanford notaient qu'un nombre important de patients, qu'ils soignaient pour des maladies des coronaires (principalement des infarctus du myocarde), avaient un profil psychologique très particulier.

Ces deux médecins, les Drs Rosenman et Friedman, qualifièrent de « schéma comportemental de type A » (on dit plus brièvement comportement de type A) ce type de profil.

Les sujets de type A se caractérisent par des comportements traduisant leur lutte permanente non seulement contre le temps (impatience, rapidité dans l'action, plusieurs activités menées simultanément), mais aussi contre

---

[1]. D. Servant, P. J. Parquet, *Stress, anxiété et pathologies médicales*, Paris, Masson, 1995.

les autres (compétitivité importante, ambition sociale élevée, etc.) et par des états émotionnels hostiles fréquents en situation sociale (colère, agressivité exprimée ou contenue, etc.).

L'importante étude scientifique[1] que Rosenman et Friedman conduisirent pendant huit ans et demi auprès de trois mille cinq cents hommes en bonne santé au départ démontrait, pour la première fois dans l'histoire de la médecine, que des traits de personnalité pouvaient fortement influencer la santé des individus. Dans cette recherche, les sujets de type A présentaient en effet deux fois plus de risques de survenue d'une maladie cardiaque que les sujets dits de type B, dont les caractéristiques psychologiques et comportementales sont opposées (pas de précipitation dans l'action, faible urgence du temps, peu de sentiments d'hostilité).

Ultérieurement, des dizaines d'autres recherches révélèrent que, parmi les éléments du type A, les émotions d'hostilité (colère, ressentiment, agacement, etc.) sont les caractéristiques les plus dommageables pour la santé. Ainsi, une très récente étude, parue en mai 2000 dans la prestigieuse revue américaine de cardiologie *Circulation*[2], confirme, à partir d'un travail réalisé auprès de treize mille hommes et femmes suivis pendant six ans, que les sujets très coléreux présentent un risque accru d'accidents cardiaques ou de mort subite (2,7 fois plus que les sujets peu coléreux).

---

1. R. H. Rosenman, R. J. Brand, C. D. Jenkins, M. Friedman, R. Strauss, M. Wurm, « Coronary heart disease in the Western Collaborative Group Study : final follow-up experience of 8 1/2 years », *Journal of the American Medical Association*, 1975, 233, 872-77.
2. J. E. Williams, C. C. Paton, I. C. Siegler, M. L. Eigenbrodt, F. J. Nieto, H. A. Tyroler, « Anger proneness predicts coronary heart disease risk : prospective analysis from the atherosclerosis risk in communities », *Circulation*, 2000, 100, 2034.

LE COMPORTEMENT DE TYPE A

Comportements de type A	Exemples
Lutte contre le temps « *en faire plus en moins de temps* »	• impatience • rapidité dans l'action • plusieurs activités en même temps
Lutte contre les autres « *le combat permanent* »	• ambition importante • compétitivité élevée • émotions d'hostilité
Engagement dans l'action « *le bourreau de travail* »	• forte implication dans l'action • énergie dans l'action • dépendance au travail

ÊTES-VOUS UN TYPE A ?[1]

Chacun de nous peut se situer quelque part, le long de chacune des lignes ci-dessous, entre les deux positions extrêmes. Ce que nous attendons de vous, c'est de faire une croix sur chaque ligne, à l'endroit où vous pensez vous situer entre les deux positions extrêmes.

|⊢⊥⊥⊥⊥⊥⊥⊥⊥⊥⊥⊥⊥⊥⊥⊥⊥⊥⊥⊥⊥⊥⊥⊥⊣|

1. Je m'arrange et fais tout pour ne jamais être en retard

Je ne prête pas grande attention à être exact aux rendez-vous

|⊢⊥⊥⊥⊥⊥⊥⊥⊥⊥⊥⊥⊥⊥⊥⊥⊥⊥⊥⊥⊥⊥⊥⊥⊣|

2. Je n'ai guère l'esprit de compétition, surtout dans les situations insignifiantes

J'ai un esprit de compétition très développé, dans toutes les situations

---

1. Questionnaire de Bortner. R. W. Bortner, « A short rating scale as a potential measure of pattern a behavior », *Journal of Chronic Disease*, 1969, 22, 87-91. Version française *in* D. J. Guelfi (éd.), *L'Évaluation clinique standardisée en psychiatrie*, tome 2, Castres, Éditions médicales Pierre Fabre, 1996.

|⊢―――――――――――――――――――――――⊣|

3. Je n'attends pas que les autres aient fini d'exprimer ce qu'ils veulent (je fais des signes de tête, je coupe mes interlocuteurs, j'achève les phrases pour eux) — Je suis bon auditeur, je m'applique à écouter les autres jusqu'au bout, même lorsqu'ils sont longs à venir à l'essentiel

|⊢―――――――――――――――――――――――⊣|

4. Je suis toujours pressé, j'ai l'impression permanente de manquer de temps — Je ne me sens jamais pressé, même sous la pression de l'entourage ou des événements

|⊢―――――――――――――――――――――――⊣|

5. Je sais attendre patiemment — Je suis impatient lorsque je dois attendre

|⊢―――――――――――――――――――――――⊣|

6. Je mets tout en œuvre pour atteindre un but, je m'engage à fond dans une tâche — Je prends les choses comme elles viennent, plutôt insoucieusement

|⊢―――――――――――――――――――――――⊣|

7. Je fais une chose à la fois, j'attends d'avoir terminé une chose pour en commencer une autre et je me concentre sur cette chose uniquement — J'essaie de faire plusieurs choses à la fois et je pense toujours à ce que je vais avoir à faire ensuite

|⊢―――――――――――――――――――――――⊣|

8. Je suis énergique et vigoureux en parlant (je peux frapper du poing sur la table pour appuyer mes paroles) — Je suis lent et pondéré, circonspect dans ma façon de m'exprimer

|⊢―――――――――――――――――――――――⊣|

9. Je veux que mes qualités soient reconnues par les autres — Je suis uniquement soucieux d'être content de moi, quoi que les autres puissent penser

|⊢―――――――――――――――――――――――⊣|

10. Je suis rapide pour tout faire (manger, parler, etc.) — Je fais les choses posément, lentement

|⎯|⎯|⎯|⎯|⎯|⎯|⎯|⎯|⎯|⎯|⎯|⎯|⎯|⎯|⎯|⎯|⎯|⎯|⎯|⎯|⎯|⎯|⎯|

11. Je prends les choses tranquillement et ne me fais pas de bile
                                      Je me rends la vie dure, je me mène durement

|⎯|⎯|⎯|⎯|⎯|⎯|⎯|⎯|⎯|⎯|⎯|⎯|⎯|⎯|⎯|⎯|⎯|⎯|⎯|⎯|⎯|⎯|⎯|

12. J'exprime avec calme et franchise mes sentiments, mon irritation
                       J'exprime avec excès mes sentiments, mes colères

|⎯|⎯|⎯|⎯|⎯|⎯|⎯|⎯|⎯|⎯|⎯|⎯|⎯|⎯|⎯|⎯|⎯|⎯|⎯|⎯|⎯|⎯|⎯|

13. J'ai de nombreux centres d'intérêt en dehors de mon travail
                 Je n'ai pas de centre d'intérêt en dehors de mon travail

|⎯|⎯|⎯|⎯|⎯|⎯|⎯|⎯|⎯|⎯|⎯|⎯|⎯|⎯|⎯|⎯|⎯|⎯|⎯|⎯|⎯|⎯|⎯|

14. Je suis satisfait de mon travail et content de ma situation
                                  Je suis ambitieux, je veux progresser plus haut dans l'échelle sociale

Chaque réponse aux quatorze items vous donne une note.

1. Pour les items « directs » (2, 5, 7, 11, 12, 13, 14), la note obtenue est déterminée par la case cochée, selon les indications suivantes :

| 1 | 2 | 3 | 4 | 5 | 6 | 7 | 8 | 9 | 10 | 11 | 12 | 13 | 14 | 15 | 16 | 17 | 18 | 19 | 20 | 21 | 22 | 23 | 24 |

2. Pour les sept items « indirects » (1, 3, 4, 6, 8, 9, 10), la note obtenue est déterminée par la case cochée, selon les indications suivantes :

| 24 | 23 | 22 | 21 | 20 | 19 | 18 | 17 | 16 | 15 | 14 | 13 | 12 | 11 | 10 | 9 | 8 | 7 | 6 | 5 | 4 | 3 | 2 | 1 |

Vous additionnez les quatorze notes.
Le total est ensuite divisé par 14, pour obtenir une note moyenne qui correspond au **score du questionnaire** (compris entre 1 et 24).

Votre typologie :

Votre score est compris entre 20 et 24 :
Vous êtes un « type A1 », c'est-à-dire que vos comportements sont presque tous de type A.

Votre score est compris entre 15 et 20 :
Vous êtes un « type A2 », c'est-à-dire que vos comportements sont majoritairement (mais pas exclusivement) de type A.

Votre score est compris entre 11 et 15 :
Vous êtes un « type AB », c'est-à-dire que vos comportements sont mixtes, à la fois de type A et de type B.

Votre score est compris entre 6 et 11 :
Vous êtes un « type B4 », c'est-à-dire que vos comportements sont majoritairement (mais pas exclusivement) de type B.

Votre score est compris entre 1 et 6 :
Vous êtes un « type B5 », c'est-à-dire que vos comportements sont presque tous de type B.

Dans nos environnements professionnels actuels, il est difficile, voire impossible, d'être un type B5. Les types B4 existent, mais ils sont peu. Il est possible, même quand on travaille avec de nombreux stresseurs, d'être un type AB. Les types A2 se rencontrent fréquemment et fonctionnent à un niveau élevé de stress. Quant aux types A1, ils sont aux niveaux extrêmes et mettent en danger leur santé. Ils sont aussi une source de stress importante pour leur entourage.

LE TYPE A, COMPORTEMENT DE STRESS

Plus qu'un véritable profil psychologique, le type A est un mode de réponse au stress. Les stresseurs sont la pression exercée par le temps et les autres, et le sujet y répond en adoptant des comportements de combat pour y faire face afin de contrôler son environnement. L'adrénaline est fortement libérée dans le sang, expliquant la mise en tension de tout le corps (et l'énergie associée), mais aussi l'émergence des émotions hostiles (accompagnant les comportements de lutte).

Parce que les émotions associées au comportement de type A sont rarement l'anxiété mais plutôt l'hostilité, voire la colère, les sujets n'ont parfois pas le sentiment d'être stressés. Pourtant, tout leur fonctionnement biologique est orienté dans ce sens et à des niveaux élevés, expliquant la menace que cela représente pour le système cardio-vasculaire.

Chez les sujets de type A ayant beaucoup d'émotions hostiles, le risque est d'autant plus grand pour leur cœur qu'ils ne les expriment pas et les refoulent. Plusieurs études ont montré que, lorsqu'on est en colère, libérer celle-ci en « explosant » est meilleur pour la santé [1]. Mais on se doute bien que cela crée d'autres types de problèmes avec son entourage !

TYPE A ET EFFICACITÉ

Un certain niveau de type A est souvent nécessaire pour faire face et agir dans son environnement professionnel. C'est sans doute la raison pour laquelle ce comportement a longtemps été valorisé dans les entreprises. On se souvient que, dans les années 1970 et 1980, le « cadre dynamique » était souvent représenté un attaché-case à la main, les dents longues et en train de courir... autrement dit, de lutter contre les autres et le temps.

De nos jours, certaines entreprises nord-américaines s'interrogent sur ce mode de fonctionnement de leur encadrement et réhabilitent des comportements davantage dans le registre du « B » : savoir prendre son temps quand il le faut, être à l'écoute des autres plutôt que de les ressentir comme des « obstacles à abattre ». Il en va en effet non seulement

---

[1]. R. B. Williams, V. Williams, *Anger Kills*, New York, Harper Perenorial, Harper Collins, 1994.

de la santé des intéressés, mais aussi du stress généré auprès de leurs collaborateurs.

D'autant qu'il s'avère que ce ne sont pas les sujets les plus A qui réussissent le mieux professionnellement. Ainsi, une étude conduite auprès de plusieurs milliers de cadres américains a montré qu'il y a, parmi les cadres dirigeants, nettement moins de types A que chez les cadres moyens [1].

De même, on a pu constater que les présidents et les vice-présidents des cinq cents plus grandes entreprises des États-Unis ont moins de crises cardiaques mortelles (40 % de moins) que les cadres moyens de ces mêmes entreprises.

LE TRAVAIL MENACE LE CŒUR DES MOINS FAVORISÉS

Contrairement à une idée répandue, ce ne sont donc pas les professions supérieures qui seraient les plus touchées par les maladies cardiaques.

Ce sont plutôt les individus qui, dans leur travail, sont à la fois soumis à une forte pression psychologique (la contrainte), mais ont aussi une très faible marge de manœuvre (le contrôle).

Dans une étude conduite auprès de mille cinq cents employés en Suède, on a constaté que c'étaient ceux qui travaillaient avec le plus fort taux de contrainte qui avaient le plus de symptômes cardiaques. 20 % de ces employés étaient touchés contre moins de 4 % des employés travaillant dans un contexte opposé, à savoir une faible contrainte associée à une grande marge de manœuvre [2].

---

[1]. A. Kiev, V. Kohn, *Executive Stress*, New York, AMACOM, 1979.
[2]. R. Karasek, T. Theorell, *Healthy Work : Stress, Productivity and the Reconstruction of Working Life*, New York, Basic Books, 1990.

Comment comprendre une maladie ?

Il existe trois grands courants, actuellement, pour comprendre le développement d'une maladie et mettre en œuvre les traitements qui en découlent.

La médecine classique
- La maladie est considérée comme une altération, une lésion physique ou un dysfonctionnement physiologique, dont les causes peuvent être des agents externes (microbes, virus, par exemple) ou internes (génétiques, par exemple).
- C'est la médecine de nos connaissances biologiques et physiologiques du corps humain.
- Le traitement est orienté vers la suppression de la cause ou la réparation du dysfonctionnement.

La médecine psychosomatique
- La maladie est considérée comme la traduction d'états ou de conflits psychologiques plus ou moins conscients qui s'expriment au niveau d'organes symbolisant la problématique du sujet.
- C'est la médecine dérivée des conceptions psychanalytiques.
- Le traitement vise à aider le patient à prendre conscience et à résoudre ses conflits psychologiques.

La médecine comportementale
- La maladie est considérée comme étant en relation permanente avec de nombreux autres facteurs, à la fois de l'environnement (physique et psychosocial) et liés au sujet lui-même (ses comportements, ses attitudes psychologiques et ses émotions).
- C'est la médecine qui intègre le stress comme processus déterminant de la maladie, tant par ses causes externes (les

stresseurs) que par ses effets internes (les réactions biologiques, émotionnelles et comportementales du stress).
- Le traitement est ciblé sur l'ensemble des facteurs (traitement « holistique »).

Dans la pratique, et principalement dans le cas des maladies liées au stress, ces trois approches se complètent plus qu'elles ne s'excluent. Ainsi, un patient présentant un problème cardio-vasculaire recevra bien sûr un traitement médicamenteux, mais pourra être aidé psychologiquement tout en travaillant à réduire ses facteurs de stress et à mieux gérer sa propre réaction au stress.

Les troubles musculo-squelettiques

LA PREMIÈRE MALADIE PROFESSIONNELLE

Douleurs dorsales ou lombaires, inflammation des poignets, des coudes ou des genoux, tendinites variées. Toutes ces pathologies, regroupées sous l'appellation de « troubles musculo-squelettiques » (ou TMS), sont en pleine progression dans les pays industrialisés depuis les années 1980.

En France, par exemple, leur nombre augmente de 20 % par an. Selon l'Agence nationale pour l'amélioration des conditions de travail[1], les TMS représentent actuellement 70 % des maladies professionnelles dans notre pays, et on estime que 3,4 millions de salariés sont exposés, dans leur travail, à des contraintes ostéo-articulaires.

---

1. ANACT, « Les troubles musculo-squelettiques au travail », rapport 2000.

DES GESTES VIDÉS DE SENS

Les troubles musculo-squelettiques sont liés à la réalisation de tâches de travail particulières : soulever régulièrement des charges lourdes, effectuer des gestes répétitifs qui sollicitent les poignets, les coudes ou les épaules.

Mais force est de constater qu'en dépit de l'amélioration constante des conditions ergonomiques de l'environnement du travail (les machines remplacent de plus en plus l'homme pour les tâches physiques ingrates) le nombre des pathologies musculaires ne cesse de croître.

La dimension purement « mécanique » de l'activité n'est donc pas la seule en cause. L'intensification du travail avec une pression croissante du temps (« faire vite »), le manque de contrôle sur la tâche à réaliser, une faible satisfaction de son métier, un statut professionnel bas, sont les facteurs qui semblent souvent prépondérants dans l'apparition des TMS. Pour beaucoup de médecins du travail, il ne s'agit pas uniquement d'une maladie aux causes physiques, son origine est à trouver dans le contexte psychosocial du salarié : c'est la maladie des gestes et des tâches vides de tout sens et sans reconnaissance sociale.

En effet, comment expliquer autrement la survenue fréquente de ces troubles dans des activités professionnelles où les efforts physiques sont relativement faibles, mais où la pression psychologique et les contraintes de tous ordres sont nombreuses ?

Les TMS se rencontrent beaucoup plus chez les femmes que chez les hommes. On a jadis tenté d'expliquer cette différence par la moindre capacité et la plus faible résistance physique des femmes. En fait, c'est parce que celles-ci sont plus fréquemment employées à des tâches monotones et exposées à des conditions de travail stressantes et frustrantes.

Les salariés les plus touchés par les TMS sont, en effet, les ouvrières non qualifiées de type industriel.

Le secteur de l'habillement et du cuir est le plus concerné, suivi des industries agricoles et alimentaires et de l'industrie du textile, du bois et du papier.

À la différence d'autres maladies (comme les pathologies cardio-vasculaires dont nous venons de parler), les troubles musculo-squelettiques peuvent se développer assez rapidement.

Les manifestations musculaires douloureuses apparaissent parfois seulement après quelques mois d'un travail répétitif et même si celui-ci n'exige pas une activation ou une contraction importante des muscles[1].

LE STRESS, PLUS QUE LA SOLLICITATION
DES MUSCLES

Le rôle du stress est de mieux en mieux connu dans les maladies des muscles produites par le travail. Plus que l'activité physique elle-même et la sollicitation demandée aux muscles, c'est l'ensemble des facteurs de stress qui détermine majoritairement la survenue et le développement des TMS.

Lors d'une importante étude menée en Norvège chez des femmes travaillant à l'empaquetage de produits et souffrant de douleurs musculaires, on a constaté que les muscles des épaules étaient finalement plus contractés lors des pauses que pendant la réalisation des tâches, et que, par

---

[1]. B. P. Bernard, « Musculoskeleted disorders and workplace factors. A critical review of epidemiologic evidence for work-related musculoskeleted disorders of the neck, upper extremity and low back », U.S. Department of Health and Human Services, Public Health Service, CDC and NIOSH, 1997.

ailleurs, les ouvrières vivaient dans un état de contraction de ces muscles quasi permanent[1].

D'autres études vont dans le même sens. La seule activation musculaire exigée par la tâche est insuffisante à expliquer les troubles musculo-squelettiques. Lorsque l'environnement professionnel (ou même personnel) du salarié est stressant, la tension des muscles persiste bien au-delà de la tâche.

Le stress peut-il être à l'origine du cancer ?

Une étude, conduite voici quelques années en Suède, avait attiré l'attention sur cette question. Sur le millier de salariés suivis pendant dix ans, le risque de développer un cancer digestif (côlon ou rectum) apparaissait lié au stress, et tout particulièrement au stress professionnel. Ainsi, avoir de sérieux problèmes à son travail multipliait par cinq le risque d'un cancer. Une période de chômage de plus de six mois doublait le risque.

Récemment au Danemark, plus de sept mille femmes âgées de trente à cinquante-quatre ans et ayant des horaires de travail irréguliers, et en particulier des heures de nuit, ont été étudiées. Chez celles dont le travail de nuit représente la moitié de leur temps de travail, le risque d'avoir un cancer du sein est augmenté de 50 %. Plus le pourcentage du temps de nuit est important, et plus le risque augmente[2].

Malgré les résultats de ces deux études et de quelques

---

[1]. B. Veiersted, « Stereotyped light, manual work, individual factors and trapezius myalgia », Doctoral Dissertation, University of Oslo, 1995.
[2]. J. Hansen, « Increased breast cancer risk among women who work predominantly at night », *Epidemiology*, 2001, 12 (1), 74-77.

autres concluant dans le même sens, il est actuellement impossible d'affirmer le rôle du stress (qu'il soit professionnel ou non d'ailleurs) dans l'apparition du cancer, et ce, contrairement à ce qui est constaté pour les maladies cardio-vasculaires.

En revanche, une fois le cancer déclaré, le stress joue un rôle important dans l'évolution favorable ou défavorable de la maladie, ainsi que dans la survie de la personne.

Pourtant, de nombreuses croyances populaires attribuent au stress le déclenchement du cancer. On se souvient de l'émouvant livre de Fritz Zorn, *Mars* : dans cette autobiographie posthume, le narrateur a la certitude que le cancer qui le ronge est la conséquence de son éducation. Il voit dans son milieu familial étouffant, insensible et lâchement soucieux d'éviter tout conflit une source de stress délétère.

De fait, les recherches montrent que le stress a une action sur le système immunitaire et que, par ce biais, il influence le développement de la maladie cancéreuse. Depuis longtemps, on pressent que les défenses immunitaires de l'organisme peuvent être affaiblies sous l'effet du stress : nous le savons tous, lorsque nous traversons une période particulièrement stressante, nous sommes plus facilement vulnérables aux maladies infectieuses (une grippe, un rhume...).

Depuis une quinzaine d'années, les recherches menées en psycho-neuro-immunologie — discipline en plein essor — montrent que, chez l'animal, la production de lymphocytes T (les principales cellules impliquées dans la réponse immunitaire) est très diminuée lorsqu'il est soumis à des chocs électriques sur lesquels il n'a pas de contrôle, donc particulièrement stressants. Chez l'homme, on constate aussi une baisse des capacités de défense immunitaire en période de stress aigu ou chronique.

Pour en revenir au cancer, il semble que le système

immunitaire, lorsqu'il n'est plus capable de faire face à l'envahissement des cellules cancéreuses dans l'organisme, participe pleinement au développement de la maladie. C'est donc en partie par le biais de l'atteinte de la fonction immunitaire que le stress pourrait avoir une responsabilité dans le cancer.

Stress et tabac

Beaucoup de fumeurs pensent que leur cigarette les aide à gérer le stress. En fait, elle ne fait qu'augmenter celui-ci ! Depuis une quinzaine d'années, de nombreuses études ont tenté de mieux comprendre les liens complexes qui existent entre la consommation de nicotine et l'état psychologique du fumeur[1].

Les conclusions sont maintenant claires et vont toutes dans la même direction. Tout d'abord, lorsque l'on compare les niveaux d'anxiété et de dépression des personnes qui fument et de celles qui ne fument pas, on s'aperçoit qu'ils sont nettement plus élevés chez les fumeurs.

Ensuite, les fumeurs ont statistiquement deux fois plus de risque que les non-fumeurs de faire une dépression nerveuse dans leur existence. Ils ont aussi un risque très accru de présenter des troubles anxieux (trouble panique, anxiété généralisée). Enfin, lors d'une tentative d'arrêt du tabac, beaucoup de fumeurs connaissent des états anxieux ou dépressifs. Et plus ces états seront sévères, moins ils réussiront à arrêter de fumer.

Les effets nocifs du tabac sur la santé physique ne sont plus à démontrer. Sur le stress, ils commencent pour leur part à

---

1. A. C. Parrott, « Does cigarette smoking cause stress ? », *American Psychologist,* 1999, vol. 54, 10.

> être mieux connus. Au travail, beaucoup de fumeurs ignorent sans doute que la cigarette n'est pour eux qu'un piètre moyen de gérer leur stress...
> Sans parler du stress qu'ils occasionnent aux non-fumeurs.

Maladies psychosomatiques ou maladies de l'adaptation ?

La liste est longue... On y trouve aussi bien la perte des cheveux, l'acné ou la séborrhée que les crises d'urticaire, l'eczéma ou le psoriasis. On peut y ajouter les troubles digestifs divers (en commençant bien sûr par l'ulcère de l'estomac, mais aussi les maladies inflammatoires de l'intestin) et l'asthme. Sans oublier la prise de poids, les règles douloureuses ou la migraine, etc.

Pour toutes ces maladies, le stress a été plus ou moins mis en cause. Car bien rares sont les maladies somatiques pour lesquelles des facteurs psychologiques n'ont pas été cités et reconnus comme intervenant dans la genèse ou l'évolution du trouble.

D'où le succès du terme « psychosomatique », même s'il n'apporte pas vraiment d'explications scientifiques solides pour comprendre les liens qui unissent le corps et l'esprit[1].

Depuis longtemps déjà, les Anglo-Saxons préfèrent l'appellation de « maladies liées au stress » (*stress related disorders*).

Dans la littérature scientifique, on parle même de « maladies de l'adaptation », car ces troubles sont compris comme résultant des « ratés » ou du mauvais fonctionne-

---

1. R. Dantzer, *L'Illusion psychosomatique*, Paris, Odile Jacob, 1989.

ment du processus d'adaptation qui, comme nous l'avons vu, définit ce qu'est la réponse de stress. Un peu comme la fonction immunitaire, lorsqu'elle se dérègle, est responsable de maladies dites « auto-immunes », de la même façon, la réponse de stress inappropriée peut favoriser l'apparition de maladies dites de l'adaptation.

Les recherches, pour toutes les maladies liées au stress, ne sont encore que balbutiantes. Le rôle du stress ne doit cependant jamais faire oublier d'autres facteurs déterminants :

— infectieux : par exemple, le rôle du bacille *Helicobacter pilori* dans l'ulcère gastro-duodénal ;

— génétiques : par exemple pour l'obésité ou l'asthme ;

— environnementaux : par exemple la pollution pour l'asthme.

Dans ces maladies, le stress n'est en général qu'un facteur qui s'ajoute à d'autres, et la gestion du stress ne saurait donc remplacer à elle seule les traitements médicaux ou les mesures hygiéno-diététiques nécessaires.

15

Le coût du stress

« Les nombres sont les modèles des choses. »
PYTHAGORE.

Des chiffres inquiétants

Depuis une dizaine d'années, toutes les études, enquêtes et tous les sondages le confirment — le stress touche un nombre important d'individus et les fait souffrir.

Une enquête conduite en septembre 2000[1] indiquait que 72 % des salariés français ressentaient du stress dans leur travail. Pire, 58 % d'entre eux estiment ressentir plus de stress qu'il y a quelques années, et 56 % pensent que le stress au travail va s'aggraver à l'avenir.

Ce sont les charges de travail trop lourdes (pour 48 % des sondés), les délais et consignes difficiles à respecter et les exigences des clients (pour 43 %), les postures physiques et les manipulations fatigantes (39 %), les cadences de travail trop rapides (32 %), les objectifs difficiles à atteindre (35 %) et les incertitudes sur l'avenir professionnel (35 %) qui apparaissent être les principales sources du stress.

Cela explique que 75 % des salariés souhaitent que le

---

1. Enquête Liaisons sociales, Manpower, CSA.

stress soit reconnu comme une maladie professionnelle à part entière.

Comparé à de précédentes enquêtes, le niveau de stress au travail est perçu comme de plus en plus important par les salariés. Ainsi, en 1993, 43 % des salariés percevaient déjà un accroissement de leur niveau de stress par rapport aux dernières années[1]. En 1998, 57 % des Français estimaient accomplir leur travail dans des conditions stressantes[2].

Chez les cadres, le phénomène n'est pas moindre. Dans une enquête menée en 1992, un cadre sur deux se disait déjà stressé[3]. Dans un sondage réalisé en 1999, 89 % des cadres s'avouaient plus stressés qu'il y a dix ans[4]. En 2001, une nouvelle étude confirmait ces données : 85 % des cadres éprouvent du stress dans leur activité professionnelle[5], et, pour 86 % d'entre eux, le stress a plutôt augmenté ces dernières années.

Ce phénomène ne concerne évidemment pas uniquement la France. Aux États-Unis, 40 % des salariés considèrent leur travail comme très ou extrêmement stressant[6]. Au Japon, 63 % des salariés estimaient travailler dans des conditions stressantes en 1997, contre 53 % en 1982[7].

---

1. *L'Expansion*, 23 septembre 1993.
2. Enquête IFOP, octobre 1998.
3. *Le Point*, 21 mars 1992.
4. *Enjeux-Les Échos*, mars 1999.
5. Enquête CAS-Capital, juin 2001.
6. Enquête Northwestern National Life Company, 1997.
7. Enquête Gifu University (N. Kawakami), 1999.

Une lourde facture

Le stress coûte cher aux personnes qui en souffrent (leur santé se dégrade), mais aussi aux entreprises pour lesquelles elles travaillent et à l'économie nationale [1].

Pour les États-Unis, on estime entre 200 et 300 milliards de dollars par an le coût supporté par les entreprises à cause du stress. Dans l'Union européenne, où l'on évalue à quarante et un millions le nombre de salariés concernés par des problèmes de santé dus au stress au travail, ce coût atteindrait annuellement 20 milliards d'euros.

L'ABSENTÉISME

L'absentéisme est une plaie dans tous les pays industriels. Les causes sont multiples (des responsabilités familiales aux intempéries), mais les problèmes de santé, notamment d'origine psychologique, sont l'une des principales. Aux

---

[1]. Les chiffres indiqués ci-après sont repris de plusieurs rapports :

— « Le stress au travail », rapport annuel du Bureau international du travail, Genève, 1993.

— European Fondation for the Improvement of Living and Working Conditions, 2nd survey on working conditions, Dublin, Ireland, 1997.

— « La violence sur le lieu de travail », rapport de l'Organisation internationale du travail, 1998.

— « The cost of violence/stress at work and the benefits of a violence/stress free working environment », Organisation internationale du travail, Genève, 1999.

— « Stress at work », National Institute of Occupational Safety Health (NIOSH), Washington, 1999.

— European Fondation for the Improvement of Living and Working Conditions, 3rd survey on working conditions, Dublin, Ireland, 2000.

— « Mental health in the work place », Organisation internationale du travail, Genève, 2000.

— « Research on work-related stress », European Agency for Safety and Health at Work, 2000.

États-Unis, une estimation faite en 1984 par une compagnie d'assurances indiquait qu'un million de travailleurs, en moyenne, étaient absents chaque jour du travail, en grande partie à cause de troubles dus au stress.

Les chiffres les plus récents indiquent que ce sont cinq cent cinquante millions de journées de travail qui sont perdues chaque année aux États-Unis à cause d'un absentéisme lié à des problèmes de stress. En Grande-Bretagne, il s'agirait de quarante millions de journées.

Dans tous les cas, on constate que le nombre de journées perdues s'accroît au fur et à mesure que le niveau socio-économique baisse, et qu'il est donc particulièrement élevé chez les travailleurs manuels.

L'INSTABILITÉ PROFESSIONNELLE

Absentéisme et instabilité professionnelle vont souvent de pair : le salarié finit par quitter son emploi parce qu'il n'en est pas satisfait ou parce qu'il y est obligé pour des raisons de santé. Lors d'une enquête effectuée en 1991 aux États-Unis, une compagnie d'assurances a constaté que 14 % des travailleurs de son échantillon avaient quitté leur emploi ou avaient changé de poste au cours des deux années précédentes pour cause de stress dans leur travail. Parmi les autres, 34 % avaient sérieusement envisagé de quitter leur emploi l'année précédente, et 33 % estimaient qu'ils atteindraient bientôt leurs limites.

Les entreprises américaines dépenseraient 700 millions de dollars par an pour remplacer ceux de leurs travailleurs qui doivent cesser leur activité avant l'âge de la retraite pour cause de maladies coronariennes. La société Rank Xerox, par exemple, évalue à plus de un million de dollars le coût de remplacement d'un dirigeant, et entre 200 000 et 500 000 dollars celui d'un cadre supérieur.

L'ÉPUISEMENT NERVEUX

Dans les pays membres de l'Union européenne, le coût des problèmes de santé mentale atteindrait 3 à 4 % du PNB. Aux États-Unis, les dépenses consacrées à la dépression seraient de l'ordre de 30 à 44 milliards de dollars par an. Pour les entreprises, c'est environ deux cents millions de journées de travail perdues chaque année. En Allemagne, les pathologies à caractère dépressif sont responsables de près de 7 % des départs précoces à la retraite, et la durée de l'incapacité de travail résultant d'une dépression est environ deux fois et demie plus longue que celle occasionnée par d'autres maladies.

La perte annuelle de production causée par les arrêts de travail dus à des troubles psychiques est estimée à plus de 5 milliards de deutsche Mark.

LES ACCIDENTS DE TRAVAIL

Aux États-Unis, les accidents du travail tuent chaque année 14 000 personnes et entraînent une incapacité pour 2,2 millions d'autres. Ils se soldent, en outre, par des pertes de productivité estimées à plus de 30 milliards de dollars par an. En France, en 1999, on a relevé plus de 700 000 accidents de travail, dont 45 000 étaient graves et 717 ont entraîné un décès [1].

Ces accidents se produisent pour de multiples raisons liées au lieu de travail, au matériel, à l'organisation des tâches ou à la condition du travailleur, qui peuvent toutes avoir un effet stressant. Mais, de tous les facteurs qui contribuent aux accidents, un seul apparaît être un dénominateur commun : un fort niveau de stress.

---

1. Conseil supérieur de prévention des risques professionnels, CGT/CNAMTS, 2000.

Une personne stressée, c'est souvent un accident qui se prépare.

LA VIOLENCE

La violence provoque une rupture immédiate et souvent durable dans les relations interpersonnelles, dans l'organisation du travail et dans le milieu de travail pris dans son ensemble. Les entreprises ont à assumer le coût direct du travail perdu, et il leur faut apporter des améliorations sur le plan de la sécurité.

Mais la violence génère aussi des coûts indirects, tels que la baisse de l'efficacité, de la productivité et de la qualité des produits, la détérioration de l'image de l'entreprise et la diminution de la clientèle.

Aux États-Unis, le coût total, pour les employeurs, des actes de violence commis sur le lieu de travail se serait élevé à plus de 4 milliards de dollars en 1992.

Le coût de la violence psychologique (et du harcèlement moral) a été moins étudié.

En Allemagne cependant, le coût direct de cette violence physique dans une entreprise de mille employés a été estimé à 112 000 dollars par an, auxquels viennent s'ajouter 56 000 dollars en coût indirect.

LES DEMANDES D'INDEMNISATION

Le coût financier du stress est aussi illustré par le nombre de demandes d'indemnisation qui sont présentées par les employés, soit dans le cadre des régimes auxquels ils sont affiliés, soit lors de procès devant des tribunaux civils.

Naguère, les demandes d'indemnisation pour cause de stress étaient relativement rares. En 1980, aux États-Unis, elles ne représentaient que 5 % des demandes d'indemnisation des maladies professionnelles. Ce pourcentage avait atteint 15 % en 1989.

En 1995, on estimait que la moitié des indemnités versées par l'entreprise à des salariés, à la suite de condamnations, étaient pour motif de stress excessif[1].

Des cabinets d'avocats américains font régulièrement paraître dans les journaux des publicités du genre : « Est-ce que votre travail vous rend malade ? » afin d'inciter des salariés à poursuivre en justice leur employeur.

On observe ce phénomène, même s'il est moins marqué, dans la plupart des pays européens. En décembre 2000, un professeur du pays de Galles a reçu 250 000 livres sterling d'indemnités pour stress excessif.

Dans les années à venir, le stress devrait être à l'origine de la majorité des procès intentés pour cause de maladie professionnelle.

Tous ces chiffres sont bien sûr à prendre avec beaucoup de précautions. Calculer le coût du stress est un exercice difficile.

Il en ressort cependant une constatation importante : le stress, que les entreprises le prennent ou non au sérieux, coûte cher et sera un poids de plus en plus lourd. Au-delà des surcoûts que le stress entraîne, il serait aussi intéressant d'évaluer le manque à gagner, c'est-à-dire le bénéfice, que tireraient les entreprises, du bien-être de leurs salariés, heureux de venir travailler et déployant leurs compétences et leur créativité.

Mais cela peut-il être « mis en chiffres » ?...

---

1. Workers Compensation Yearbook, 1995.

QUATRIÈME PARTIE

Comment lutter contre le stress

Le stress n'est pas une fatalité. Nous ne sommes pas éternellement condamnés à en subir les effets négatifs. Les solutions sont collectives et individuelles. Collectives d'abord, parce que les entreprises sont directement concernées par le stress, même si certaines en nient l'existence ou détournent le problème en décrétant que c'est une affaire individuelle, qui se règle « chez le psy ». En valorisant les personnes, en agissant sur leur environnement et en repensant l'organisation du travail, les entreprises réduiront les effets toxiques du stress.
Mais chacun de nous possède aussi, en lui, la capacité de lutter contre le stress. Comme le marin ne peut agir sur les vagues qui soulèvent le navire, nous ne pouvons pas, individuellement, maîtriser la masse des stresseurs intervenant dans le monde du travail. En revanche, nous pouvons apprendre à contrôler nos réactions physiques et psychologiques, tout comme le marin sait naviguer sur la mer agitée sans chavirer.

16

Le rôle de l'entreprise

« Le nerf de la guerre, ce sont les hommes. »
MACHIAVEL.

À défaut d'être sensible aux souffrances humaines causées par le stress au travail, l'entreprise pourrait au moins se préoccuper de son coût financier, considérable comme nous venons de le voir dans le précédent chapitre. Or on a le sentiment que la réduction du stress au travail n'est pas, pour la plupart des entreprises, une véritable priorité. Selon un récent sondage [1], 67 % des salariés pensent que leur entreprise a les moyens de diminuer le stress du personnel, mais 57 % d'entre eux ne font pas confiance à leur employeur pour le combattre. En fait, les attitudes des entreprises vis-à-vis du stress au travail sont très variables.

Comment les entreprises réagissent face au stress

LE REFUS DE LA RÉALITÉ

L'une des attitudes les plus répandues, parmi les entreprises, est le déni du stress. Considéré comme « le dernier

---

1. Enquête Liaisons sociales, Manpower-CSA, septembre 2000.

sujet à la mode » par certains responsables, le stress n'a pas droit de cité dans nombre d'entreprises.

> « Ici on ne parle jamais du stress, me confiait un cadre d'une grosse entreprise de sous-traitance pour l'industrie automobile. Car le stress, ça évoque trop de choses négatives. Si quelqu'un de notre équipe reconnaît être stressé, cela veut dire finalement qu'il est faible et d'une certaine façon incompétent à son poste. Au niveau de l'entreprise, accepter l'idée qu'il y aurait un niveau de stress trop élevé signifierait un certain échec pour l'entreprise et son management des hommes. »

Pour un dirigeant dans le secteur de l'alimentaire, les choses sont claires : le stress au travail est quasiment un mythe.

> « Au XIXe siècle, on ne parlait pas du stress, et pourtant les conditions de travail étaient autrement plus dures qu'aujourd'hui. J'avoue être étonné que le thème du stress puisse rencontrer un tel succès à un moment où le temps de travail est si réduit et où les gens travaillent dans un cadre qui ne cesse de s'améliorer. »

LA PEUR DE NE PAS CONTRÔLER

Certaines entreprises ont conscience de la réalité du problème, mais le mot « stress » leur fait peur.

> « Si on commence à parler du stress chez nous, où cela va-t-il s'arrêter ? Les syndicats vont réactiver la polémique sur les conditions de travail, les cadres vont être mal à l'aise en se culpabilisant sur la manière dont ils managent leurs équipes... »

Pour ce décideur d'une grande compagnie d'assurances, il vaut mieux laisser le couvercle bien posé sur la marmite.

Le soulever, en acceptant de regarder un peu plus lucidement la réalité du stress, c'est risquer d'en laisser échapper le contenu brûlant, sulfureux et incontrôlable. Le stress est une boîte de Pandore qu'il faut se garder d'ouvrir.

UNE AFFAIRE PERSONNELLE

Le stress professionnel est vécu par certaines entreprises comme une affaire purement individuelle.

> « C'est vrai, certains cadres de mon entreprise semblent un peu stressés. Mais d'autres pas du tout, au contraire même. » Pour ce dirigeant, l'explication est simple et ne met pas en cause l'entreprise ou l'environnement de travail. « Certaines personnes sont plus sujettes au stress que d'autres... Je ne suis pas contre le fait qu'elles puissent faire une démarche personnelle pour être mieux dans leur peau. D'ailleurs, je sais que certains de mes cadres ont consulté personnellement un médecin ou un psy. »

Autrement dit, s'il y a des gens stressés, ce n'est pas à l'entreprise de s'interroger ou d'agir, mais à l'individu de chercher de l'aide extérieure, par exemple aller voir un psychiatre.

LA MISE SOUS TENSION

Loin de nier le phénomène du stress au travail, certaines entreprises s'en nourrissent et en font même l'un des principes majeurs de management.

Dans une récente interview, le directeur général de la Caisse des dépôts et consignations[1] était franc :

> « Tous les jours ou presque, il faut mettre sous tension les équipes parce qu'une communauté humaine, si valeureuse

---

1. Interview de Daniel Lebègue au *Figaro Entreprises*, 16 juillet 2001.

soit-elle, a des baisses de tension et de régime. Pour recharger les batteries collectives et rendre les salariés plus offensifs, je leur demande toujours de sauter un peu plus haut que ce qu'ils sont capables de faire. »

ACCEPTER LA RÉALITÉ

Seule une minorité d'entreprises, en France, ont décidé d'ouvrir les yeux sur le phénomène du stress au travail et de l'aborder sans le banaliser ni le dramatiser.

Il s'agit le plus souvent de grosses entreprises et d'organismes publics qui ont une longue tradition de culture sociale. Mais on trouve aussi des entreprises très performantes, aux modes de fonctionnement souvent inspirés des modèles anglo-saxons (par exemple les filiales françaises de grands groupes nord-américains ou de l'Europe du Nord), qui ont intégré le stress comme un facteur favorisant ou entravant leur performance.

Il s'agit enfin d'entreprises qui ont été confrontées durement et brutalement à la réalité du stress. Ainsi, le suicide dramatique d'un salarié ou un accident cardiaque sévère d'un cadre ont pu faire prendre conscience à certains dirigeants de la nécessité d'abandonner une politique de l'autruche en matière de stress.

L'audit de stress

La première étape, pour une entreprise qui décide de s'intéresser au problème du stress professionnel, consiste souvent à mieux évaluer la réalité du phénomène. Comme nous l'avons déjà dit, le mot « stress » est encore mal compris et mal utilisé. Derrière ce terme, chacun met sa propre réalité, comme dans une auberge espagnole où chacun trouve ce qu'il attend.

Quelle est la réalité du stress dans mon entreprise ? Quelles sont les principales sources de stress pour les salariés ? Quels sont les individus les plus touchés ? Comment se manifestent les effets du stress ?

Voici quelques-unes des questions importantes que doit se poser tout dirigeant souhaitant mieux comprendre le phénomène et poser un diagnostic précis avant d'y apporter des solutions.

L'audit de stress représente, à cet égard, le meilleur outil pour réaliser une mesure, la plus objective possible, du stress au sein d'une entreprise. Pour cela, on sélectionne ou on tire au sort un certain nombre de salariés. On leur soumet plusieurs questionnaires, validés scientifiquement. À partir des différentes réponses, on établit des statistiques. Ainsi, on obtient une vision objective, « chiffrée », du stress. Grâce à des calculs statistiques, on peut ainsi mettre en évidence les liens entre la présence de certains stresseurs dans l'environnement des salariés et la souffrance psychologique de ces derniers.

L'audit consiste également en des interviews conduites par des spécialistes du stress (psychiatres ou psychologues) auprès de salariés, afin d'explorer les dimensions plus subjectives et le vécu des individus face au stress.

Il n'est bien sûr pas très facile de *mesurer* le stress. Même si certains le prétendent, il n'existe pas de « stressomètre » auquel on pourrait soumettre les individus pour quantifier leur stress, comme on le fait, par exemple, pour la tension artérielle ou le taux du sucre dans le sang.

L'appréciation du stress se fait toujours à partir de différents éléments qu'il faut relier entre eux : la nature et l'importance des facteurs de stress dans l'environnement, certes (évaluation des stresseurs), mais aussi la façon dont l'individu affronte ces stresseurs aussi bien psychologiquement que dans sa manière d'agir (évaluation de la réaction de stress), et enfin l'impact du stress sur son bien-être mental et physique (évaluation des conséquences du stress).

Une telle démarche d'évaluation donne une vision globale du stress puisqu'elle est ciblée aussi bien sur l'environnement du travail que sur l'individu. Elle permet d'identifier des environnements « sains », des environnements « pathologiques », et des individus en bonnes conditions de santé ou en souffrance.

Les résultats des audits de stress sont particulièrement intéressants. Ils permettent souvent de remettre en question certaines perceptions erronées. Ainsi, dans un important organisme public du sud-ouest de la France, nous avions été sollicités pour mieux apprécier le stress des salariés. Cet organisme connaissait d'importants changements dans son mode de fonctionnement. Les dirigeants, constatant un taux d'absentéisme élevé, pensaient que le stress pouvait résulter de la difficulté, pour certains, à s'adapter à des formes d'organisation nouvelles. L'analyse a montré que ce n'était pas là le stresseur le plus important pour les salariés, mais plutôt la présence de nombreuses frustrations dans le déroulement de leur carrière, souvent aléatoire, ainsi que l'absence de reconnaissance de la part de leur hiérarchie.

De même, les conclusions que nous avions pu tirer d'un audit de stress auprès des conducteurs de bus d'une grosse entreprise de transports publics urbains soulignaient que les principales causes du stress étaient les contacts difficiles et répétés avec une clientèle souvent incivile et parfois agressive. Les contraintes liées à la circulation automobile en agglomération urbaine étaient certes un stresseur réel, mais finalement plus gérable pour les conducteurs de bus, que leur relation avec les passagers.

Plus étonnant, une évaluation du stress effectuée dans une petite société de service et d'outils informatiques en région parisienne n'avait pas montré un niveau de stress particulièrement élevé chez les salariés et ce, contrairement aux estimations des responsables.

L'organisation du travail

La diminution du stress passe à l'évidence par la réduction, voire la suppression de ses causes. Comme nous l'avons déjà vu, les sources de stress au travail sont variables et souvent multiples pour un individu. Certaines sont liées à la profession elle-même. Ainsi les infirmières qui côtoient constamment la souffrance et la mort, et doivent néanmoins réconforter les patients. Ou encore les policiers et les pompiers qui exercent des métiers à risque et mettent fréquemment leur vie en danger. Ces stresseurs sont bien sûr difficiles à modifier, même si les entreprises peuvent aider les individus à mieux y faire face.

D'autres sources de stress ne dépendent pas directement des entreprises, même si les salariés les subissent de plein fouet. C'est le cas de la violence et de l'agressivité auxquelles sont exposés un nombre croissant de salariés. Les solutions dépassent souvent les entreprises elles-mêmes dans la mesure où il s'agit à l'évidence de problèmes de société, au sens le plus large du terme.

La mondialisation contraint les entreprises à une productivité accrue et à une plus grande rentabilité, avec souvent de faibles marges de manœuvre. Là encore, la logique économique de notre société « globalisée » échappe en grande partie à la plupart des entreprises. Ce qui ne veut pas dire que les entreprises doivent s'en dédouaner en estimant qu'elles n'y sont pour rien.

En revanche, beaucoup de facteurs de stress sont inhérents à l'organisation même du travail ou au style de management des hommes. Là, bien sûr, les entreprises, qui sont dans le déni ou qui ne font rien, ont une grande part de responsabilité[1].

LA MAÎTRISE DE SON TRAVAIL

C'est sans doute dans ce domaine que l'entreprise a la plus grande marge de manœuvre pour réduire le stress de ses salariés. Le rapport entre le niveau de stress et l'attitude de contrôle d'une situation est bien établi, comme nous l'avons vu. Certaines catégories de personnes ont le sentiment d'être maîtresses de la situation, d'autres non.

On constate que l'obligation de suivre la cadence imposée par les machines est une cause majeure de stress. Tout comme les procédures très encadrées dans lesquelles les individus n'ont aucune marge de manœuvre.

Afin de permettre aux salariés d'accroître le sentiment de contrôle sur leur travail, il faut agir à plusieurs niveaux.

■ Au niveau individuel, chacun doit être de plus en plus l'artisan des choix qui le concernent, et non un spectateur passif. Nous ne devrions plus être un fétu sur l'océan agité de la vie professionnelle, mais développer en nous un sentiment d'efficacité personnelle.

■ Au niveau de l'entreprise, les dirigeants doivent transférer des zones de contrôle et de décisions aux salariés. Si les salariés ne sont là que pour exécuter, ils seront plus stressés.

---

1. M. Jee et L. Reason, « Action on stress at work », Health Education Authority, London, 1988.

Beaucoup de recherches ont montré que les salariés qui participent aux décisions sont plus productifs, plus motivés et plus satisfaits de leur travail. La participation a notamment pour effet d'améliorer la circulation de l'information à l'intérieur des entreprises. Or l'absence de communication est elle aussi une cause majeure de stress.

L'autonomie des individus réduit également le stress. Elle peut être réalisée en rompant avec les structures hiérarchiques traditionnelles, en déléguant des responsabilités à l'individu ou à des équipes. C'est l'une des caractéristiques de certaines entreprises suédoises ou japonaises.

LA REDÉFINITION DES TÂCHES

La surcharge, tant physique que mentale, doit être acceptable. Les variations d'activité excessives qui ballottent les individus du tourbillon au calme plat sont particulièrement « toxiques » et peuvent être corrigées, surtout au sein de grosses entreprises qui ont plus de moyens d'organiser le travail. Il est souvent important pour les entreprises de « repenser » le travail des gens et de le « redéfinir ».

Ainsi, le Work Research Unit[1] en Grande-Bretagne recommande cinq grands principes pour améliorer l'organisation du travail dans un sens de réduction du stress des salariés :

1) Le travail devrait inclure toutes les tâches nécessaires à l'achèvement d'un produit ou d'un processus. Cela pour permettre aux individus de donner un sens à ce qu'ils font et pour qu'ils aient l'impression de réaliser quelque chose de cohérent.

2) L'individu qui accomplit une tâche devrait avoir un

---

1. Work Research Unit-WRU, St Vincent House, 30 Orange Street, London.

certain contrôle sur le rythme, les moyens à utiliser et les étapes du travail.

3) Le travail devrait être organisé de façon que les individus (ou les équipes) aient le sentiment d'être responsables quant à la qualité de ce qui est produit.

4) Le travail devrait être diversifié, comprendre une variété de tâches et susciter de l'intérêt.

5) Le travail devrait permettre des contacts sociaux de qualité.

Il est bien sûr difficile d'imaginer la suppression complète de toutes les tâches pénibles ou inintéressantes au travail. Cependant, chaque fois qu'un réaménagement peut leur donner un sens ou en réduire l'ingratitude, c'est une nouvelle victoire sur le stress.

Le management des individus

Dans l'accomplissement de nos tâches quotidiennes, nous avons besoin d'être reconnus, tant pour nos succès que pour nos difficultés. Or on constate à quel point les actions managériales sont souvent défaillantes dans ce domaine.

Trop fréquemment, les salariés ne reçoivent de leurs supérieurs que des commentaires négatifs sur l'accomplissement de leur tâche. Comme nous l'avons vu précédemment, il s'agit là d'une source majeure de frustration pour les individus, dont l'origine se trouve en partie dans une certaine culture du négatif trop répandue dans nos entreprises.

Dans leur ouvrage best-seller[1], deux psychologues américains, Kenneth Blanchard et Spencer Johnson, souli-

---

1. K. Blanchard, S. Johnson, *Le Manager Minute*, Paris, Montréal, Éditions France Amérique, 1984.

gnent l'importance du bon maniement des critiques et des compliments.

Les individus au travail ont besoin régulièrement de « feed-back » (c'est-à-dire d'un « retour ») sur la qualité de leur travail. La plupart du temps, cela n'est réalisé qu'occasionnellement et, dans les cas les plus caricaturaux, une fois par an seulement, lors d'un « entretien annuel d'évaluation ».

LES RENFORCEMENTS POSITIFS

Les compliments doivent donc être largement utilisés par les managers. Il n'est pas nécessaire d'attendre que les gens soient parfaits pour les féliciter, mais le faire justement, chaque fois qu'ils réalisent quelque chose de bien, même si c'est limité.

Évidemment, les compliments adressés aux individus doivent être sincères, même s'ils ne portent que sur un aspect ponctuel de leur travail. Faire des compliments nécessite aussi de s'impliquer personnellement dans le message que l'on adresse à l'autre. Au lieu de dire à quelqu'un : « Ce que vous avez fait est bien », il est nettement préférable d'exprimer sa propre émotion positive dans des formules comme : « Je suis heureux », ou : « J'apprécie ». Il s'agit alors d'une communication émotionnelle plutôt que d'un jugement de valeur, et, nous y reviendrons plus loin, le bon maniement des émotions humaines au sein de l'entreprise est l'un des grands moyens de mieux gérer le stress de tous (salariés et encadrement).

Outre que les compliments honnêtes et bien exprimés participent au bien-être des individus, ils ont aussi une action notable sur leur performance. La psychologie de l'apprentissage nous indique que l'individu acquiert plus facilement des compétences en étant renforcé dans ce qu'il fait bien plutôt qu'en étant puni dans ce qu'il fait mal[1]. Dans le premier cas, il sait en effet comment bien faire, et il n'a qu'à continuer, alors que, dans le second cas, il sait ce qu'il ne doit pas faire, mais n'a pas forcément une idée précise de ce qu'il devrait faire.

LES CRITIQUES EFFICACES

Le bon maniement des compliments ne doit bien sûr pas faire oublier l'utilisation adéquate des critiques. Il est de la responsabilité du manager d'exprimer à ses collaborateurs son insatisfaction et donc de savoir faire des critiques non destructrices. Celles-ci, pour être efficaces, doivent tout d'abord être immédiates. Il est en effet nuisible d'accumuler sans les communiquer des griefs ou des sentiments négatifs envers quelqu'un.

Les critiques doivent ensuite porter sur des comportements et ne doivent jamais attaquer la personne elle-même. On peut ainsi être très dur sur un comportement (« Vous n'avez pas rendu ce dossier à temps, et c'est quelque chose que je n'accepte pas ») tout en respectant la personne (en s'interdisant de lui dire des phrases du genre : « On ne peut vraiment pas compter sur vous »).

Comme pour les compliments, les critiques les plus performantes intègrent une dimension émotionnelle. Le manager exprime alors les émotions négatives qu'il ressent lui-même (« Je suis vraiment très déçu », « Je ne suis pas content », « Ça me déplaît fortement ») plutôt que de se référer à des jugements de valeur (« Ce n'est pas bien », « Ça ne se fait pas »). Les critiques sont enfin exprimées dans une optique de résolution d'un problème et non pas pour blesser l'autre ou se soulager personnellement.

1. B. F. Skinner, *Science and Human Behavior*, New York, McMillan, 1953.

Savoir utiliser tour à tour compliments et critiques de façon équilibrée est à l'évidence une grande compétence managériale, non seulement pour accroître les performances de ses collaborateurs, mais aussi pour gérer leur stress.

Cette compétence n'est malheureusement pas innée, ce qui nécessite que les entreprises forment correctement leur encadrement.

COMPLIMENTS ET CRITIQUES :
LES QUATRE TYPES DE MANAGEMENT

		COMPLIMENTS	
		N'en fait quasiment pas	En fait fréquemment
C R I T I Q U E S	N'en fait quasiment pas	MANAGER « MUET »	MANAGER « FLATTEUR »
	En fait fréquemment	MANAGER « CRITIQUEUR »	MANAGER « EFFICACE »

La manière dont un manager utilise compliments et critiques permet de distinguer quatre catégories.

■ Les managers « muets », qui ne disent jamais à leurs collaborateurs ce qu'ils pensent. Pour ces derniers, cette situation d'incertitude peut être source de stress.

■ Les managers « flatteurs », qui n'expriment que leur satisfaction et ont des difficultés à faire savoir qu'ils ne sont pas satisfaits. Ils génèrent sans doute peu de stress chez leurs collaborateurs, mais ne les aident pas à s'améliorer.

■ Les managers « critiqueurs », qui n'hésitent pas à s'exprimer quand cela va mal, mais communiquent peu de positif. Ils sont une source importante de stress pour leurs collaborateurs.

■ Les managers « efficaces », qui manient à égalité compliments et critiques, et maintiennent à un niveau acceptable le stress en favorisant la performance de leurs collaborateurs.

La gestion humaine du changement

Les changements font partie intégrante de la vie en général et de la vie professionnelle en particulier. La psychologie nous apprend qu'ils sont inévitablement source de stress, mais surtout que la manière dont ils sont gérés émotionnellement par l'individu concerné est déterminante quant à l'importance de ce stress.

Lors de la mise en œuvre de changements dans une entreprise, le rôle des managers est fondamental : ils ont les moyens d'aider leurs collaborateurs à vivre ce changement à un niveau de stress acceptable.

Tout changement majeur déclenche chez un individu un processus psychologique bien connu qui se déroule en plusieurs étapes.

LES ÉTAPES PSYCHOLOGIQUES DU CHANGEMENT

Ces étapes ont été mises en évidence par une psychologue suisse, Élisabeth Kübler-Ross[1], à partir de son travail auprès de patients à qui l'on annonçait qu'ils étaient atteints d'une maladie grave. On peut imaginer l'ébranle-

---

1. É. Kübler-Ross, *Vivre avec la mort et les mourants*, Paris, Éditions du Rocher, 1990.

ment psychologique qui s'ensuit. L'individu passe par une série d'états psychologiques mobilisant en permanence la réponse de stress et les réactions émotionnelles.

Même si les changements qui surviennent dans les entreprises n'ont que peu de choses à voir avec l'annonce d'une maladie, les processus psychologiques sont comparables. Et, bien sûr, la connaissance et la compréhension de ces processus peuvent aider les entreprises à mieux gérer le changement, et les managers à mieux préparer leurs collaborateurs. Dans les situations de changement, le manager, sans pour autant devenir un « psy », doit malgré tout être capable de gérer les réactions psychologiques des individus [1].

LE DÉNI

À l'annonce d'une très mauvaise nouvelle, l'une des réactions les plus immédiates est le déni ; au fond de soi, on n'y croit pas, on se dit : « Non, ce n'est pas vrai ! » Le déni est une sorte de coquille protectrice. Si l'on convoque brutalement quelqu'un pour lui annoncer son licenciement, dans un premier temps, il se passe quelque chose d'analogue au mécanisme des anticorps qui se jettent sur le virus pour le détruire. Dans la situation professionnelle qui nous intéresse, c'est un mécanisme psychologique de survie qui procède à la destruction de l'information. Ce qui, dans un premier temps, peut être utile.

À la suite de la fermeture d'un site et de la fusion dans un autre site, une entreprise de matériel optique pour handi-

---

[1]. É. Albert, J.-L. Émery, *Le manager est un psy*, Paris, Éditions d'organisation, 1999.

capés procède à une délocalisation : l'établissement quitte Paris pour s'installer en lointaine banlieue. De prime abord, les salariés de l'entreprise semblent avoir intégré la nouvelle sans problème. Pourtant, à y regarder de plus près, on s'aperçoit qu'au fond d'eux quelque chose dit non. Par exemple, un certain nombre de salariés ne cherchent pas un logement plus proche du nouveau site. Ils ont bien compris qu'à partir du premier janvier il faudrait, chaque matin, se rendre dans un endroit différent, mais ils font comme si rien n'avait changé.

On observe là un processus de déni, comme dans les maladies graves, où l'on voit des gens à qui l'on annonce qu'ils ont un cancer du poumon continuer à fumer comme si de rien n'était. Peut-être cette attitude a-t-elle une dimension suicidaire, mais il arrive aussi qu'elle corresponde très clairement à un déni, tous les médecins connaissent cela.

Pour résumer, un individu soumis à un changement qui va plus ou moins bouleverser son existence peut *nier* la réalité de ce qui lui arrive. Les managers, qui gèrent l'aspect humain du changement dans l'entreprise, doivent donc savoir que ceux qui réagissent ainsi ne sont ni des imbéciles qui n'ont pas compris ce qu'on leur avait annoncé, ni des rebelles qui les « provoquent » en ne tenant pas compte de la nouvelle donne.

LA PEUR

La deuxième étape, après le déni, est l'émotion d'anxiété : « Que va-t-il m'arriver ? Vais-je réussir ? Qu'est-ce qui va se passer ? » On perçoit un danger, une menace, puis on succombe à la peur : « Je n'y arriverai jamais avec ce nouveau logiciel », « Ça va être compliqué de trouver un nouveau logement... »

Pour reprendre l'exemple d'une maladie grave, au fil des jours, le déni s'estompe. D'examen en examen, de prise de sang en prise de sang, le déni recule, et, au lieu de dire : « Non, ce n'est pas vrai », vous êtes bien obligé d'admettre que « voilà le programme ! ». Par ailleurs, le déni, en tant que mécanisme psychologique de survie, n'étant efficace qu'un temps limité, un autre mécanisme psychologique, celui de la peur, doit venir prendre le relais. « Attention ! Il y a un danger ! Je dois mobiliser mes ressources ! »

Parfois aussi, la phase de déni n'existe pas : celui qui apprend une nouvelle qui le perturbe a directement une attitude d'anxiété.

LA COLÈRE

Une autre étape émotionnelle est la colère, qui peut survenir à la suite de l'anxiété, mais aussi, parfois, de façon simultanée.

La colère est un mécanisme d'agressivité, comme on l'a vu dans la deuxième partie, qui nous mobilise pour détruire. C'est par ailleurs une attitude psychologique tout à fait « normale ». Quand on annonce à quelqu'un qu'il a une maladie grave, après le déni et la peur survient généralement la colère : « Mais non, c'est injuste ! », « C'est vraiment écœurant, pourquoi moi ? », « Je ne le mérite pas ! »

La colère, c'est la révolte, et la révolte peut, ensuite, être dirigée contre quelqu'un : le médecin, les infirmiers, les proches, n'importe qui pourvu que ce bouillonnement intérieur puisse s'exprimer.

Face aux changements organisationnels non désirés, les individus réagissent de la même façon. La colère peut être dirigée vers la hiérarchie, l'entreprise. Il s'agit d'une colère légitime et de toute façon compréhensible.

LE DÉSESPOIR

Survient ensuite le désespoir : « Je n'y arriverai jamais ! », « C'est fichu », « Pas la peine de lutter. » On entre alors dans la démotivation.

Ces principales attitudes psychologiques — déni, anxiété, colère, désespoir — forment la trame de notre réaction à un changement qui bouleverse notre vie. Elles peuvent s'enchaîner, se télescoper, se court-circuiter. On peut aussi passer de l'une à l'autre dans n'importe quel ordre, rapidement ou lentement. L'important est de savoir que ces émotions existent, de ne pas en faire une lecture erronée (par exemple, croire qu'un déni est une provocation, qu'une anxiété traduit une faiblesse de caractère ou qu'une colère signifie une absence de loyauté vis-à-vis de l'entreprise) et de ne pas s'en étonner : ainsi, on entend parfois des managers répondre à ceux qui ont peur : « Vous n'avez aucune raison d'être inquiets », ou bien : « Je ne comprends pas vos réactions. » C'est une véritable aberration. De même, ceux qui s'offusquent d'une réaction de colère ne comprennent pas les enjeux psychologiques inhérents au changement. Encore une fois, toutes ces émotions sont normales et doivent être correctement gérées par l'entreprise.

L'ACCEPTATION

L'évolution générale du fonctionnement psychologique face au changement s'achève par une étape de marchandage : « D'accord, ça va peut-être un peu changer, mais est-ce qu'on ne pourrait pas, quand même... ? »

On glisse donc d'un pas vers l'acceptation : c'est, en soi, le processus le plus adaptatif puisque le stress est, dans sa définition scientifique, une réponse d'adaptation à la situation. Tous ces mécanismes psychologiques ont pour objectif de nous permettre, *in fine,* de nous mobiliser afin que nous puissions nous adapter à notre nouvel environnement.

COMMENT ON RÉAGIT FACE À UN CHANGEMENT QUI BOULEVERSE NOTRE VIE [1]

Le déni	« Non, ce n'est pas vrai »
L'anxiété	« Que va-t-il m'arriver ? »
La colère	« Pourquoi moi ? Ce n'est pas juste ! »
Le désespoir	« Je suis fichu(e) ! »
Le marchandage	« Il y a peut-être une solution pour que tout reste comme avant »
L'acceptation	« OK, je vais faire avec ! »

LES ATTITUDES ÉMOTIONNELLES

Face aux émotions que suscite le changement, il existe plusieurs attitudes managériales plus ou moins efficaces pour aider les individus à gérer leur stress.

---

1. D'après É. Kübler-Ross, *op. cit.*

L'apathie

La première attitude consiste à ne pas prendre en compte les émotions de l'individu. À quelqu'un qui manifeste, à l'évidence, de l'anxiété ou de la colère, on ne répond pas ou on tient un discours purement « technique » et rationnel.

> Je me souviens d'avoir assisté à une réunion qu'avait organisée un directeur d'usine, pour annoncer à son équipe la fermeture prochaine d'une partie du site. Rapidement, des questions surgissent témoignant de l'inquiétude des personnes. « Mais qu'est-ce qu'on va devenir ? »
> Les réponses obtenues sont purement technocratiques : le directeur explique dans le détail le déroulement et le calendrier de la fermeture.

Cette attitude est connue des psychologues sous le terme d'« a-pathie », du grec *pathos* qui signifie « souffrance », émotion, précédé du « a » privatif. Il s'agit d'une communication non émotionnelle, qui prévaut trop souvent dans les entreprises.

Les individus ne sont pas reconnus en tant qu'êtres psychologiques et n'ont pas le droit d'éprouver ni de manifester d'émotions.

L'antipathie

La deuxième attitude consiste à repérer les émotions des individus pour les contrer. Ce sont souvent des attitudes qui pourraient sembler rassurantes : « Mais non, vous n'avez pas de raisons d'être inquiet », mais parfois aussi rejetante : « Ça ne vaut pas la peine de se mettre en colère pour ça. »

Il s'agit d'une attitude « anti-pathique » (« anti » signifiant « à l'opposé »), dont la principale conséquence est que l'individu a le sentiment de ne pas être compris.

La sympathie

Dans la troisième attitude, celui qui annonce le changement comprend l'émotion de son interlocuteur et va même jusqu'à la partager ou y adhérer. C'est l'attitude « sympathique » (le préfixe grec *sym* signifiant « avec »). Étymologiquement, on souffre avec l'autre, un peu comme lorsque nous envoyons un message de sympathie à quelqu'un qui vient de perdre un être cher. L'attitude de sympathie n'est pas une attitude managériale parce qu'elle « fige » la personne dans son émotion et ne lui permet pas d'évoluer.

De même, un médecin qui serait toujours en sympathie avec ses patients ne les aiderait guère. Il risquerait en outre d'« absorber » excessivement leurs émotions et de s'épuiser psychologiquement.

L'empathie

La dernière attitude s'établit dans une certaine distance entre celui qui exprime une émotion et celui qui la reçoit. C'est l'attitude « em-pathique ». On comprend parfaitement l'émotion de l'autre, on l'accepte sans réserve, même si on ne la partage pas.

C'est l'attitude la plus pertinente, non seulement pour établir une relation authentique avec son interlocuteur, mais aussi pour l'aider à évoluer et à gérer son émotion, donc son stress. Elle se traduit pas des messages du genre : « Je vois que vous êtes très inquiet à l'annonce de ce changement, et c'est tout à fait compréhensible. Mais je vais vous expliquer pourquoi, moi, je vois les choses différemment », ou : « Je comprends que vous soyez en colère et tout à fait déçu, car ce n'est pas ce que vous souhaitiez. Je vais néanmoins voir avec vous ce que l'on peut faire. »

L'attitude empathique est à l'évidence la moins répandue au sein des entreprises. C'est pourtant l'une des compétences émotionnelles les plus fondamentales, celle qui permet aux individus de vivre et de travailler ensemble. Ainsi, les individus acceptent l'existence des émotions liées au stress pour en faire une force et non un handicap.

L'ATTITUDE DU MANAGER FACE AUX ÉMOTIONS DE SON COLLABORATEUR

Le manager adopte une attitude	Le collaborateur pense		
	« Il m'a écouté »	« Il m'a compris »	« Il m'a aidé à évoluer »
Apathique	non	non	non
Antipathique	oui	non	non
Sympathique	oui	oui	non
Empathique	oui	oui	oui

Des entreprises plus « humaines »

Malgré les formules généreuses qui émaillent de nombreux projets d'entreprise (« Notre première richesse, ce sont nos salariés », « Mettre l'homme au cœur de nos préoccupations »), la réalité est souvent tout autre.

Plusieurs auteurs ont décrit des univers particulièrement éprouvants pour les individus [1,2]. De manière parfois exces-

---

1. C. Dejours, *Souffrances en France*, Paris, Seuil, 1989.
2. M. Monroy, *La Violence de l'excellence*, Marseille, Éd. Hommes et Perspectives, 2000.

sive, l'entreprise y est représentée comme une machine à broyer l'homme, à l'image des célèbres *Temps modernes* de Charlie Chaplin.

VALEURS ET ÉTHIQUE

Deux chercheurs, Peters et Waterman[1], avaient déjà constaté, il y a une vingtaine d'années, que les entreprises dont les seuls objectifs étaient financiers réussissaient moins bien, économiquement, que les entreprises qui possédaient des systèmes de valeurs plus diversifiés.

Il est, en effet, illusoire de penser que les salariés puissent pleinement s'impliquer dans leur travail s'ils ont le sentiment que leur énergie n'a pour finalité que le cours de l'action de l'entreprise (à moins qu'ils ne soient eux-mêmes d'importants actionnaires...) ou la valeur des fonds de pension américains.

L'entreprise doit définir des objectifs clairs, prenant aussi en compte des éléments humains. La réalité est actuellement bien différente. Dans une enquête menée en avril 2001[2], seulement 3 % des salariés considéraient que leur entreprise était d'abord préoccupée par leur bien-être. Ils estimaient que les directions d'entreprise étaient surtout attentives à la performance économique (pour 36 % des salariés), à la satisfaction de leur client (pour 26 %), à la satisfaction des actionnaires (pour 19 %) et à leur image et renommée (pour 14 %).

Étonnamment, cette perception était quasiment identique chez les salariés des secteurs privé et public.

---

1. T. Peters, R. Waterman, *In Search of Excellence : Lessons from America's Best Run Companies*, New York, Harper and Ron, 1982.
2. Sondage IPSOS, *Le Nouvel Économiste*, n° 1174 du 20 avril 2001.

Au-delà de leur salaire, les individus ont besoin d'avoir des objectifs valorisants dans leur travail. Lorsque nous donnons un sens positif à ce que nous faisons, même si c'est dans des conditions difficiles, le stress est nettement plus gérable et nous affecte infiniment moins.

Qui vivra le plus mal son stress ? Le navigateur solitaire traversant l'océan déchaîné et accomplissant le rêve de sa vie ou l'employé de bureau, occupé jour après jour à des tâches sans intérêt ? Il est sans doute urgent que les entreprises créent de véritables valeurs et donnent un sens au travail de tous les salariés. On pénètre ici dans le champ vaste et complexe de l'éthique. Nous nous contentons d'indiquer des pistes de réflexion.

DES RAPPORTS « HUMAINS »

Lorsque, au sein d'une entreprise, la communication entre les personnes est de qualité, cela réduit considérablement le niveau de stress. Il appartient bien sûr à chaque individu d'établir de bonnes relations avec les autres, mais les entreprises peuvent aussi agir en défendant des principes fondamentaux comme, par exemple :

— le respect de chacun et la lutte contre toute forme de racisme ou de ségrégation ;
— le respect de la vie privée et le secret des confidences faites ;
— la possibilité d'être informé régulièrement de ce qui se passe dans l'entreprise vous concernant ;
— la possibilité d'exprimer ses difficultés et ses griefs à ses supérieurs en étant assuré d'être écouté.

LES GRATIFICATIONS

Plusieurs recherches[1] ont montré que, lorsqu'un individu fournit d'importants efforts, son niveau de stress va être d'autant plus élevé qu'il aura le sentiment de peu obtenir en échange.

Outre la reconnaissance sociale dont nous avons déjà parlé et le rôle de l'encadrement dans la valorisation des individus, la dimension plus matérielle des gratifications ne doit pas être sous-estimée.

Il s'agit tout d'abord des salaires. Selon une enquête menée par l'Association pour l'emploi des cadres, 46 % des cadres français n'avaient reçu aucune augmentation en 1999.

Il en va de même des carrières qui, pour beaucoup de salariés, restent décevantes et ne témoignent pas, de la part de leur entreprise, d'une grande considération à leur égard.

Aider les individus

LES FORMATIONS À LA GESTION DU STRESS

Il y a, en gros, deux manières d'agir sur le stress professionnel. La première consiste à modifier l'environnement de travail et l'organisation des tâches. La seconde manière consiste à aider les individus à faire face aux situations de stress en les formant à mieux les gérer.

Comme le souligne l'Institut américain pour la santé et la sécurité au travail[2] : « De façon générale, les actions de réduction du stress devraient donner la priorité au chan-

---

1. J. Siegrist, « Adverse health effects of high-effort/low-reward conditions », *Journal of Occupational Health Psychology*, 1996, I, 27-41.
2. NIOSH-National Institute for Occupational Safety and Health, US Department of Health and Human Services, Washington DC, 1999.

gement organisationnel pour améliorer les conditions de travail. Mais même les efforts les plus consciencieux d'amélioration de ces conditions de travail ne peuvent éliminer complètement le stress pour tous les employés. C'est pourquoi une combinaison de changement organisationnel et de formation à la gestion du stress est souvent l'approche la plus efficace pour réduire le stress au travail. »

Il ne faut, en effet, jamais oublier que le stress se définit comme une interaction entre l'environnement et l'individu et que les interventions pour réduire le stress peuvent donc être dirigées soit vers les stresseurs, soit vers la réaction de stress de l'individu. Beaucoup d'entreprises anglo-saxonnes et de l'Europe du Nord ont mis en place de véritables programmes d'aide et de formation à la gestion du stress, aussi bien pour leurs salariés que pour leur encadrement. Cette démarche reste encore très peu développée en France.

La formation à la gestion du stress a pour objectif d'apprendre à l'individu des stratégies qu'il utilisera pour contrôler ses réactions de stress, et ce dans différents domaines, physique, psychologique, émotionnel ou comportemental. Dans les prochains chapitres, nous développerons ces stratégies individuelles de gestion du stress. Ces programmes de formation des salariés peuvent sembler onéreux. En fait, ils sont très rentables pour les entreprises[1]. Aux États-Unis, l'Equitable Life Insurance Society et la société Kennecot,

---

1. Les études indiquées ci-après sont tirées de plusieurs rapports :
— Bureau international du travail, rapport annuel BIT, Genève, 1993.
— V. Di Martino, « First results of an international study of preventive anti-stress programmes », BIT, Genève, 1992.
— H. Hoel, K. Sparks, C. L. Cooper, « The cost of violence/stress at work and the benefits of a violence/stress-free working environment », International Labour Organisation, Genève, 1999.
— National Institute for Occupation of Safety and Health, « Stress at work », Department of Health and Human Services, Washington DC, 1999.

par exemple, estiment que, pour chaque dollar investi dans ces programmes, ils en ont économisé environ six qui auraient été perdus à cause du stress. Donc, un retour sur investissement de 1 sur 6. Chez Control Data, on a observé que les dépenses de santé des salariés participant à un programme de mise en forme cardio-vasculaire étaient inférieures de plus de la moitié à celles des autres travailleurs. Au Canada, les compagnies d'assurances Canada Life Assurance Co. et North American Life Assurance Co. ont constaté que ces programmes, lorsqu'ils étaient suivis régulièrement par les cadres, faisaient augmenter de 3 % la productivité et réduisaient de 22 % l'absentéisme.

Chez General Motors, on estime qu'à la suite de programmes de gestion du stress, le temps perdu a diminué de 40 % et les indemnités pour maladie de 60 %.

La plupart du temps, les programmes de gestion du stress sont proposés aux salariés conjointement à des actions de l'entreprise sur les causes organisationnelles du stress. C'est bien sûr cette double démarche qu'il faut privilégier pour dépasser deux positions trop réductrices et souvent idéologiques.

- La première consiste à n'envisager la lutte contre le stress qu'à partir de l'action sur l'environnement. En caricaturant, c'est la position de quelques organisations syndicales : « Si les conditions de travail des salariés étaient modifiées, il n'y aurait plus de stress. »
- La seconde position, tout aussi erronée, consiste à penser que les conditions de travail ne sont pas réellement en cause et que seuls les individus doivent apprendre à s'adapter. Ce serait, en simplifiant, la position patronale : « Aidons les individus à s'adapter sans vraiment aménager leur environnement. »

Toutes les entreprises qui, depuis des années, ont développé des actions efficaces contre le stress au travail associent les deux démarches organisationnelle et individuelle.

L'ACCOMPAGNEMENT DES VICTIMES D'AGRESSION

Comme nous l'avons signalé en abordant le problème de la violence, les agressions au travail sont l'une des sources les plus importantes de stress, et leur survenue est malheureusement en augmentation constante.

Lorsqu'un salarié a été confronté à une situation de violence (en particulier en cas d'agression), il est indispensable qu'il soit reconnu par l'entreprise comme une victime et qu'il puisse ainsi bénéficier d'une aide et d'un suivi. Au sein de l'entreprise, chacun a un rôle fondamental à assurer.

- Pour la direction, il s'agit non seulement de s'impliquer clairement et de se sentir concernée (« Lorsqu'un salarié est frappé, c'est l'entreprise que l'on frappe »), mais aussi de réparer le préjudice subi.
- Pour l'encadrement, il s'agit de reconnaître la réalité de l'événement, de savoir accueillir efficacement la victime et de l'aider à retrouver sa place et son activité au sein de l'équipe quand cela est possible.
- Quant aux professionnels des services médicaux et sociaux, ils doivent évaluer l'impact de l'agression, suivre son évolution et prendre en charge (voire orienter vers des spécialistes) les conséquences pathologiques du stress traumatique.

Ces rôles doivent être clairement définis, et il faut éviter toute confusion ou mélange des rôles. Aussi, pour les équipes médico-sociales, il importe d'intervenir spécifiquement :

- Dans les suites immédiates de l'agression : les victimes

ont besoin d'être accueillies, écoutées et comprises, alors que, souvent, les seuls contacts qu'elles ont sont d'ordre administratif ou policier (par exemple après un hold-up, pour les besoins de l'enquête ou des raisons de sécurité).

- Dans les suites rapprochées : les victimes qui ont été ébranlées et choquées émotionnellement doivent bénéficier d'une véritable intervention psychologique, connue sous le nom de « debriefing[1] ». C'est un entretien durant lequel, dans une atmosphère de calme, l'interviewer va aider la victime à revivre pleinement l'événement et les émotions pénibles qui y ont été associées. L'objectif est d'éviter l'enfouissement de souvenirs ou de sentiments pénibles, qui pourraient ensuite resurgir et conduire à la chronicité de la souffrance.
- Dans les suites lointaines : les victimes doivent être régulièrement vues et évaluées, pour dépister une possible évolution vers des troubles anxieux ou dépressifs secondaires.

Dans cette prise en charge des victimes, l'entreprise doit développer un véritable professionnalisme. L'accueil des victimes ne s'improvise pas. Responsables managériaux et équipes médico-sociales doivent connaître les attitudes relationnelles adaptées. De même, le debriefing obéit à des règles strictes. Le simple bon sens et la bonne volonté ne sont bien sûr pas suffisants pour conduire un debriefing efficace, c'est-à-dire capable d'aider réellement la victime à mieux se resituer après son traumatisme et à évacuer la charge psychologique. La compétence de tous les acteurs susceptibles d'intervenir auprès de victimes est nécessaire. Il est du rôle de l'entreprise de faire en sorte que l'aide

---

1. G. Lopez, A. Sabouraud-Séguin et coll., *Psychothérapie des victimes*, Paris, Dunod, 1998.

apportée aux salariés exposés ou victimes de violence soit réalisée avec sérieux et méthode.

LES AIDES INDIVIDUELLES

Les interventions sur le stress au travail peuvent être primaires (réduire les sources de stress), secondaires (aider les individus à faire face au stress), mais aussi tertiaires (prendre en charge les individus affectés par le stress). L'entreprise doit développer, en son sein, des moyens pour aider ses salariés touchés par le stress.

Ce rôle incombe bien sûr prioritairement aux services de la médecine du travail, chargés de dépister les salariés en souffrance et de les aider, en les orientant vers des prises en charge médicales ou psychologiques.

Mais d'autres aides peuvent être proposées allant de consultations pour l'aide à l'arrêt du tabac ou de l'alcool aux conseils diététiques ou sur le sommeil.

Dans de nombreuses entreprises nord-américaines, il existe un numéro d'appel téléphonique pour recevoir des conseils psychologiques en cas de problèmes, qu'il s'agisse de difficultés professionnelles ou personnelles.

Dans le domaine du stress aussi, mieux vaut prévenir que guérir.

FACILITER LA VIE DES SALARIÉS

Depuis quelques années, on voit éclore, au sein de nombreuses entreprises, divers services à destination des salariés.

Il s'agit plus que du simple restaurant d'entreprise que tout le monde connaît et dont le principe remonte quasiment aux débuts de l'histoire du travail. Sont ainsi apparus des crèches ou des garderies d'enfants, puis des parkings pour les salariés avec garage intégré pour pouvoir effectuer des réparations sur leur voiture.

Des entreprises ont implanté des services de blanchisserie : on peut, le matin, à son arrivée au travail, déposer son linge ou ses vêtements et les récupérer le soir quand on quitte le bureau, lavés et repassés.

D'autres entreprises ont dans leurs murs un petit supermarché où chacun peut se ravitailler en épicerie et courses diverses. Telle autre entreprise est fière de son agence de voyages ou de son club de gym.

Au siège de la chaîne hôtelière américaine Marriott, les employés ont à leur disposition une *hot line*, c'est-à-dire un numéro d'appel où ils peuvent obtenir des conseils et des aides pour régler tout problème pratique de leur vie professionnelle ou personnelle, du décès d'un proche à un déménagement en passant par la scolarité de leurs enfants.

Ces services divers sont, la plupart du temps, très appréciés des salariés. Ils ont souvent été mis en place par les entreprises avec un double objectif. Tout d'abord rendre l'entreprise plus « attrayante ». On sait en effet que, dans certains secteurs professionnels où les entreprises ont du mal à recruter leurs cadres, ces derniers ne sont pas insensibles, avant de se déterminer pour leur embauche, à ces « petits plus ».

L'autre objectif est de rendre la vie quotidienne des salariés plus simple, en les soulageant de divers petits soucis (ces fameux tracas dont nous avons déjà parlé qui, en eux-mêmes, ne sont rien mais qui, se surajoutant au stress professionnel, peuvent, comme une goutte d'eau, faire déborder le vase).

L'entreprise sait bien qu'une femme dont l'enfant est fiévreux ne viendra pas travailler ou alors, l'esprit ailleurs, ne sera pas très efficace ce jour-là : d'où l'idée du baby-sitting à domicile fourni gracieusement.

Avoir un souci mécanique avec sa voiture, être obligé de partir plus tôt pour aller faire des courses ou pour son cours de gym, tout cela a des répercussions sur l'efficacité des salariés.

Certains trouveront perverse l'attitude de ces entreprises qui ne savent plus que proposer à leurs salariés pour les rendre encore plus productifs. D'autres y verront une certaine infantilisation des individus, pris en charge par leur entreprise comme jadis au temps du paternalisme. D'autres encore n'accepteront pas que la frontière entre vie professionnelle et vie privée soit de moins en moins claire.

En fait, dans la mesure où ces services sont proposés mais jamais imposés, tout le monde s'y retrouve ; l'entreprise et le salarié. Il s'agit tout simplement d'une démarche « gagnant-gagnant ».

17

Savoir se relaxer

> « Que l'on parle ou que l'on soit silencieux,
> que l'on bouge ou que l'on soit immobile,
> le corps demeure toujours en paix.
> Même si on se trouve face à une épée,
> l'esprit demeure tranquille.
> Même si on se trouve face au poison,
> l'esprit demeure imperturbable. »
>
> SHODOKA :
> « Le Chant de l'immédiat satori »,
> *Maître Daishi.*

Lorsque nous sommes stressés, notre première réaction est, comme nous l'avons vu, physiologique : notre cœur se met à battre, notre respiration s'accélère, nos muscles se tendent. La première stratégie de la gestion du stress consiste à nous apprendre à contrôler cette réaction physique de stress.

Un des grands problèmes vient de ce que nos réactions physiques face au stress nous mobilisent pour une action brutale (c'est la fameuse réponse de combat ou de fuite), et de ce que, malheureusement, la majeure partie des situations de stress auxquelles nous sommes confrontés au travail n'ont pas besoin d'être résolues par le combat ou la fuite. Face à un collaborateur qui fait la tête, face à une photocopieuse en panne ou face à des clients insupportables, la mise en condition du corps pour une action physique est inutile et à la longue pénible.

La tension permanente de notre corps tout au long de la journée explique aisément l'état de fatigue que nous pouvons éprouver en fin de journée.

Parfois même, la réaction physique de stress, sur le moment, est d'une telle intensité qu'elle complique encore un peu plus la tâche. C'est le cas lorsque le cœur bat très vite, que les mains se contractent et tremblent légèrement alors que nous nous apprêtons à prendre la parole en public.

La réponse de relaxation

L'état de relaxation est un état physiologiquement opposé à l'état de stress. C'est-à-dire que, lorsque nous sommes relaxés, notre corps est orienté dans une direction diamétralement opposée à celle du stress : le stress accélère notre cœur, augmente la tension artérielle, la fréquence de la respiration, contracte les muscles, déclenche un peu de sudation au bout des doigts, fait dresser les poils, dilate légèrement les pupilles, modifie notre tracé encéphalographique..., bref, le contraire de ce qui se passe pendant la relaxation. Certains chercheurs, comme Herbert Benson[1], ont donc, dès les années 1970, indiqué comment la réponse de relaxation (opposée et antagoniste à la réponse de stress) pouvait être utilisée pour lutter contre le stress.

Réponse de stress et relaxation ont des caractéristiques très distinctes, notamment parce que la réponse de stress, contrairement à la réponse de relaxation, est innée, c'est-à-

---

1. H. Benson, *The Relaxation Response*, New York, William Morrow & Co, 1975.

dire qu'elle a été construite biologiquement en nous. Nous l'avons héritée de l'homme des cavernes, mais aussi du rat ou du chat qui l'ont eux-mêmes héritée de leurs ancêtres animaux. En revanche, la réponse de relaxation n'est pas innée, c'est-à-dire que nous devons en faire l'apprentissage.

Cependant, nous avons une certaine familiarité avec cet état de relaxation dans la mesure où il est proche d'un autre état que nous connaissons bien et qui correspond à l'une des phases du sommeil, que l'on appelle la « phase de sommeil profond ».

Dans la phase de sommeil profond, notre corps est complètement détendu : les muscles sont totalement relaxés, le cœur bat lentement, et la respiration est très ralentie. Il va falloir retrouver cet état tout en étant éveillé. Car, spontanément, notre corps connaît finalement deux états : l'état de stress et l'état de relaxation ; l'enjeu consiste à lui apprendre un troisième état : l'état de relaxation éveillé.

Les techniques de relaxation

Il existe des dizaines de techniques de relaxation. Toutes sont valables à condition qu'elles soient adaptées au contexte : ainsi, apprendre le yoga ne sera pas d'une grande utilité à un chauffeur de bus à partir du moment où il peut difficilement faire la fleur de lotus dans les embouteillages ! Il faut donc apprendre une technique dont le seul objectif est de placer le corps en situation de détente.

De façon schématique, il existe trois types de relaxation :

■ Les relaxations « physiologiques » ou physiques : elles détendent les muscles, ralentissent le rythme cardiaque, diminuent la pression du sang dans les artères, etc. C'est ce type de relaxation que l'on utilise en gestion du stress.

- Les relaxations « psychologiques » ont, outre leur objectif de détente du corps, des visées psychologiques, notamment la recherche de matériel inconscient. Il en est ainsi de la sophrologie et de l'hypnose. Ce travail dans le sens de la psychologie n'est pas forcément nécessaire en gestion du stress.
- Quant au troisième type de relaxation, on peut parler de relaxations « philosophiques ». Là, on se situe dans un autre ordre : il est manifeste que, lorsqu'un yogi fait de la relaxation, ce n'est pas pour ralentir son rythme cardiaque, mais pour atteindre un état d'harmonie avec l'environnement. Il s'agit d'une approche philosophique et même religieuse des relations entre le corps, l'esprit et l'environnement. Bien sûr, celui qui pratique parfaitement la méditation transcendantale est tout à fait apte à ralentir son rythme cardiaque. Le seul inconvénient, c'est qu'il faut des années avant de l'acquérir, alors que la relaxation physique utile pour gérer le stress peut s'apprendre beaucoup plus rapidement.

Les deux principales méthodes de relaxation utilisées à travers le monde sont des variantes soit du « training autogène » de Schultz, soit de la relaxation musculaire de Jacobson. Il s'agit de deux techniques à la fois relativement simples et efficaces qui permettent de mettre soi-même son corps en détente.

Bien que ces deux techniques aient été développées historiquement sous une forme assez complexe, on sait aujourd'hui les utiliser de façon très simplifiée. Le choix de l'une ou de l'autre importe peu, il existe simplement des différences culturelles : dans les pays anglo-saxons et dans l'Europe du Nord en général, on pratique plus volontiers la relaxation musculaire de Jacobson, alors que, dans les pays latins et les pays germaniques, le training autogène de Schultz est beaucoup plus développé. Comment fonctionnent ces deux techniques ?

LE TRAINING AUTOGÈNE DE SCHULTZ[1]

Cette méthode de relaxation procède du principe suivant : on va obtenir la détente de son corps en passant par l'induction de sensations à l'aide de représentations mentales. On travaille principalement sur deux sensations : la sensation de lourdeur et la sensation de chaleur.

■ *La sensation de lourdeur des membres*
Lorsque nos muscles sont détendus, nous les percevons comme lourds. Parfois, cette détente apparaît très brutalement, notamment quand on s'endort et qu'on se réveille en sursaut avec la sensation d'être tombé, d'avoir fait une chute dans le vide : cette impression est due au fait que les muscles se détendent très vite et non progressivement. Comment arriver à cette sensation de lourdeur, témoin de la détente de nos muscles ? Pour cela, on fait appel à l'imagerie mentale : c'est-à-dire que vous allez imaginer que vos bras, vos jambes, vos poignets sont en plomb ; en créant cette image de plomb, vous allez induire artificiellement la sensation de lourdeur. En insistant sur cette visualisation, vous allez obtenir ce que vous cherchez : une détente musculaire.

D'autres images mentales peuvent aussi être utilisées : vous vous représentez, par exemple, vos membres comme s'ils étaient en pierre. Ou vous avez l'impression que vos bras et vos jambes sont si lourds que ce serait un effort gigantesque de les lever.

---

1. J. H. Schultz, *Le Training autogène*, Paris, PUF, 1958.

- *La sensation de chaleur des extrémités*

De la même façon que la lourdeur correspond à la détente du muscle, la sensation de chaleur des extrémités (on imagine que le bout de ses doigts est chaud) correspond à un phénomène de « vaso-dilatation » : les petits vaisseaux s'ouvrent pour laisser circuler le sang, alors que, dans le stress, comme on l'a déjà dit, ils se contractent pour chasser le sang des extrémités, là où il n'est pas utile, et l'envoyer directement dans le cerveau et les muscles. Inversement, lorsqu'on est détendu, le sang va jusqu'au bout des doigts. Les personnes touchées par ce qu'on appelle le « syndrome de Raynaud » (ce sont majoritairement des femmes) ont la sensation d'avoir les doigts gelés, exactement comme dans une situation de stress : c'est un symptôme très bénin, mais, lorsque la maladie de Raynaud est plus sévère, le patient peut souffrir d'une asphyxie du bout des doigts. Le sang ne circule plus, cela peut aller jusqu'à la gangrène avec un risque d'amputation. Ce n'est pas une maladie causée par le stress, mais on sait qu'elle est très aggravée par celui-ci.

Comment parvenir à cette sensation de chaleur ? En faisant une fois encore appel à l'image du mental : vous allez imaginer que vos mains sont chaudes en visualisant un beau soleil dont les rayons viendraient chauffer le bout de vos doigts, ou un feu de cheminée, ou encore un bain d'eau chaude, peu importent les images que vous choisissez, du moment qu'elles vous permettent de ressentir une sensation de chaleur. Quand vous commencez à produire cette sensation de chaleur dans votre tête, vous parvenez progressivement à l'induire dans votre corps et, en l'induisant dans votre corps, vous modifiez son état dans le sens de la relaxation.

Exercice de relaxation selon Schultz
(training autogène)

Le training autogène se pratique en général en position allongée, ou confortablement assis.
Voici un exemple de marche à suivre (vous pouvez enregistrer ce texte sur magnétophone et l'écouter ensuite, ou vous le dire intérieurement) :
« Je suis confortablement installé(e), les yeux fermés...
J'essaie d'être aussi calme et détendu(e) que possible...
J'essaie de ne plus prêter attention aux bruits venus de l'extérieur, je les laisse me traverser, sans réagir...
J'essaie de ne plus prêter attention à mes propres pensées que je laisse aller et venir à ma conscience, sans m'y arrêter...
Je prends plusieurs inspirations bien profondes...
Je suis bien calme et détendu(e)...
Je vais maintenant ressentir, au niveau de mes bras, l'apparition progressive d'une sensation de lourdeur et de pesanteur agréable qui va s'installer à petit dans mes deux bras...
Puis dans mes deux jambes...
Puis dans tout mon corps...
Tout mon corps est agréablement lourd et pesant...
Je suis bien calme et détendu(e)...
Je respire profondément et lentement...
Je perçois comme ma respiration est calme et tranquille...
Je ressens bien, au niveau de mon nez et de ma gorge, la sensation d'air frais que j'inspire, et d'air tiède que je rejette...
Je ressens également, à chaque expiration, que tout mon corps se détend un petit peu plus...
Comme si je rejetais mes tensions à l'extérieur de moi-même...
Je ressens maintenant au bout de mes doigts une sensation agréable de chaleur, comme si mes mains étaient caressées par les rayons du soleil...
Je ressens cette sensation agréable de chaleur dans mes deux mains...
Mes mains sont agréablement chaudes...
Ma respiration est calme et tranquille...
Je suis bien calme et détendu(e)...
Je vais maintenant ressentir, au creux de mon ventre, au niveau de mon plexus solaire, l'apparition progressive d'une sensation de chaleur agréable...
Sensation de chaleur agréable, qui augmente à chaque expiration...
Mon plexus solaire est agréablement chaud...
Je suis tout à fait calme et détendu(e)... »

L'exercice dure une quinzaine de minutes environ. Au début de l'apprentissage, il est nécessaire de le pratiquer une ou deux fois par jour.

LA RELAXATION MUSCULAIRE DE JACOBSON [1]

L'autre grande technique de relaxation consiste à travailler uniquement sur les muscles : vous induisez la détente musculaire grâce à des exercices qui vous permettent d'abord de contracter les muscles pour ensuite les détendre. C'est un peu comme pour une balançoire : pour aller dans un sens, il faut d'abord prendre son élan dans l'autre sens. Lorsque vous êtes tendu, si vous vous dites, par exemple : « Maintenant, je vais détendre les muscles de mes épaules », vous n'y arriverez pas, alors que, si vous vous les contractez dans un premier temps, vous sentez la tension. Ensuite, par différence, vous avez moins de mal à détendre les muscles de vos épaules.

Dans la relaxation musculaire de Jacobson, on apprend, donc, d'abord à contracter, puis à détendre progressivement ses muscles. Au fur et à mesure qu'on progresse, on arrive à détendre les muscles de façon importante en passant juste par une toute petite contraction. Quand on sait bien pratiquer cette méthode, on peut ainsi, en contractant à peine un muscle, le détendre ensuite complètement.

La relaxation de Jacobson est une technique plutôt « active ». Elle convient particulièrement aux personnes qui ont du mal à se détendre, pour qui rester immobile ou se laisser aller à la détente est assez insupportable, et qui donc adhèrent souvent mal à une démarche plus passive, comme le training autogène de Schultz.

---

1. E. Jacobson, *Progressive Relaxation*, Chicago, University of Chicago Press, 1938.

Exercice de relaxation selon Jacobson
(relaxation musculaire progressive)

L'objectif de cette relaxation est d'obtenir par soi-même un état de détente musculaire et ce par le biais d'exercices répétés qui apprennent à prendre conscience des états de tension et de détente de divers groupes de muscles. La position la plus habituellement retenue pour pratiquer les exercices est la position assise.
Le principe de chacun des exercices est toujours identique :
1) Contracter fortement un groupe de muscles et se concentrer sur les sensations de tension.
2) Détendre progressivement ce groupe de muscles en se concentrant de la même façon sur les sensations de détente et en essayant, séance après séance, d'aller vers une détente plus grande.
3) Pour chaque groupe musculaire, répéter l'exercice deux fois. Respirer tranquillement et faire une expiration profonde après chaque exercice, lors de la détente.

Exemple de marche à suivre :
« Fermez les yeux... respirez calmement, lentement, régulièrement.
Fermez la main droite, repliez-la sur l'avant-bras... Contractez bien la musculature de la main... ressentez la tension... Puis, lentement, détendez complètement la main... Concentrez-vous sur la différence entre les sensations de tension et de détente de votre main.
Contractez maintenant votre avant-bras droit... Repliez l'avant-bras jusqu'à ce que la main touche l'épaule... Tendez les muscles... Sentez la tension... Maintenant, relâchez votre bras... Et appréciez la détente des muscles de votre bras.
Fermez la main gauche... Contractez bien... Sentez la tension... Et relâchez, détendez tous les muscles de votre main.
Contractez votre bras gauche... Tendez bien les muscles... Et relâchez les muscles en appréciant bien la sensation de détente du bras.
Concentrez-vous maintenant sur les muscles de votre front... Contractez ces muscles en relevant les sourcils jusqu'à plisser la peau de votre front... Vous sentez la tension... Maintenant, relâchez les muscles... complètement... et sentez bien la détente.
Contractez la région des yeux et des paupières... Fermez les yeux le plus fort possible... Vos muscles sont bien tendus... Progressivement, détendez-les à présent et ressentez bien la détente.
Vous allez maintenant contracter la musculature de votre cou... Penchez

la tête vers l'avant jusqu'à ce que votre menton touche le cou... Ressentez la tension... Progressivement, détendez les muscles du cou.
Contractez maintenant les muscles de vos épaules... relevez les deux épaules au maximum... en enfonçant votre tête... Sentez la tension... Puis relâchez les muscles en vous concentrant sur la sensation de détente.
Concentrez-vous cette fois sur votre thorax et votre abdomen... Inspirez fortement en contractant le thorax vers l'intérieur... Expirez en contractant le thorax vers l'extérieur... Sentez la sensation dans votre thorax et votre abdomen... Ensuite, détendez : inspirez et expirez normalement.
Concentrez-vous sur votre cuisse droite... Contractez les muscles en levant la jambe... Maintenez la tension... Maintenez, relâchez... en baissant la jambe... Et appréciez bien la sensation de détente dans votre cuisse.
Contractez votre pied et votre mollet droits... Levez la jambe et pointez fortement votre pied vers le sol... Sentez la tension... Et relâchez les muscles en vous concentrant bien sur la sensation de détente de votre pied.
Contractez votre cuisse gauche... Maintenez la tension... Puis relâchez progressivement en sentant bien la détente...
Contractez votre pied et votre mollet gauches... Sentez la tension des muscles... Relâchez... Appréciez bien la détente.
Ressentez maintenant la détente des muscles dans tout votre corps : vos mains, vos bras, votre visage, votre cou et vos épaules, votre thorax et votre abdomen, vos jambes et vos pieds. »

L'exercice dure de dix à vingt minutes. Il est recommandé, en début d'apprentissage, de le pratiquer une ou deux fois par jour.

LA RELAXATION SIMPLE

En plus des deux méthodes complètes de relaxation que nous venons de décrire, il est possible d'utiliser une technique encore plus facile à mettre en œuvre, que l'on appelle « la relaxation simple ».

En effet, il vaut mieux choisir une relaxation très simplifiée qui aura plus de chance d'être suivie que des relaxations trop complexes qui ne seront pas, ou très irrégulièrement, pratiquées.

La relaxation simple comprend trois étapes :

- Tout d'abord, s'installer confortablement. Il y a plusieurs façons de le faire. On pense bien sûr à s'allonger, mais ce ne sera pas la position retenue car elle évoque trop celle du sommeil, et l'objectif de toutes les techniques de relaxation en matière de gestion du stress reposent sur le principe de l'éveil. La position assise est la plus recommandée, en général dans un fauteuil dans lequel on se cale bien en laissant retomber les bras sur les accoudoirs. La relaxation peut aussi être pratiquée sur une simple chaise, et même debout.
- Ensuite, détendre ses muscles supérieurs. Le travail de relâchement ne va concerner que quelques groupes de muscles : le front, les mâchoires, les épaules, les bras et les poings. Cette détente peut être obtenue volontairement soit en utilisant les principes du training autogène (induction de sensations de lourdeur des muscles), soit ceux de la relaxation de Jacobson (alternance de contraction et de détente des muscles).
- Enfin, contrôler sa respiration. Il s'agit de l'un des éléments essentiels, présent d'ailleurs dans toutes les méthodes de relaxation. Le contrôle de la respiration consiste à avoir une respiration lente et abdominale. En l'absence de toute activité physique, une respiration rapide témoigne de la présence de la réaction de stress. En état de relaxation, notre corps n'a plus besoin du carburant qu'est l'oxygène. Lorsque l'on sait bien se relaxer, la respiration peut ralentir jusqu'à cinq cycles par minute, c'est-à-dire qu'une inspiration et une expiration durent jusqu'à douze secondes. La respiration doit être abdominale, c'est-à-dire « par le ventre ». À l'inspiration, le ventre se gonfle, et, à l'expiration, il se creuse. Les médecins l'appellent « diaphragmatique » dans la mesure où c'est le diaphragme

(la cloison qui sépare le thorax de l'abdomen) qui est mobilisé lors de cette respiration.

L'utilisation de la relaxation

Toutes les méthodes de relaxation peuvent s'utiliser de deux manières différentes pour gérer son stress.

LA RELAXATION-RÉCUPÉRATION

C'est la manière d'utiliser la relaxation à laquelle on pense spontanément. Ainsi, au terme d'une journée stressante, on s'installe confortablement et l'on pratique la relaxation pour arriver à un état de détente profonde que l'on peut d'ailleurs prolonger aussi longtemps qu'on le souhaite. On peut se relaxer chez soi, en rentrant du travail. On peut aussi le faire dans un train ou dans l'avion.

Dans certains cas, cette récupération peut se faire à son travail. Si vous en avez la possibilité, vous pouvez très bien demander à ne pas être dérangé pendant une dizaine de minutes et pratiquer un exercice complet de relaxation dans votre bureau. Aux États-Unis, on considère que près d'un cadre sur deux utilise des techniques de relaxation dans sa vie professionnelle. C'est dire qu'il n'étonnera personne dans son entourage s'il s'isole pour se relaxer quelques instants, en accrochant un panneau « *Do not disturb* » sur sa porte.

Au Japon, de nombreuses entreprises mettent à la disposition de leurs salariés des salles calmes, à la lumière tamisée et diffusant une musique douce. Il est possible d'y venir, lors de la pause, pour se relaxer dans de confortables fauteuils.

En France, cela ne fait certes pas partie de notre culture et prêterait même à sourire. Nos pauses sont le plus souvent l'occasion d'aller prendre un peu de caféine au distributeur du couloir (ce qui réactive la réponse de stress), alors que la relaxation permet de se « nettoyer » du stress accumulé dans les heures précédentes.

C'est sur ce principe de récupération que reposent beaucoup de stratégies « antistress ». Par exemple, les séances de massages proposées dans la plupart des grands hôtels internationaux fréquentés par les hommes d'affaires ou par certaines sociétés sur le site même du travail.

La thalassothérapie, certaines cures et de nombreuses méthodes corporelles visent également à vous aider à retrouver la détente de votre corps et à réduire vos tensions physiques liées au stress.

Toutes ces stratégies de récupération, si utiles soient-elles, présentent malgré tout deux inconvénients.

■ Tout d'abord, il n'est pas toujours facile de disposer du temps et de la tranquillité nécessaires pour réaliser une relaxation complète ou d'avoir la possibilité matérielle de s'offrir une semaine complète dans un centre de thalassothérapie.

■ Mais, surtout, la récupération ne permet de gérer le stress qu'après coup, c'est-à-dire de réparer ses dégâts. Elle ne protège donc absolument pas des assauts de stress subis lors de sa journée de travail.

LA MINI-RELAXATION

Cette seconde application de la relaxation est peut-être encore plus utile dans la gestion du stress. Comme son nom l'indique, la mini-relaxation est une forme très limitée de relaxation. Tout d'abord, elle est très brève. Elle dépasse rarement une minute, et sa durée peut même être d'une dizaine de secondes, voire parfois moins. Ensuite, la relaxation est réduite à quelques exercices simples, par exemple respirer lentement avec son ventre et détendre un seul groupe de muscles (comme les épaules, ou les mâchoires, ou les poings). Surtout, cette relaxation peut être pratiquée de multiples fois dans la journée et dans de nombreuses circonstances puisqu'elle est réalisable aussi bien assis que debout : à votre bureau, dans un embouteillage, dans une file d'attente, au téléphone pendant que l'on recherche votre correspondant. Les occasions ne manquent pas, et cette relaxation n'est évidemment pas consommatrice de temps.

La seule difficulté est d'y penser. Il existe deux petits « trucs » pour vous aider à faire de la mini-relaxation une habitude.

- Le premier consiste à utiliser des « pense-bêtes ». Vous pouvez ainsi mettre une petite pastille autocollante de couleur sur votre téléphone, le tableau de bord de votre voiture, votre agenda, c'est-à-dire à des endroits sur lesquels votre regard se pose plusieurs fois par jour. C'est le vieux (mais très efficace) principe du nœud au mouchoir, pour ne pas oublier de faire une mini-relaxation.

- La seconde manière de prendre l'habitude de se relaxer brièvement et régulièrement dans la journée de travail est de commencer à associer la mini-relaxation à quelque chose que vous faites plusieurs fois par jour, presque automatiquement. Cela peut être téléphoner ou prendre votre voiture. Vous décidez ainsi que, chaque fois que vous raccrochez le téléphone, vous vous relaxez cinq secondes. Ou dès que vous faites démarrer votre voiture.

De cette façon, vous vous « conditionnerez » progressivement à la mini-relaxation, qui deviendra de plus en plus automatique et que vous pratiquerez sans même y penser.

Il est évident qu'avec une mini-relaxation on n'obtient pas un niveau de détente du corps aussi important qu'avec une séance complète de relaxation. Cependant, son effet est réel, à condition que l'on maîtrise déjà bien les relaxations complètes et que l'on continue régulièrement à pratiquer celles-ci.

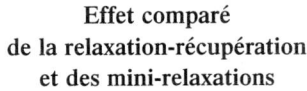

Effet comparé de la relaxation-récupération et des mini-relaxations

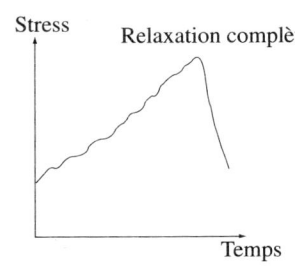
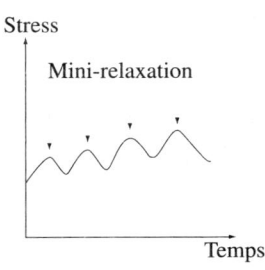

Courbe de stress d'un sujet effectuant une relaxation complète (récupération) en fin de journée.

Courbe de stress d'un sujet effectuant plusieurs mini-relaxations au cours de la journée.

Dans ces deux courbes, on voit que le sujet, en fin de journée, se retrouve avec un niveau de stress assez bas, qu'il ait utilisé une relaxation-récupération ou plusieurs mini-relaxations.

À l'avantage des mini-relaxations : le fait que, durant la journée, le niveau de stress ne soit jamais monté très haut.

L'intérêt majeur des mini-relaxations est de maintenir les états de tension du corps à un niveau acceptable et de ne pas laisser s'installer, en fin de journée, un stress élevé.

RELAXATION ET ÉMOTIONS

Il y a une quarantaine d'années, deux psychologues américains[1] réalisent une expérience très instructive. Ils injectent à des étudiants de l'adrénaline et leur demandent ensuite d'aller attendre dans une salle, aux côtés d'une autre personne.

Celle-ci, en fait un complice de l'expérimentation, va se comporter de façon euphorique ou irritée. Sous l'effet de l'adrénaline, les étudiants commencent à ressentir des signes d'excitation : le cœur s'accélère, la respiration est plus rapide, le visage s'empourpre. Bien sûr, dans le contexte d'euphorie créé par le comparse, les étudiants vont commencer à ressentir une émotion positive et, dans celui d'irritation, ils vont sentir venir une émotion négative.

Les étudiants qui savent que la substance qu'ils ont reçue produit des effets physiques éprouvent beaucoup moins d'émotions que les autres. Ils attribuent leur état physique à l'adrénaline et non à la situation.

Chez ceux qui ne savent pas qu'ils ont reçu de l'adrénaline (on leur a donné de fausses informations sur la substance qui leur a été injectée), on constate que l'intensité de l'émotion ressentie dans la salle d'attente est proportionnelle à la dose d'adrénaline reçue. Chez ceux à qui on a injecté une substance neutre (en quelque sorte un placebo de l'adrénaline), les émotions (joie ou colère, selon le contexte) sont les moins fortes.

---

1. S. Schachter, J. E. Singer, « Cognitive, social and physiological determinants of emotional state », *Psychological Review*, 1962, 69, 379-399.

Cette découverte, le fait qu'un état d'excitation physiologique puisse être vécu sous un angle émotionnel ou non, et que le niveau de cette excitation détermine en partie notre niveau émotionnel, a été reproduite dans de très nombreuses expériences.

Lorsque notre corps est en tension et que dans notre environnement il existe des motifs d'émotion, nous sommes prêts à connaître des états émotionnels élevés. À l'inverse, lorsque notre corps est détendu, nous ne pouvons pas atteindre des états émotionnels élevés.

Peut-on, en effet, imaginer une grande peur ou une grosse colère avec un cœur qui bat lentement et des muscles détendus ?

La relaxation ne peut pas nous aider à modifier nos états émotionnels. Elle peut tout juste, mais c'est déjà beaucoup, nous aider à en contrôler l'intensité et à en limiter ainsi les effets négatifs.

Relaxation et stress de l'avion

La relaxation est largement utilisée avec succès dans le traitement de certaines formes de stress et de phobies. Ainsi chez les personnes qui souffrent d'un stress intense en avion [1] : on leur apprend, dans un premier temps, à savoir parfaitement se relaxer à l'aide d'une méthode complète de relaxation.

Dans un deuxième temps, lorsqu'elles sont dans un état profond de relaxation, on les confronte à une situation d'avion de faible niveau de stress : par exemple entendre

---

[1]. On estime qu'environ 20 % de la population générale éprouve du stress et de l'anxiété en avion et que, pour 5 %, il s'agit d'un véritable état de panique conduisant à un évitement complet de voyages par les airs.

un enregistrement de bruits d'avion ou s'imaginer être dans le hall d'un aéroport. Comme elles se trouvent profondément relaxées, l'émotion d'anxiété reste peu élevée. En répétant les séances, elles n'éprouvent même plus d'anxiété à ces situations encore simples.

On peut alors, toujours sous relaxation, les confronter à des situations un peu plus difficiles : entrer dans un avion ou imaginer un décollage.

Lorsque, grâce à la relaxation, ces situations sont vécues avec de moins en moins de stress, on peut aborder des choses plus difficiles (des turbulences en vol par exemple). Cette technique dite de « désensibilisation » est proposée par la majorité des grandes compagnies aériennes à travers le monde (dont Air France) pour aider leurs passagers stressés en avion à vaincre leur anxiété. Celles-ci indiquent qu'en quelques séances environ 70 % des phobiques de l'avion sont nettement améliorés.

18

Raisonner différemment

> « Il suffit de se croire esclave pour l'être en effet. »
>
> ALAIN, *Quatre-Vingts Chapitres sur l'esprit et les passions.*

Comme on l'a vu dans la description des mécanismes de stress, la réaction de stress ne s'opère chez un individu qu'à partir du moment où son cerveau a évalué la situation comme étant stressante. Autrement dit, le stresseur en lui-même n'a pas le pouvoir de déclencher la réaction de stress : ce n'est pas parce que vous êtes dans un embouteillage ou parce qu'un collègue vous a fait une remarque désagréable que, automatiquement, la réaction de stress s'instaure, mais parce que, psychologiquement, vous avez jugé cette situation stressante.

Il est banal de constater que, face à un même stresseur, les individus réagissent de manière complètement différente : certains auront un niveau de stress très élevé, d'autres un niveau de stress très moyen, et d'autres un niveau de stress quasiment nul. Ce n'est donc pas le stresseur, en lui-même, qui génère le stress, mais la manière très personnelle dont on va l'évaluer.

Cette évaluation se traduit sous forme de pensées qui traversent notre esprit, c'est-à-dire que, lorsque nous sommes coincés dans un embouteillage, des pensées viennent spontanément à notre esprit : « Bon sang, je vais être en retard, ce n'est pas possible ! », ou : « Mais qu'est-ce qu'il a celui-là, il ne peut pas avancer plus vite ? » Lorsque notre *boss* nous fait une remarque désagréable ou critique le dossier que nous lui avons remis, nous avons des pensées du style : « Jamais content celui-là ! » Ou : « C'était bien la peine que je me donne du mal ! » Ou encore : « Oh la la, il n'est pas content de moi. Je peux toujours courir pour ma promotion ! »

Ce sont nos pensées qui produisent le stress

Imaginez que trois personnes, Alice, Bertrand et Jérôme, travaillent sous la responsabilité d'un même patron, Pierre. Un jour, Pierre réunit dans son bureau ses trois collaborateurs pour un bilan de l'année écoulée. À la fin de la réunion, il leur fait remarquer que, souvent, tous trois terminent le travail qui leur est confié avec retard : il aimerait qu'à l'avenir chacun respecte mieux les délais.

Que se passe-t-il dans la tête d'Alice, de Bertrand et de Jérôme en sortant du bureau de Pierre ?

Alice : « Le message est clair : il veut que nous soyons plus rapides et que nous finissions le travail à temps. Je pense que je peux y arriver. »

Bertrand : « Il me donne dix fois trop de travail et, en plus, il veut que je respecte les délais ! Ou bien il ne se rend pas compte, ou bien ça l'amuse de nous stresser. C'est scandaleux ! »

Jérôme : « Il nous parle de délais, mais je sais bien que, pour moi, c'est une manière de dire que je ne suis pas à la hauteur. Je sens que je ne vais pas rester longtemps dans son équipe... »

Qui est le plus stressé ? Pourtant, le message de Pierre a été le même pour ses trois collaborateurs, et il entretient des relations de respect et d'estime avec chacun d'eux. La différence entre le stress d'Alice, celui de Bertrand et celui de Jérôme ne vient donc pas de l'événement lui-même (la remarque de Pierre), mais de la manière de l'évaluer et des suites qu'ils en attendent. Chacun a eu un « discours intérieur » différent, qui a généré un plus ou moins grand stress. Ce discours intérieur va lui-même générer des comportements différents : on peut imaginer qu'Alice va travailler plus vite, que Bertrand va traîner des pieds ou protester et que Jérôme risque d'être inquiet, de travailler moins bien, et de provoquer lui-même l'événement qu'il redoute.

Tout au long d'une journée, nous produisons donc inlassablement des pensées, à partir et à propos des multiples événements qui surviennent et s'enchaînent. Suivant le type de pensées, nous allons déclencher en nous, de manière forte, moyenne ou faible, une réaction de stress. Nos pensées représentent, sans doute, l'élément central de la réaction de stress.

NOS PENSÉES FONT LA DIFFÉRENCE

Imaginez un instant que vous vous trouviez confronté aux situations suivantes.

Pour chacune de ces situations, essayez de trouver tout d'abord les pensées qui pourraient traverser votre esprit et vous mettraient à un niveau de stress élevé, puis celles que vous pourriez avoir, et qui vous stresseraient beaucoup moins.

Situation 1

Votre supérieur hiérarchique vous renvoie un rapport, que vous pensiez au point, avec de nombreuses corrections, de multiples ratures et la mention « très insuffisant, à revoir complètement » en bas de page.

Pensées très stressantes	Pensées peu stressantes

Situation 2

Lors d'une réunion, vous prenez la parole, mais un collègue vous interrompt pour critiquer votre point de vue. Vous essayez de lui répondre, mais tout le monde se range à son avis. Avant que vous ayez le temps d'en dire plus, on passe au point suivant de l'ordre du jour.

Pensées très stressantes	Pensées peu stressantes

Situation 3

Vous recevez un appel d'un correspondant important qui est très mécontent : vous n'avez pas répondu à un courrier urgent qu'il vous a adressé il y a plus d'une semaine. Vous vous rappelez en effet sa lettre, que vous aviez oubliée.

Pensées très stressantes	Pensées peu stressantes

SITUATION 4

Vous êtes amené à critiquer, fermement mais de manière justifiée, un de vos collègues un peu fragile. Tout à coup, celui-ci craque et s'effondre en larmes.

Pensées très stressantes	Pensées peu stressantes

SITUATION 5

Vous avez dû prendre la parole lors d'une réunion de travail, à laquelle assistaient tous vos supérieurs et plusieurs collègues. Le trac vous a alors saisi, vous avez bredouillé, et un de vos collègues a dû venir à votre secours pour exprimer à votre place ce que vous cherchiez à dire.

Pensées très stressantes	Pensées peu stressantes

Situation 6

Vous découvrez que la nomination que vous espériez vient d'être attribuée à un collègue mieux « pistonné » que vous.

Pensées très stressantes	Pensées peu stressantes

La prise de conscience de notre « discours intérieur »

L'une des fonctions essentielles de notre cerveau est de produire des pensées. Nous n'arrêtons jamais de nous parler à nous-même, et tout au long de la journée fonctionne sans cesse notre discours intérieur. Ainsi, pendant que vous lisez cette page, vous avez obligatoirement des pensées. Peut-être est-ce « Tiens c'est intéressant », ou « Je ne comprends rien à ce qu'il explique ! », à moins que ce ne soit « Zut, j'ai oublié de rappeler untel », ou toute autre pensée. La liste est infinie. Ces pensées sont plus ou moins conscientes, même si elles sont toujours présentes. Vous vous parlez à vous-même. Parfois, c'est à voix basse. Un peu comme une radio dont le son est au plus bas. Les propos diffusés sont difficilement perceptibles si on n'y prête pas une grande attention. Il faut tendre l'oreille ou augmenter le volume pour les rendre audibles. Parfois, ces pensées sont assourdissantes, un peu comme si elles vous étaient criées. C'est souvent le cas dans les situations de grand stress. Ainsi, si votre enfant vous échappe des mains et traverse en courant la rue, la pensée « Il va se faire renverser par une voiture » est très présente dans votre esprit. Mais, que ces pensées soient chuchotées ou hurlées, il est important pour vous d'en prendre pleinement conscience. C'est la première étape de la gestion psychologique du stress.

Les psychologues appellent « cognitions » ces pensées automatiques qui se produisent instantanément en nous, sans que nous exercions sur elles le moindre contrôle. Ce sont des phrases positives ou négatives comme « Si je roule bien j'arriverai à temps à mon rendez-vous », « Ça va me faire du bien ce week-end à la campagne », « Mon chef ne m'aime pas », « Ce que j'ai fait est médiocre », ou « Il va mal le prendre. »

Pour bien repérer ses pensées, il existe un petit outil très utile, développé par un psychiatre américain, Aaron Beck[1]. Il se présente sous la forme d'un tableau à trois colonnes, dans lesquelles, pour chaque situation de stress, vous devez distinguer trois composants différents. Tout d'abord, les caractéristiques « objectives » de la situation. Ensuite, l'état de stress que cela produit en vous, autrement dit les émotions que vous ressentez dans cette situation. Et, enfin, les pensées qui, dans votre esprit, sont associées à la situation.

---

1. A. T. Beck, *Cognitive Therapy and the Emotional Disorders*, New York, International Universities Press, 1976.

IDENTIFIER SES PENSÉES STRESSANTES

SITUATION	ÉMOTION	PENSÉES
ma secrétaire me téléphone pour m'annoncer qu'elle a un arrêt de travail de trois jours pour maladie	irritation, énervement	« On ne peut vraiment pas compter sur elle ni sur personne »
un collègue ne me rend pas un dossier à temps	colère, anxiété	« Ça va encore retomber sur moi »
mon supérieur me dit ne pas être d'accord avec moi sur un point	agacement, hostilité	« Il ne comprend rien à rien »
je m'aperçois que je n'ai pas fini le travail que j'avais à faire dans la journée	abattement, tristesse	« Je n'y arrive plus, je suis de moins en moins bon »

Ce type de relevé a pour objectif de bien faire la différence entre les trois composantes de la situation : les faits objectifs, l'état de stress et les pensées associées à la situation.

La prise de conscience de ses pensées n'est pas simple, malgré les apparences. Dans une situation de stress, notre attention est plus attirée par le stresseur lui-même et par l'état émotionnel dans lequel nous sommes. Le troisième personnage de la pièce, et pourtant le principal (à savoir nos pensées), reste dans l'ombre.

C'est donc par un processus psychologique volontaire de notre part qu'il faut le placer au-devant de la scène « sous le feu des projecteurs ».

Cette prise de conscience de nos pensées en situation de stress est nécessaire. Notre attitude doit être : « Je suis stressé, et voici les pensées présentes en ce moment dans mon esprit. »

Ensuite, il faut comprendre (et accepter) que ce sont ces pensées qui nous mettent en état de stress beaucoup plus que la situation elle-même. Ce n'est pourtant pas l'attitude que nous avons spontanément. Si vous vous posez la question « Qu'est-ce qui m'a stressé aujourd'hui ? », vous répondrez sans doute : « Mon collègue m'a fait une remarque désagréable ce matin », ou : « J'ai eu un dossier difficile à traiter », ou encore : « Je n'ai pas réussi à joindre au téléphone mon supérieur. » Alors que les réponses devraient être : « J'ai eu la pensée : "il n'a pas à me parler sur ce ton" », « Je me suis dit : "je n'arriverai jamais à faire ce dossier, c'est sûr que je vais me planter" », ou « J'ai pensé : "on ne peut jamais le joindre, celui-là, il se moque du monde". »

Depuis fort longtemps, les philosophes nous expliquent l'influence de nos pensées sur nos états émotionnels. L'un des plus grands stoïciens de la Grèce antique, Épictète[1], s'exprimait ainsi au Ier siècle après Jésus-Christ : « Ce qui trouble les hommes, ce ne sont pas les choses, mais les opinions qu'ils en ont. Ainsi, devant toute imagination pénible, sois prêt à te dire : tu n'es qu'une imagination, et nullement ce que tu parais. Ensuite, examine-la bien, approfondis-la et, pour la sonder, sers-toi des règles que tu as apprises. »

Voilà déjà décrites, avec près de deux mille ans d'avance, les bases de la gestion des pensées stressantes !

S'adressant aux puissants qui gouvernaient, Épictète disait : « Prince, tu peux me priver de nourriture, tu peux

---

[1]. Le *Manuel* d'Épictète, Paris, Le Livre de Poche, collection « philosophie », 1999.

me jeter en prison, tu peux me rouer de coups, moi seul ai la capacité de me mettre en colère. » Cette position philosophique est sans doute extrême, mais elle souligne néanmoins le rôle fondamental (à défaut d'être exclusif) de nos raisonnements dans l'apparition du stress.

Pour chacun de nous, à défaut d'être un stoïcien parfait (ce qui serait non seulement difficile, mais sans doute assez peu adapté au monde du travail actuel), nous devons accepter que la situation, certes, mais aussi nos pensées sont chacune à leur façon des stresseurs à part entière.

Nos erreurs de logique

Les nombreux travaux de la psychologie cognitive ont permis de mettre en évidence les manières erronées de raisonner qui existent chez les personnes stressées[1].

Notre cerveau fonctionne un peu comme un ordinateur. Il reçoit de l'extérieur des informations variées (l'embouteillage sur le Boulevard périphérique, la mine peu avenante du patron ce matin, la pile de dossiers non terminés sur le bureau) et les « traite ». Mais, comme notre cerveau n'est pas une machine parfaite (et c'est souvent une bonne chose !), il a pu procéder à des erreurs de traitement de ces informations. Autrement dit, il peut avoir recours à un « logiciel » inapproprié.

Les psychologues donnent le nom de « distorsions cognitives » ou d'erreurs de logique à ces façons inadaptées de déformer la réalité ou d'en faire une lecture un peu trop partiale ou simplificatrice. Il existe, chez les personnes stressées, de nombreuses erreurs de logique.

---

1. J. Cottraux, *Les Thérapies cognitives*, Paris, Éditions Retz, 2001.

> **Notre cerveau, ordinateur à traiter le stress**
>
> SITUATION
> («IN-PUT»)
> ↓
>
> | Traitement des informations reçues |
>
> ↓
>
> PENSÉES
> («OUT-PUT»)
>
> ---
>
> Un peu à la manière d'un ordinateur, notre cerveau capte les informations (in-put) contenues dans la situation potentiellement stressante et les analyse, à l'aide de divers «logiciels». Ces modes de traitement de l'information sont variés et peuvent être inadéquats (erreurs de logique). Le résultat est la production d'un «out-put» sous la forme de pensées qui surgissent à notre esprit.

L'INFÉRENCE ARBITRAIRE

Elle consiste à tirer une conclusion sans preuve. Par exemple, vous apprenez que votre supérieur souhaite vous parler, et vous pensez aussitôt que c'est pour vous réprimander. Il se peut que la conclusion sans preuve corresponde à la réalité, mais pratiquer systématiquement l'inférence arbitraire vous amène à vous stresser inutilement dans bien des situations.

L'ABSTRACTION SÉLECTIVE

Il s'agit cette fois de se concentrer sur un seul des éléments de la situation sans prêter attention aux autres. Ainsi, lors d'un exposé au cours d'une réunion, vous vous focalisez sur la personne qui bâille et vous ne percevez pas les autres participants qui prennent des notes. L'abstraction sélective est l'un des mécanismes psychologiques produisant beaucoup de stress. Avec humour, le psychologue américain Watzlawick[1] donnait dans l'un de ses ouvrages une recette pour être « bien stressé » dans la conduite automobile en ville : « Chaque fois que vous êtes arrêté par un feu rouge, dites-vous bien : encore un feu rouge. La même chose en cas d'embouteillage. Mais ne prêtez aucune attention aux feux verts et à la circulation fluide : oubliez-les vite... »

Dans une expérience de psychologie, on présente à des sujets une cinquantaine de petits cartons sur lesquels sont inscrits des mots simples à connotation positive (vacances, amis, soleil, etc.) ou négative (cancer, cimetière, incendie, etc.). Lorsqu'on leur demande de se remémorer les mots, les personnes dépressives vont surtout citer les mots négatifs, comme si leur cerveau avait filtré de manière spécifique certaines informations reçues.

Ainsi fonctionnent également les personnes stressées.

LA GÉNÉRALISATION

Lorsque, à partir d'un événement, notre cerveau tire une conclusion globale, nous procédons à une généralisation. C'est ce qui se passe quand, recevant une critique de quelqu'un, vous pensez : « Il n'est JAMAIS content. » Ou,

---

1. P. Watzlawick, *Faites vous-même votre malheur*, Paris, Seuil, 1983.

échouant dans une tâche, vous vous dites : « Je me plante TOUJOURS. » Dans un travail que nous avions réalisé auprès de conducteurs de bus, nous avions constaté que les plus stressés avaient des pensées du type « Ces jeunes sont TOUS irrespectueux » quand ils se trouvaient face à un adolescent un peu provocant.

Les généralisations se manifestent fréquemment dans les états de stress à forte charge émotionnelle. C'est le fameux : « De toute façon, c'est toujours la même chose. »

LA PERSONNALISATION

Il s'agit d'une manière de raisonner, où l'on s'implique trop dans la situation, et on surévalue le lien existant entre l'événement et soi-même.

Il peut s'agir d'un véritable nombrilisme négatif : « Ça n'arrive qu'à moi un ordinateur qui lâche », ou d'une culpabilité excessive : « C'est ma faute si on n'a pas réussi à conclure un contrat avec ce client. » On sait que, face à des clients agressifs, il est extrêmement stressant de prendre pour soi les propos déplaisants et de se sentir visé, alors que l'interlocuteur n'est pas forcément en colère contre vous, personnellement.

LE RAISONNEMENT DICHOTOMIQUE

C'est une façon de percevoir les choses sans nuances, en tout ou rien, en blanc ou noir. Ce raisonnement « binaire » est présent lorsque nous nous disons : « Si je ne réussis pas parfaitement, c'est que je suis complètement nul », ou quand nous avons des pensées du type « Si une personne ne m'apprécie pas complètement, c'est qu'elle me déteste. »

LA MAXIMALISATION DU NÉGATIF
ET LA MINIMALISATION DU POSITIF

Le sujet utilise deux poids et deux mesures selon que l'événement est positif ou négatif. « Certes, j'ai bien bouclé le dossier X, mais il n'y a rien d'extraordinaire là-dedans. En revanche, le dossier Y n'est pas terminé et, là, c'est catastrophique. »

Toutes ces distorsions cognitives existent chez chacun d'entre nous, stressé ou non. Ne pas raisonner systématiquement de manière parfaitement rationnelle a des avantages et fait partie des processus psychologiques de l'adaptation. En revanche, les psychologues le savent bien, les personnes qui vivent des états émotionnels pénibles sont continuellement submergées par ces raisonnements erronés.

La remise en question de nos pensées

Une fois que vous avez bien repéré vos pensées sources de stress et pris conscience des erreurs de raisonnement qui peuvent en être responsables, l'étape suivante va consister à modifier progressivement ces pensées.

Il ne s'agit pas d'une démarche toujours facile, mais elle est parfaitement réalisable. L'aptitude à se remettre en question, non pas à tous les instants (ce serait à la fois épuisant et impossible), mais chaque fois que nous percevons qu'il s'agit d'un enjeu important, est une véritable gymnastique mentale fort inhabituelle et coûteuse, au premier abord, mais extrêmement fructueuse par la suite.

Malheureusement, la plupart du temps, nous sommes très attachés à nos pensées et à nos raisonnements. Après tout, ce sont les nôtres, et nous avons le sentiment qu'ils font partie de nous, de notre personnalité, alors qu'ils ne sont que des habitudes que nous avons acquises, des réflexes que nous ne contrôlons plus et qui peuvent nous handicaper sérieusement en face de situations difficiles. Parfois, nous les aimons bien, ces pensées, et, à l'idée même de nous en débarrasser, nous sommes ennuyés. Un peu comme une vieille paire de chaussures que nous portons depuis si longtemps, et qui nous fait souffrir régulièrement, mais que nous hésitons à remplacer par une nouvelle paire plus confortable.

La seule façon de se libérer est pourtant de se dire : « Je ne veux plus de ces pensées qui me rendent la vie impossible... » À nous ensuite de choisir d'autres types de cognitions et de modifier notre façon de raisonner.

DISCUTER NOS PENSÉES

Nous devons donc savoir discuter nos propres pensées et non pas les prendre pour argent comptant. Un peu comme nous dirions à un ami qui nous exposerait son point de vue : « OK, ça, c'est ta façon de voir les choses, mais on peut avoir un avis différent sur la question. » Il ne s'agit pas de rejeter d'emblée la pensée qui est présente en nous et de nous en imposer une nouvelle artificiellement (par exemple : « Mais non, si mon patron m'a critiqué, ce n'est pas qu'il m'en veuille, il souhaite tout bonnement que je sois encore meilleur »). Cela s'apparenterait à une sorte de méthode Coué, guère efficace pour gérer son stress.

La démarche à effectuer est différente. On la qualifie de « socratique » parce qu'elle n'est pas sans analogie avec la dialectique du philosophe grec. Dans ses dialogues, Socrate, face à ses disciples, procède par questions : pas à pas, il les fait « accoucher » des pensées qu'ils contiennent sans le savoir.

Nous pouvons de la même façon appliquer à nous-même cette « maïeutique », pour nous faire accoucher de raisonnements différents et moins stressants.

SE POSER LES BONNES QUESTIONS

Il existe trois grandes catégories de questions.

- *Quelles sont les preuves en faveur de ce que je pense ?*

Il s'agit de prendre conscience qu'il existe une différence entre les faits et l'interprétation que nous en donnons.

Par exemple, votre supérieur vous demande de refaire un dossier, et votre pensée automatique est : « Il n'apprécie pas mon travail. » Vous acceptez cette pensée comme une hypothèse, c'est-à-dire comme une possibilité. Mais vous devez chercher s'il existe d'autres indices en faveur de ce raisonnement, et s'il y a des éléments qui contredisent votre hypothèse de départ.

- *N'y a-t-il pas d'autres manières d'expliquer les faits ?*

Ce questionnement a pour objectif de nous entraîner à plus de souplesse dans notre façon de raisonner. Il est en effet rare qu'un fait obéisse à une seule explication.

Ainsi, vous avez un collègue qui ne vous apporte plus autant d'aide que dans le passé, et votre raisonnement spontané est : « Il est fâché contre moi. » Là encore, cette explication est possible. Mais il y en a beaucoup d'autres. Il peut avoir lui-même plus de travail et moins de disponibilité. Il a peut-être des problèmes personnels qui le poussent à être plus replié sur lui-même. Dernière hypothèse : il ne se rend pas compte que vous avez besoin de lui.

■ *Si c'est exact, est-ce grave ?*

Nous devons sans cesse nous interroger sur l'importance réelle de l'événement.

Dans ce domaine, notre cerveau ne raisonne hélas pas toujours de manière rationnelle, se laissant davantage entraîner par nos émotions.

Est-ce insupportable de recevoir une critique ? Quelle est l'importance réelle d'avoir déçu une personne ? Est-ce catastrophique d'arriver en retard ? Cette promotion qu'on m'a refusée, était-elle indispensable à mon bonheur ?

Il s'agit tout d'abord d'apprendre à relativiser les événements. Pour aider nos raisonnements à aller dans ce sens, il est parfois utile de se poser une question simple comme celle-ci : l'événement qui me stresse actuellement m'affectera-t-il encore dans une heure, dans un jour, dans un mois, dans un an ? Cela aide souvent à remettre dans de justes perspectives nos réactions. Il s'agit ensuite, mais nous allons y revenir bientôt, de se construire une véritable échelle personnelle de valeurs, de savoir ce qui est important pour soi dans la vie et ce qui ne l'est pas.

IMPLANTER DES PENSÉES RATIONNELLES

Lorsque vous découvrez que des nouvelles façons de penser seraient plus aptes à vous rendre moins stressé, il est nécessaire d'effectuer un autre travail : se les approprier. Reprenons l'image des chaussures : vous pouvez constater que la nouvelle paire, dont vous vous êtes chaussé, n'est pas si confortable pour vous. C'est peut-être dû au fait que ce modèle n'est absolument pas fait pour vous. Jamais vous ne vous y habituerez. C'est ce qu'on observe dans certaines approches de la psychologie dite « positive » qui conseillent une vision optimiste de tout.

Se dire « ce n'est pas grave » quand on vient de perdre son travail serait utile si on adhérait pleinement à cette pensée. Mais si l'on est à des années-lumière d'un tel état d'esprit, il vaut mieux trouver une autre manière plus réaliste de voir les choses, sans revenir malgré tout à ses anciennes pensées.

L'autre difficulté à toujours implanter de nouvelles pensées peut être seulement due au fait qu'il faut un peu de temps pour s'y habituer. Au début, elles nous semblent assez éloignées de nous, ne pas correspondre à notre façon d'être, en un mot, nous les trouvons « non naturelles ». Cette réaction est normale. N'est naturel chez l'homme que ce qui est devenu habituel, automatique. Nous le constatons lorsque nous apprenons une langue étrangère... Il faut de la pratique pour qu'elle devienne spontanée. Comme notre langue maternelle qui, au départ, nous était étrangère.

Apprendre à raisonner différemment, c'est modifier une habitude ancienne. Ce n'est ni plus ni moins facile que d'effectuer d'autres changements dans notre vie, comme arrêter de fumer ou suivre un régime alimentaire. On peut se donner les moyens d'être aidé, et c'est la raison pour laquelle le recours à un spécialiste est souvent utile.

Le tableau en cinq colonnes présenté ci-après peut aussi vous faciliter la tâche.

Il s'agit, pour chaque situation de stress, de prendre conscience des pensées présentes, comme nous l'avons déjà vu, et de savoir à quel point vous croyez à ces pensées. Votre « taux d'adhésion » à la pensée est bien sûr souvent élevé, puisqu'il s'agit de votre pensée spontanée. Mais il n'est pas forcément de 100 %. Il se situe vraisemblablement entre 60 et 90 % dans la plupart des cas.

Après avoir bien repéré dans quel état émotionnel vous vous trouvez et en avoir indiqué l'intensité par une note comprise entre 0 et 10 (colonne n° 3), vous notez dans la colonne n° 4 la pensée alternative qui vous semble utile dans ce genre de situation. Vous inscrivez aussi votre degré de croyance vis-à-vis de cette pensée. Ce chiffre sera sans doute assez bas, mais pas forcément 0 %, puisque vous aurez choisi une pensée qui ne vous apparaît pas complètement étrangère.

Enfin, dans la dernière colonne, vous indiquez quel serait l'effet sur vous de cette nouvelle pensée, comparée à la pensée automatique.

En tenant régulièrement à jour ce genre de relevé pour les principales situations de stress que vous rencontrez, vous apprendrez non seulement à être de plus en plus créatif dans la production de nouvelles pensées et à ne plus vous enfermer dans des raisonnements stéréotypés et rigides, mais, progressivement, vous vous apercevrez que votre degré de croyance aux pensées spontanées diminue lentement alors que votre taux d'adhésion aux pensées alternatives croît.

LE TRAVAIL SUR LES PENSÉES

SITUATION	PENSÉE AUTOMATIQUE ET DEGRÉ DE CROYANCE (0 à 100 %)	ÉMOTION PRODUITE ET INTENSITÉ (0 à 10)	PENSÉE ALTERNATIVE ET DEGRÉ DE CROYANCE (0 à 100 %)	CONSÉQUENCES DE LA NOUVELLE PENSÉE
On me contredit lors d'une réunion	« Il fait ça pour m'ennuyer » 90 %	Anxiété (4) Colère (7)	« Il a le droit de donner son point de vue » 20 %	Moins déstabilisé. Je lui réponds de façon moins agressive
J'ai des difficultés à terminer un rapport difficile	« Je n'y arriverai jamais » 80 % « Je suis de moins en moins bon » 70 %	Inquiétude (7) Démoralisation (8)	« Ce n'est pas la première fois que j'ai un travail difficile et je m'en suis toujours sorti » 30 %	Plus serein. Je m'organise pour faire ce travail correctement

L'objectif de ce genre de relevé est d'opposer aux pensées spontanées (et sources de stress) des pensées alternatives plausibles (réductrices de stress) et d'aider à leur implantation progressive.

Les étapes de la gestion psychologique du stress

1) Prendre conscience de ses pensées automatiques stressantes.

2) Comprendre que nos émotions pénibles sont le fruit de ces pensées stressantes.

3) Soumettre ses pensées à la critique.

4) Élaborer des pensées moins stressantes.

5) Implanter progessivement ces nouvelles pensées.

Le changement de nos croyances profondes

Au début des années 1960, un psychologue new-yorkais, Alfred Ellis [1], après avoir étudié différentes approches thérapeutiques chez ses patients, arriva à la conclusion que la plupart des émotions négatives et des états de stress sont produits par des croyances dogmatiques, que nous avons sur nous-même, sur les autres et sur le monde.

Les psychologues appellent ces croyances profondément ancrées en nous des « schémas cognitifs ».

DES « DIKTATS » SILENCIEUX

Ces schémas sont variés et concernent de nombreux domaines, comme :
- la performance : « Je dois réussir parfaitement tout ce que j'entreprends » ;
- l'autonomie : « Je dois pouvoir me débrouiller seul, demander de l'aide est un signe de faiblesse » ;
- l'amour : « Je dois être aimé et apprécié de tous » ;
- l'approbation : « Il ne faut pas contrarier les autres » ;
- la vigilance : « Je dois être attentif à tout ce qui se passe autour de moi » ;

---

[1]. A. T. Ellis, *Reason and Emotion in Psychotherapy*, New York, Lyle Stuart, 1962.

■ la marche du monde : « Les choses doivent se passer comme je l'ai prévu ».

Ces schémas représentent la partie la plus profonde de notre psychisme et correspondent sans doute en partie à l'« inconscient » des psychanalystes. Ils ont été élaborés tout au long de notre vie et sont liés à l'intériorisation précoce des règles familiales, éducatives ou sociales, ou à l'impact d'événements de vie marquants.

Chacun de nous possède donc ses « règles de vie », ses « valeurs intimes » dont le point de départ est le plus souvent légitime (besoin d'être aimé, désir de perfection), mais dont l'application rigide et systématique crée bien des problèmes. Ces schémas s'expriment en effet à nous sous des formes impératives (« Il faut... », ou « Je dois... »). Ce sont de véritables « diktats » qui nous gouvernent, et, bien sûr, leur confrontation à la réalité est source de stress.

Ainsi, une personne qui possède un schéma puissant de perfection (« Il ne faut jamais se tromper ») sera particulièrement stressée lorsqu'on lui fera remarquer une erreur qu'elle a commise dans son travail.

Telle autre personne ne supportera pas une critique à son égard si cela active en elle un schéma du type « Quand on aime vraiment quelqu'un, on l'accepte tel qu'il est. »

Une autre encore réagira mal au comportement dérangeant d'un proche, parce que l'un de ses schémas est : « Tout le monde devrait se comporter comme moi. »

> ### D'où viennent nos façons de penser ?
>
> Nos façons de raisonner conditionnent largement nos états de stress. Les pensées qui sont présentes en nous lors de situations difficiles, tout comme nos croyances et nos valeurs profondes, ont des origines multiples, bio-psycho-sociales.
>
> - *Biologiquement*
>
> Il existe sans doute des prédispositions génétiques à nos manifestations émotionnelles et donc aussi à la façon dont vont se développer nos capacités cognitives.
>
> - *Psychologiquement*
>
> Nos raisonnements, et plus généralement notre façon d'appréhender notre environnement et nous-même, résultent de notre développement personnel, des expériences de toute notre vie et donc de notre personnalité.
>
> - *Socialement*
>
> Le monde dans lequel nous vivons, et en particulier celui du travail, influence considérablement notre façon de penser. Cela aussi bien dans le domaine de la réussite sociale que dans celui de la performance ou de l'argent.

DES EXIGENCES AUX PRÉFÉRENCES

Il est bien sûr difficile de changer radicalement les croyances profondes qui reflètent notre personnalité. Seul un véritable travail psychothérapeutique y parviendrait, comme c'est le cas avec les thérapies cognitives [1].

---

1. C. André, *Les Thérapies cognitives*, Paris, Éditions Bernet Danilo, 1995.

La plupart du temps, pour réduire son stress, il suffit simplement d'assouplir des schémas trop rigides. Lorsque vous avez identifié l'existence en vous d'un tel schéma, il est important de réfléchir aux avantages et aux inconvénients respectifs que vous apporte l'adhésion sans faille au schéma.

Vous vous apercevrez sans doute qu'il est nécessaire de modifier quelque peu certains de ces schémas, en les rendant moins contraignants.

L'une des meilleures façons de procéder est de transformer en préférences les exigences absolues que nous faisons peser sur nous-même et sur les autres.

Cela est particulièrement vrai dans le cas de l'exigence de performance dont nous avons déjà parlé.

Lorsque nous sommes dans une attitude mentale extrême (« Il faut absolument que je réussisse »), le niveau de stress est tel qu'il y a de fortes chances que, outre l'inconfort émotionnel créé, nous soyons handicapés pour atteindre l'objectif souhaité. Une autre attitude mentale, qui bien sûr n'est pas le rejet du schéma de performance, consiste à l'assouplir nettement (« Ce serait formidable si je réussissais », sous-entendu, en cas d'échec je m'en remettrai).

Récemment, lors des Jeux olympiques de Sydney, nous avons pu deviner les attitudes mentales de deux grands sportifs français face aux compétitions. L'un, David Douillet, était le schéma de préférence, et l'autre, Marie-José Pérec, dans celui de l'exigence. On voit bien laquelle des deux attitudes a été la plus efficace pour le succès.

N'oublions jamais, rejoignant ainsi l'exemple des stoïciens, que c'est en grande partie nous qui nous imposons ces exigences (même si notre environnement du travail nous y pousse) et que nous pouvons aussi décider de les atténuer, sans pour autant sacrifier notre efficacité.

19

S'affirmer face aux autres

> « Mais enfin, il est beau de triompher de soi. »
> Pierre CORNEILLE, *Agésilas*.

La finalité de la réponse de stress est de nous préparer à l'attaque ou à la fuite. Et, face à de nombreux stresseurs, notre tendance naturelle sera donc d'adopter des comportements agressifs ou, à l'opposé, des comportements passifs. Dans nos relations avec les autres, il ne s'agira pas, à l'évidence, de la meilleure façon de gérer son stress.

Les trois types de comportements

Imaginez que vous ayez, dans votre entreprise, un collègue qui, de temps à autre, vient consulter de la documentation dans votre bureau. Vous n'avez rien contre lui, rien contre le principe, simplement, il range toujours mal les dossiers qu'il a consultés. Et, chaque fois que vous constatez que les dossiers sont en désordre, vous êtes passablement énervé, voire en colère. En un mot, vous avez une réaction de stress.

Premier scénario

Vous ne dites rien, soit parce que vous n'osez pas, soit parce que vous trouvez que ça ne vaut pas la peine de risquer d'offenser un collègue par ailleurs sympathique, soit encore parce que vous vous promettez de vous exécuter plus tard, et qu'ensuite vous oubliez de le faire.

Plusieurs inconvénients :
- Vous n'avez pas exprimé votre réaction de stress. Or, comme nous l'avons déjà vu, les études scientifiques révèlent que l'agressivité « rentrée » est la plus nuisible à la santé.
- Vous n'avez rien fait pour contrôler ce qui est à l'origine de votre stress. Pourquoi votre collègue modifierait-il ses habitudes de désordre puisqu'il ne sait peut-être même pas qu'elles vous irritent ? La situation risque de se renouveler, et votre stress avec.
- À force de vous retenir, vous risquez un jour d'exploser et de vous retrouver dans le scénario suivant.

Deuxième scénario
Vous foncez dans le bureau de votre collègue et vous « piquez » une violente colère, en lui interdisant désormais de venir chercher de la documentation dans votre bureau.

Avantage : vous avez exprimé votre réaction de stress et agi pour que la situation ne se reproduise plus, mais, inconvénient, vous êtes en conflit avec un collègue jusque-là amical, ce qui risque de vous exposer à d'autres situations stressantes.

Troisième scénario
Vous allez voir votre collègue et vous lui expliquez calmement, mais fermement, combien sa manière de mettre du désordre dans vos dossiers vous contrarie et vous gêne dans votre travail. Vous lui faites comprendre que vous ne lui en voulez pas, mais que vous souhaitez simplement en parler.

Pas d'inconvénient, que des avantages : vous avez réussi à la fois à exprimer votre stress, à contrôler le stresseur (le désordre dans les dossiers) et vous n'avez pas créé de conflit.

Dans la multitude des situations sociales où nous sommes plongés quotidiennement au travail, nous avons la possibilité de nous comporter de nombreuses façons. Celles-ci peuvent cependant être regroupées en trois catégories distinctes.

LES COMPORTEMENTS PASSIFS

Être passif, c'est ne pas reconnaître ses droits, ses propres besoins et ses idées ou, tout au moins, ne pas les communiquer franchement aux autres. C'est en fait, dans sa façon de se comporter, dire à l'autre : « Je ne suis pas important, tu peux profiter de moi. Ne t'occupe pas de mes sentiments, mais seulement des tiens. Mes pensées ne sont pas fondamentales. Ça ne vaut pas la peine que tu en tiennes compte. Je ne suis rien. Tu m'es supérieur. »

LES COMPORTEMENTS AGRESSIFS

Être agressif, c'est ne pas reconnaître les droits des autres, leurs besoins et leurs idées, et, bien entendu, avoir une attitude qui en découle. Se comporter de façon agressive, c'est communiquer à l'autre des messages du genre : « Je suis plus important que toi. Je n'ai pas à tenir compte de toi. Je ne tiens pas compte de toi. Ton point de vue ne m'intéresse pas, tout comme d'ailleurs ce que tu ressens. Seul mon objectif m'importe. Tu n'es rien. »

LES COMPORTEMENTS AFFIRMÉS

Être affirmé, c'est exprimer le plus directement possible aux autres ce que l'on souhaite, ce que l'on pense et ce que l'on ressent. Mais c'est aussi tenir compte de ce que son interlocuteur souhaite, pense et ressent. C'est donc agir selon ses propres intérêts et faire respecter ses droits, mais sans pour autant porter atteinte à ceux des autres[1].

---

1. J.-M. Boisvert, M. Beaudry, *S'affirmer et communiquer*, Québec, Éditions de l'homme, 1979.

Nos différents comportements avec les autres

COMPORTEMENT PASSIF	COMPORTEMENT AFFIRMÉ	COMPORTEMENT AGRESSIF
Vous défendez mal vos droits par peur de déranger ou de provoquer un conflit. Vous attendez qu'on devine ou qu'on comprenne vos besoins. Vous évitez les problèmes.	Vous défendez vos droits tout en respectant ceux des autres. Vous savez exprimer vos besoins, mais vous savez aussi écouter. Vous tentez de résoudre les problèmes.	Vous vous imposez pour atteindre votre but sans vous préoccuper de celui des autres. Vous faites passer vos besoins avant ceux des autres. Vous créez des conflits.
Vous n'exprimez pas clairement vos émotions. Vous êtes souvent incompris, oublié ou exploité. Vous donnez une image effacée, froide, distante ou peu motivée.	Vous êtes actif, vous dites clairement ce que vous pensez. On tient compte de votre point de vue. Vous êtes apprécié pour votre franchise, même si vous dérangez parfois.	Vous tendez à imposer votre point de vue de façon catégorique et autoritaire. Vous supportez mal la contradiction. Vous avez tendance à frustrer ou à irriter vos interlocuteurs.
Vous vous sentez souvent frustré, dévalorisé. Vous ruminez vos difficultés après coup. Vous vous jugez sévèrement et négativement.	Vous avez confiance en vous. Vous agissez au mieux de vos capacités en reconnaissant clairement vos limites. Vous vous analysez sans excès.	Vous êtes souvent tendu, énervé, vous vous sentez vite agressé. Vous vivez les échanges comme des rapports de force. Vous êtes fréquemment culpabilisé d'être allé trop loin.

D'après R. E. Alberti et M. L. Emmons, *Your perfect right*, Impact Publishers, 3e édition, 1978.

Le comportement affirmé apparaît ainsi au juste milieu d'un continuum de comportements qui aurait pour extrêmes le comportement passif, d'une part, et le comportement agressif, d'autre part. La recherche d'un équilibre entre le respect de soi et le respect de l'autre, même s'il n'est pas toujours facile à trouver, caractérise donc l'attitude affirmée.

Être affirmé n'est pas plus un trait de caractère qu'un type de personnalité.

En fonction des situations, de l'interlocuteur ou tout simplement de notre état d'esprit, nous pouvons, en effet, être tour à tour passif, agressif ou affirmé.

Chacun de nous a présent à l'esprit ce personnage de bande dessinée qui s'aplatit continuellement face à son supérieur au travail et qui devient un tyran domestique à la maison.

Nous connaissons tous dans notre entourage des personnes qui parfois se taisent en « encaissant » et d'autres fois explosent agressivement.

Passif, agressif ou affirmé ?

Trouvez quel type de comportement est décrit (affirmé, passif ou agressif) pour chacune des situations suivantes :

1) À votre travail, quelqu'un vous demande de le raccompagner chez lui en voiture. Cela vous ennuie car vous êtes en retard, vous avez des courses à faire, et il n'habite pas vraiment sur votre chemin. Vous lui dites :
« Pas de problème, je vais vous rapprocher de chez vous. »

2) Vous avez apprécié une conférence et vous dites à l'orateur :
« J'ai beaucoup aimé ce que vous avez dit, mais j'ai trouvé votre conclusion trop rapide. »

3) À votre travail, l'horaire d'une réunion qui se tiendra régulièrement a été fixé. Il convient à tout le monde sauf à vous qui ne pouvez pas vous libérer régulièrement à cette heure. Quand on vous demande si l'horaire vous convient, vous dites :
« Eh bien, cela devrait aller. Je ne pourrais pas être là chaque fois, mais si cela convient à tout le monde... »

4) Lors d'un exposé que vous êtes en train de faire, quelqu'un vous interrompt plusieurs fois. Vous lui dites :
« Excusez-moi, j'aimerais pouvoir terminer mon exposé. Je vous donnerai la parole ensuite. »

5) Un de vos collègues a fait beaucoup d'erreurs dans son travail. Vous lui dites :
« Votre travail ne vaut rien. Décidément, vous n'êtes vraiment pas doué ! »

6) Un collègue de bureau vous appelle pour vous réclamer un dossier qu'il dit vous avoir confié. En fait, vous n'avez jamais eu ce dossier entre les mains. Vous lui dites :
« Qu'est-ce que c'est que cette histoire ? Vous ne savez pas à qui vous confiez des dossiers ? Je n'ai jamais eu ce dossier. »

7) Quand votre collègue quitte le bureau, tout est habituellement en désordre, et cela vous irrite profondément. Un jour, il s'en excuse, et vous lui dites :
« Ne te fais pas de souci, j'arrive à m'y habituer. »

8) Vous êtes le plus jeune d'un groupe de travail qui se réunira régulièrement. On vous demande d'en assurer le secrétariat. Vous répondez :
« C'est parce que je suis le nouveau qu'on me donne cette corvée à faire. Il n'en est pas question. »

9) Lors d'un entretien d'embauche à un travail, on vous dit : « Vous semblez posséder les qualités requises pour le travail que nous proposons. » Vous répondez :
« Je suis d'accord avec vous. Je pense tout à fait être à la hauteur de ce poste. »

10) Un collègue vous fait remarquer une erreur que vous avez faite dans un dossier. Vous lui rétorquez :
« Et toi, tu ne fais jamais d'erreurs peut-être ? »

Réponses :
    1 = Passif — 2 = Affirmé — 3 = Passif
    4 = Affirmé — 5 = Agressif — 6 = Agressif
    7 = Passif — 8 = Agressif — 9 = Affirmé
    10 = Agressif

Les avantages d'un comportement affirmé

Avoir un comportement affirmé au travail procure de nombreux bénéfices.

DANS LE DOMAINE MATÉRIEL

Les attitudes passives ne nous permettent pas d'obtenir ce que nous voulons. N'osant rien demander ni refuser, nous sommes souvent frustrés. Et les frustrations, comme nous l'avons déjà vu, sont un puissant facteur de stress au travail. Être agressif nous permet, en revanche, d'obtenir davantage des autres. Mais être affirmé également. Il y a donc souvent une confusion entre les deux attitudes si on ne raisonne qu'en termes purement matériels.

DANS LE DOMAINE RELATIONNEL

L'agressif est largement perdant dans ce domaine. Ses succès à obtenir des choses et à ne pas s'en faire imposer d'autres compensent-ils ses difficultés à établir des relations agréables et non conflictuelles avec autrui ? Un individu passif ne pose souvent pas de problèmes aux autres. On peut apprécier sa discrétion, le fait qu'il ne s'oppose pas. Mais cet aspect « bonne poire » risque de faire en sorte que les relations ne soient que superficielles.

L'affirmé, au contraire, est apprécié pour sa franchise jamais agressive.

DANS LE DOMAINE ÉMOTIONNEL

Les attitudes passives et agressives s'accompagnent d'émotions négatives. La frustration, la gêne face à l'autre, la faible estime de soi dans un cas. La colère, l'hostilité et parfois la culpabilité après coup dans l'autre cas.

Être affirmé est le meilleur moyen d'éviter ces émotions négatives. C'est par excellence le comportement relationnel réducteur de stress.

DOMAINES D'IMPACT DES COMPORTEMENTS PASSIFS, AFFIRMÉS ET AGRESSIFS

COMPORTEMENT DOMAINE	Passif	Affirmé	Agressif
Matériel	-	+	+
Relationnel	+	+	-
Émotionnel	-	+	-

Êtes-vous affirmé ?[1]

Répondez spontanément en mettant une croix dans la colonne correspondant à votre réponse :
- *plutôt vrai* : si vous pensez ou agissez de cette façon la plupart du temps ;
- *plutôt faux* : si vous ne faites ou ne pensez que rarement ce qui est écrit.

		Plutôt vrai	Plutôt faux
1	Je dis souvent oui, alors que je voudrais dire non.		
2	Je défends mes droits, sans empiéter sur ceux des autres...		
3	Je suis plutôt autoritaire et décidé...		
4	Je ne crains pas de critiquer et de dire aux gens ce que je pense...		
5	Je n'ose pas refuser certaines tâches qui manifestement ne relèvent pas de mes attributions.		
6	Je ne crains pas de donner mon opinion, même en face d'interlocuteurs hostiles...		
7	On me reproche parfois d'avoir l'esprit de contradiction.		
8	J'ai du mal à écouter les autres.		
9	J'entretiens avec les autres des rapports fondés sur la confiance plutôt que sur la domination ou le calcul.		

---

1. D'après D. Chalvin, *L'Affirmation de soi*, Paris, Éditions ESF, 1989.

		Plutôt vrai	Plutôt faux
10	Je préfère ne pas demander de l'aide à un collègue ; il risquerait de penser que je ne suis pas compétent.		
11	Je suis timide et me sens bloqué dès que je dois réaliser une action inhabituelle.		
12	On me dit « soupe au lait » ; je m'énerve, et cela fait rire les autres.		
13	Je suis à l'aise dans les contacts « face à face ».		
14	Je suis bavard et je coupe la parole aux autres sans m'en rendre compte à temps.		
15	J'ai de l'ambition et suis prêt à faire ce qu'il faut pour arriver.		
16	En cas de désaccord, je recherche les compromis réalistes sur la base des intérêts mutuels.		
17	Je préfère « jouer cartes sur table ».		
18	J'ai tendance à remettre à plus tard ce que je dois faire.		
19	Je laisse souvent un travail en train sans le terminer.		
20	En général, je me présente tel que je suis, sans dissimuler mes sentiments.		
21	Il en faut beaucoup pour m'intimider.		
22	Faire peur aux autres est souvent un bon moyen de prendre du pouvoir.		
23	Quand je me suis fait avoir une fois, je sais prendre ma revanche à l'occasion.		
24	Je suis capable d'être moi-même, tout en continuant d'être accepté socialement.		

		Plutôt vrai	Plutôt faux
25	Quand je ne suis pas d'accord, j'ose le dire sans passion et je me fais entendre.		
26	J'ai le souci de ne pas importuner les autres.		
27	J'ai du mal à prendre parti et à choisir.		
28	Je n'aime pas être la seule personne de mon avis dans un groupe : dans ce cas, je préfère me taire.		
29	Je n'ai pas peur de parler en public.		
30	La vie n'est que rapports de forces et lutte.		
31	Je n'ai pas peur de relever des défis dangereux et risqués.		
32	Je sais écouter et ne coupe pas la parole.		
33	Je mène jusqu'au bout ce que j'ai décidé de faire.		
34	Je n'ai pas peur d'exprimer mes sentiments tels que je les ressens.		
35	J'ai du mal à maîtriser mon temps de parole.		
36	Je sais manier l'ironie mordante.		
37	Je suis serviable et facile à vivre : parfois même je me fais un peu exploiter.		
38	J'aime mieux observer que participer.		
39	Je préfère être dans la coulisse qu'au premier rang.		
40	Je ne pense pas que la manipulation soit une solution efficace.		
41	Je choque souvent les gens par mes propos.		
42	Je préfère être loup plutôt qu'agneau.		
43	Je sais en général protester avec efficacité, sans agressivité excessive.		

		Plutôt vrai	Plutôt faux
44	Je trouve que les problèmes peuvent être vraiment résolus sans en chercher les causes profondes.		
45	Je n'aime pas me faire mal voir.		

Résultats du questionnaire
Chaque phrase correspond à un exemple d'attitude.
Les phrases, indiquées par un numéro, ont été classées en trois colonnes correspondant aux trois attitudes.
Vous mettez un point si vous avez répondu *plutôt VRAI*.
Le total des points indique le degré de votre tendance à utiliser l'attitude indiquée.

ATTITUDE PASSIVE		ATTITUDE AGRESSIVE		ATTITUDE AFFIRMÉE	
1		3		2	
5		4		6	
10		7		9	
11		8		13	
12		14		16	
18		15		17	
19		21		20	
26		22		24	
27		23		25	
28		30		29	
37		31		32	
38		35		33	
39		36		34	
44		41		40	
45		42		43	
Total :	15	Total :	15	Total :	15

Les caractéristiques des comportements affirmés

Être affirmé, ce n'est pas seulement une attitude mentale, ce sont surtout des comportements concrets à adopter face aux autres. C'est un style de communication efficace à développer avec son entourage, que ce soient ses collègues, ses supérieurs, ses collaborateurs, ses clients ou ses fournisseurs.

L'IMPORTANCE DU CONTEXTE

Le style va bien sûr varier selon l'interlocuteur (on s'affirme différemment face à un collègue et face à un supérieur) et aussi en fonction de la culture de l'entreprise. Dans certaines entreprises, il est assez aisé de parler librement, et le développement des comportements affirmés est vu d'un bon œil, parfois même encouragé. Et sans doute le niveau de stress y est-il moins élevé. Dans d'autres entreprises, non seulement on ne vous demande pas votre point de vue, mais il vous est conseillé d'adopter des attitudes passives et inhibées. Même dans ce genre de contexte, il est souhaitable cependant de s'affirmer, ne serait-ce qu'*a minima* en percevant bien les limites à ne pas franchir. Car trop souvent les individus se censurent eux-mêmes et n'expriment pas clairement ce qu'ils pensent et ressentent. L'expérience montre que, même dans un contexte difficile, s'affirmer est toujours utile et n'expose pas à des risques si on sait n'y mettre aucune touche d'agressivité.

DES PROPOS CLAIRS ET FERMES

C'est tout d'abord dans ses propos que l'on peut s'affirmer. À l'évidence, il existe des formulations passives et des formulations agressives. De même, on peut envisager un langage affirmé qui tienne compte de la définition que nous donnions précédemment : exprimer clairement et sincèrement ses pensées, ses désirs, ses émotions et se faire respecter tout en tenant compte de l'autre. De cette constatation découlent plusieurs règles :

- La première consiste à s'impliquer personnellement. S'affirmer, c'est parler de soi. Ainsi seront évitées les expressions neutres ou concernant l'autre (« C'est un bon rapport », « Tu n'es pas serviable ») au profit de l'utilisation de messages du type « Je » (« J'aime bien ce que tu as fait », « Je suis déçu par ton comportement »). Notre culture nous pousse souvent à ne pas parler de nous (« le moi est haïssable »). S'affirmer, c'est savoir occuper sa place (sans déloger l'autre, bien sûr). C'est affirmer son existence.
- La deuxième règle concerne le respect de l'autre, et l'accent est alors mis sur la reformulation de ce que vous a dit l'autre. Des phrases comme « Je vois que tu es heureux », « J'imagine que cela n'est pas facile pour vous », ou « Je sais bien que ce n'est pas agréable pour toi » témoignent d'une grande attention portée à l'autre.
- Enfin, la troisième règle a trait à la poursuite de son objectif. Lorsque nous souhaitons obtenir quelque chose de quelqu'un ou exprimer notre point de vue lors d'une réunion, être affirmé va nécessiter parfois de persister et d'être déterminé. Cela ne signifie pas pour autant être agressif. Dans le mot « affirmé », n'oublions jamais qu'il y a « ferme ».

LE LANGAGE DU CORPS

Tous les spécialistes de la communication humaine attribuent une grande importance au « langage du corps[1] ».

Certaines études ont même conclu que les messages purement verbaux (ce que l'on dit) avaient une bien moindre importance que les messages non verbaux (ce qu'exprime notre corps).

Je me souviens d'une jeune assistante de direction qui s'étonnait d'être perçue comme agressive par la plupart de ses interlocuteurs. « Pourtant, je choisis toujours mes mots, j'évite ceux qui blessent, je suis positive avec les autres », me disait-elle. En fait, elle n'avait pas conscience qu'elle s'exprimait très vite, avec une voix forte et de nombreux gestes. À l'opposé, un cadre se désespérait de n'être jamais entendu de son supérieur. « Ce n'est pas faute de lui dire mes souhaits et même d'insister régulièrement », ajoutait-il. Il oubliait d'indiquer que, lors de ses rencontres avec son chef, il évitait son regard et parlait d'une voix monocorde, figé dans le fauteuil. Ainsi, autant ce que montre notre corps que ce qu'exprime notre propos nous classent dans l'un des trois types de comportement.

Le tableau qui suit récapitule les principaux éléments de la communication non verbale et leur spécificité pour chacun des comportements passifs, affirmés et agressifs.

On distingue le « paraverbal » (nécessitant que nous parlions pour qu'il apparaisse) du « non verbal pur » (totalement indépendant de nos propos).

---

1. J. Cosnier, A. Brossard, *La Communication non verbale*, Neuchâtel, Paris, Delachaux et Niestlé, 1984.

La communication non verbale

	PASSIF	AFFIRMÉ	AGRESSIF
ÉLÉMENTS NON VERBAUX			
INTENSITÉ DE LA VOIX	faible	adaptée (plus forte en groupe)	forte
INTONATION	neutre	chaude, adaptée au contenu verbal	exagérée
DÉBIT VERBAL	lent	régulier et calme	rapide
QUANTITÉ DE PAROLES	parle peu, laisse parler les autres	parle autant que l'autre	parle trop, ne laisse pas parler les autres
NON VERBAL PUR			
REGARD	fuyant	contact franc	fixe l'interlocuteur
EXPRESSION FACIALE	morne	expressive : la mimique est en accord avec le contenu verbal	contractée
POSITION DU CORPS	avachie, repliée, loin de l'autre	ferme, souple, à bonne distance	tendue, dressée, trop près de l'autre
MOUVEMENTS DU CORPS	rares ou nerveux	calmes, lents, amples, soulignant le verbal	désordonnés, rapides

Nous sommes perçus par les autres autant par nos messages non verbaux que par nos propos. Pour s'affirmer davantage, il est important de bien maîtriser les divers éléments de cette communication non verbale et d'éviter d'émettre des « signaux corporels » du registre de la passivité ou de l'agressivité.

Savoir dire non

Tous les spécialistes de la gestion du temps le répètent, savoir dire non est l'une des compétences essentielles, que pourtant peu d'entre nous maîtrisent parfaitement, pour ne pas être inutilement débordé.

Au travail, les sollicitations sont nombreuses, et la pression que les autres exercent sur nous est souvent considérable. Face à un supérieur qui nous charge d'un nouveau travail, un collègue qui nous demande un service ou un client formulant des exigences, nous devons agir pour ne pas nous laisser envahir.

VOS DROITS ET VOS DEVOIRS

Lorsque l'on ne souhaite pas faire quelque chose, on a le droit de le dire à celui qui nous le demande. Nous verrons que certains contextes professionnels nous obligent à nous exécuter malgré tout. L'important aura été alors d'exprimer sincèrement son avis.

Le deuxième point est d'accepter que les autres puissent nous formuler des demandes. Eux aussi ont des droits, dont celui de nous solliciter.

À la fin de mes études, j'avais effectué un stage à Los Angeles chez l'un des plus grands spécialistes de l'affirmation de soi, le Pr Robert Liberman[1]. Alors qu'un jour je m'adressais à lui en ces termes : « Puis-je vous demander quelque chose ? », j'avais été impressionné par sa réponse : « Bien sûr, vous avez le droit de me demander n'importe quoi, comme moi j'ai le droit de vous refuser. »

Depuis, je suis toujours étonné quand les gens commencent

---

1. R. P. Liberman, *Personal Effectiveness : Guiding People to Assert Themselves and Improve Their Social Skills*, Champaign, Research Press, 1975.

par dire : « Vous ne vous rendez pas compte de ce qu'untel m'a demandé, vraiment il exagère... » Eh bien non, autorisez les autres à vous formuler toutes les demandes qu'ils souhaitent. Accordez-leur ce droit. Il sera d'autant plus facile pour vous de vous accorder un autre droit, celui de leur dire non.

Les préjugés sur le refus[1]

Si nous avons tant de mal à dire non, ou si nous nous y prenons si mal quand nous refusons quelque chose à quelqu'un, c'est parce que nous avons souvent des idées fausses sur le refus.

IDÉES FAUSSES	IDÉES RÉALISTES
Si je refuse, je vais agresser l'autre.	Je peux dire non en respectant l'autre, en étant empathique.
Si je refuse, je vais entraîner un conflit.	Refuser quelque chose n'est pas refuser la relation. On peut refuser quelque chose sans que l'autre se fâche.
Je n'ai pas le droit de dire non. Si les autres me demandent quelque chose, je dois le faire.	Il faut pouvoir dire non pour ne pas se laisser envahir par les demandes des autres.
L'autre doit deviner que je n'ai pas envie de lui donner ce qu'il me demande.	C'est à moi de l'exprimer. Il est préférable de dire clairement aux autres ce que j'accepte ou non de donner.

---

1. D'après F. Fanget, *Affirmez-vous !*, Paris, Odile Jacob, « Guide pour s'aider soi-même », 2000.

Si je refuse, je serai désagréable.	Effectivement, refuser n'est pas agréable. Si j'essaie de le faire délicatement, je serai fier de moi et je préserverai mon intégrité.
Dire non, c'est être hostile à l'autre.	Pas nécessairement. Il est souvent possible de négocier, même en cas de divergence, de trouver un compromis.
Dire non, c'est se montrer égoïste.	Pas nécessairement. Il y a des moments dans la vie où il faut savoir dire non pour se protéger.
Pour dire non, je dois me justifier.	Pas nécessairement. Dans la plupart des cas, on peut dire non gentiment sans donner les motifs de son refus.

COMMENT REFUSER

Exprimer un refus, c'est un peu comme marcher sur une corde raide. Le risque, en effet, est de basculer d'un côté (la passivité avec la capitulation) ou de l'autre (l'agressivité avec le rejet de l'autre).

Il existe pourtant quelques règles simples pour savoir dire non de façon affirmée.

1) *Annoncez clairement le refus*
Il est souhaitable de dire non d'emblée.
« Non, je ne peux pas m'occuper de ce dossier », « Non, il m'est impossible de changer mes dates de vacances », « Non, je ne pourrai pas participer à cette réunion. »

Il faut éviter les « oui, mais » et les propos qui n'expriment pas directement le refus et le suggèrent seulement.

« Si j'avais eu le temps, je vous aurais bien aidé à boucler ce travail. »

2) *Exprimez votre position*

Il s'agit là d'un élément à manier avec beaucoup de précaution, le risque étant d'entrer dans des justifications inutiles.

Dans de nombreuses situations, votre refus n'a absolument pas besoin d'être justifié. À un démarcheur à domicile qui vous propose l'achat d'une encyclopédie, un « Non merci, ça ne m'intéresse pas » formulé gentiment suffit. Ajouter « J'en ai déjà une collection complète », ou « Je n'ai plus d'enfants en âge scolaire » n'est pas très « affirmé ».

Dans beaucoup de situations professionnelles, en dehors d'un contexte hiérarchique, nous n'avons pas non plus à nous sentir obligés de nous justifier. D'autant plus que les raisons invoquées peuvent être plus ou moins valables (le pire étant de donner de fausses excuses). Les explications que nous donnons sont susceptibles aussi d'être discutées par notre interlocuteur. D'où le besoin de nous justifier encore plus et le risque de nous retrouver dans une position de plus en plus difficile.

Dire non à son supérieur est bien sûr différent. Souvent, il est nécessaire d'« expliquer » son refus, mais il est conseillé de ne pas le faire d'emblée et d'attendre que ce soit lui qui nous demande pourquoi.

Les gens sont étonnés de constater que, lorsqu'ils expriment leur refus sans donner d'explications, très souvent leur interlocuteur ne leur demande pas de se justifier mais préfère insister. Vous pouvez tenter l'expérience. Alors, pourquoi se justifier systématiquement à l'avance ? Cela affaiblit toujours un peu le refus.

3) *Comprenez l'autre*

Cette partie de la formulation est fondamentale, puisque c'est elle qui rendra notre refus non agressif. Après avoir défendu notre position, il est nécessaire de comprendre la position de l'autre. Lorsque quelqu'un nous demande quelque chose, il ne le fait pas dans l'intention de nous ennuyer, même si nous le percevons comme tel mais il a un problème qu'il cherche à résoudre en faisant appel à nous. Et c'est cette réalité que nous devons percevoir et lui communiquer par des formulations du style : « Je vois bien qu'il est difficile pour vous de terminer seul ce travail », ou « Je sais que cela te ferait plaisir que je t'accompagne à cette réunion. »

Ces phrases d'« acceptation » de l'autre sont évidemment préférables à des « Vous pouvez vous débrouiller tout seul », ou « C'est ton problème. »

Il faut savoir refuser une demande sans pour autant rejeter celui qui la formule.

4) *Persistez dans votre refus*

Souvent, un simple refus ne suffit pas. Notre interlocuteur revenant à la charge, il va être nécessaire de persister et de maintenir notre position. Le risque est grand, soit de baisser les bras et d'accepter tout en maugréant, soit de hausser le ton pour imposer agressivement notre refus.

Une bonne persistance consiste à répéter son refus, parfois inlassablement, en gardant chaque fois un ton calme, agréable mais ferme. C'est la technique du « disque rayé ».

5) *Concluez positivement*

La manière dont se termine l'échange est déterminante dans l'efficacité de notre refus et quant à l'impression que gardera notre interlocuteur.

Si la personne accepte finalement notre position, il faut

la remercier sincèrement : « J'apprécie beaucoup, car je sais que vous souhaitiez que je réponde favorablement à votre demande. » De la même façon, et même si nous n'avons pas répondu positivement à la demande, rien ne nous empêche de dire à notre interlocuteur : « De toute façon, tu as bien fait de me le demander. »

À l'opposé, si finalement nous sommes amenés à faire ce que nous souhaitions initialement refuser (nous ne pouvons gagner à tous les coups !), il ne faut pas alors nous déjuger (« Bon, je vais le faire, ça ne m'ennuie pas tant que ça... ») ni devenir agressif (« Vous exagérez quand même »). Là encore une position affirmée est souhaitable : « Je vois que c'est important pour vous et je vais le faire, même si, comme je vous l'ai déjà dit, je n'en ai pas envie. »

Très souvent, la recherche d'un compromis où chacun trouve un avantage est hautement souhaitable de manière à ne pas conclure l'échange dans une atmosphère de match où il y aurait eu un vainqueur et un perdant.

DU BON ÉQUILIBRE ENTRE DEMANDES ET REFUS

Savoir et oser dire non est essentiel à notre cohabitation avec les autres et déterminant pour défendre notre territoire professionnel et notre bien-être personnel.

Mais il ne s'agit pas d'en abuser. Refuser systématiquement tout ce que l'on nous demande et qui ne nous convient pas s'avérerait être une attitude inadaptée et intenable. Il faut donc accepter, parfois un peu contre notre gré, certaines des demandes que nous recevons, tout en faisant comprendre à l'autre (discrètement si nécessaire et sans le culpabiliser) que cela nous coûte malgré tout. Il s'agit de trouver un équilibre judicieux entre ce que nous refusons et ce que nous acceptons.

Cela permet d'être plus à l'aise dans les demandes que nous pouvons être amenés à formuler aux autres. Et, dans ce cas, nous savons bien, de la même façon, qu'ils peuvent accepter notre requête ou nous dire non à leur tour tout aussi librement.

Exprimer ses émotions

Nous l'avons vu régulièrement tout au long de ce livre, le stress est intimement lié à nos états émotionnels, et il est donc important d'apprendre à mieux gérer ceux-ci pour mieux contrôler notre réaction de stress.

ACCEPTER SES ÉMOTIONS

Nous devons d'abord avoir une conscience parfaite des états émotionnels dans lesquels nous nous trouvons. De nombreuses personnes ont du mal à accepter de se dire « Je suis en colère », « Je suis déçu », ou « Je suis inquiet. »

Nous avons tous eu l'occasion d'affronter des personnes hurlant : « Mais non, je ne suis pas en colère ! » ou d'autres, tremblantes et l'air inquiet, nous dire : « Ça va, ça va, je n'ai pas peur. » Au fond d'elles-mêmes, il y a un mécanisme de déni, comme si regarder en face leur émotion allait l'amplifier, et comme si l'ignorer allait au contraire la faire disparaître. Il n'en est bien sûr rien, et cette « cécité émotionnelle » est particulièrement néfaste.

Parfois, nous ne nions pas complètement notre état, mais nous tentons de le relativiser. Il est donc également souhaitable d'évaluer correctement l'intensité de notre émotion, telle que nous la ressentons, à l'état brut.

Sommes-nous un petit peu irrité, franchement agacé,

bien en colère ou dans une rage folle ? Là encore, divers mécanismes psychologiques peuvent nous conduire plus ou moins consciemment à mal apprécier notre émotion. C'est le cas lorsqu'un détail, somme toute assez insignifiant, nous met spontanément dans un état de colère non négligeable. Notre cerveau rationnel (il s'agit essentiellement du cortex cérébral) analyse que nous sommes confrontés à quelque chose d'insignifiant et donc que notre émotion devrait « raisonnablement » être faible. Or il n'en est rien, car notre émotion est largement sous le contrôle d'un autre cerveau, le système limbique, qui n'obéit pas aux mêmes lois de rationalité. Ces deux cerveaux, même s'ils communiquent entre eux, sont indépendants [1].

Une perception intelligente de notre émotion consisterait alors à nous dire : « Certes, c'est un détail, mais je suis vraiment hors de moi... »

VERBALISER SES ÉMOTIONS

Comme nous l'avons indiqué dans les précédents chapitres, il nous est possible de contrôler nos émotions négatives par le biais de stratégies physiques (comme la relaxation) ou psychologiques (en effectuant un travail sur nos pensées).

Mais, lorsque nous n'arrivons pas à les réduire suffisamment, il faut bien faire quelque chose de ces émotions pénibles qui sont en nous. La meilleure solution, c'est de les extérioriser, de ne pas les garder en nous. Autrement dit, de les exprimer.

Chacun sait à quel point exprimer ses émotions apporte un soulagement. Psychiatres et psychologues sont d'ailleurs principalement là pour ça : on leur déverse son sac émotion-

---

[1]. A. R. Damasio, *L'Erreur de Descartes*, Paris, « Poches Odile Jacob », 2001.

nel ! Mais, plutôt que d'attendre sa prochaine séance de psychothérapie (et tout le monde ne consulte pas de psy) ou de trouver le premier venu (un collègue, une bonne amie), il s'avère bien plus efficace de livrer ses émotions directement à la personne qui les a fait naître.

Il s'agit de le faire de manière affirmée, et sans agressivité. Cela requiert de respecter quelques règles.

- Tout d'abord, notre courroux ne doit venir que des comportements de la personne et jamais de cette personne elle-même.

Ainsi, on ne dira pas à quelqu'un « On ne peut pas compter sur vous », mais plutôt « Vous deviez me remettre le rapport hier, et je ne l'ai toujours pas. » De la même façon, on choisira « Vous ne m'avez pas apporté d'aide dans ce travail » et non pas « Vous êtes égoïste et ne pensez qu'à vous. »

- Le deuxième point est essentiel, puisqu'il concerne l'expression sincère et directe de son émotion. Il s'agit de parler de soi et uniquement de soi : « Ça m'ennuie profondément », « Je suis très déçu », « Je ne suis pas du tout content », « Ça m'agace énormément. » Ces émotions sont les nôtres, et il faut les communiquer comme telles. Il ne faut pas impliquer l'autre par des phrases du genre « Vous me décevez », ou « Tu m'énerves. »

Nous devons accepter pleinement la responsabilité de notre émotion et ne pas culpabiliser l'autre.

- La troisième règle consiste à désamorcer en vous toute agressivité envers votre interlocuteur. Vous pouvez bien sûr avoir envie de le critiquer violemment, dans le but de lui faire mal. Il semble cependant beaucoup plus intéressant de ne pas détériorer la relation avec l'autre. Des attitudes empathiques sont indispensables : « Je sais bien que vous étiez très occupé ces derniers temps », « Je me doute que c'est involontairement que vous avez fait cela. » Plus vous respecterez l'autre, plus vous pourrez exprimer avec force votre émotion négative, et mieux vous gérerez votre stress.

Imaginez que vous vous adressiez à un collègue de la manière suivante : « Je sais bien qu'à cette heure-ci la circulation est très dense et qu'évidemment tu n'y es pour rien dans ce retard, mais c'est vrai que d'avoir attendu plus d'une heure m'a vraiment mis en colère. Ça n'en vaut peut-être pas la peine, mais c'est comme ça. » Aucune attaque vis-à-vis du collègue, mais la colère a été clairement exprimée, donc en partie gérée.

De même que l'objectif de l'expression de ses émotions n'est pas de blesser l'autre, de même il n'est pas obligatoirement de résoudre le problème.

Beaucoup de personnes pensent qu'il ne sert à rien d'exprimer son mécontentement si cela n'aboutit pas à un changement dans le comportement de l'autre.

Ainsi cette personne à qui son supérieur remettait systématiquement un travail à faire en fin de journée, retardant d'autant sa sortie du bureau. Persuadée qu'il ne changerait pas, elle se taisait. Peut-être n'était-il pas possible d'agir sur le stresseur (faire en sorte que le travail soit remis plus tôt). Il fallait au moins agir sur la réaction de stress (gérer les émotions négatives).

S'affirmer dans de nombreuses situations

Le comportement affirmé permet d'affronter efficacement de nombreux stresseurs relationnels. Voici quelques exemples de situations où un comportement affirmé est souhaitable pour réduire le stress.

- *Savoir dire non sans hostilité*

La pression des autres (demandes et sollicitations multiples) représente un stresseur notable, conduisant souvent à s'opposer ou à refuser de manière un peu trop vigoureuse, ou, au contraire, à accepter à contrecœur, quitte ensuite à s'en vouloir (quand ce n'est pas au demandeur !).

- *Exprimer des demandes de manière directe*

La difficulté à demander quelque chose à autrui peut être source de stress. Dans ce cas, on reproche à l'autre de ne pas avoir deviné ou anticipé nos besoins, on tend à se plaindre et à « râler » contre l'incompréhension et le peu de soutien dont on est l'objet.

- *Formuler des désaccords de façon non conflictuelle*

On observe souvent que de nombreuses personnes sont incapables de dire calmement à leur interlocuteur : « Je comprends bien ce que vous me dites, mais je ne pense pas comme vous, et voilà pourquoi... » Exprimer son point de vue ne veut pas nécessairement dire l'imposer.

- *Faire des critiques non agressives*

Lorsqu'une personne ne s'est pas comportée comme nous le souhaitons, il est important de le lui dire directement et franchement, sans pour autant la « démolir », mais plutôt pour essayer d'obtenir de sa part un changement de comportement.

- *Écourter une conversation qui se prolonge*

Il est fréquent que l'incapacité à mettre fin à un dialogue qui traîne en longueur soit source de stress (encore la pression du temps !).

De telles difficultés peuvent entraîner des manifestations subagressives (ne plus écouter, regarder ailleurs, soupirer, répondre de façon à peine polie...) stressantes pour les deux interlocuteurs.

> En étant parfaitement affirmé dans ce genre de situations (et de nombreuses autres), vous gagnerez sur deux tableaux :
> 1) ces situations vous apparaîtront beaucoup moins difficiles à gérer (action sur votre niveau de stress) ;
> 2) vous obtiendrez beaucoup plus de vos interlocuteurs qui vous respecteront davantage (action sur les stresseurs).

L'INTELLIGENCE ÉMOTIONNELLE

Depuis de nombreuses années, des chercheurs ont mis en évidence le rôle fondamental de nos émotions, non seulement pour donner des couleurs à notre vie, mais aussi pour favoriser notre intelligence et notre adaptation.

Le concept d'intelligence émotionnelle est apparu plus récemment[1] et se réfère à une intelligence qui n'est pas celle de notre raison, de notre intelligence logique.

Parce que le stress, dans sa dimension la plus psychologique, se confond souvent avec nos émotions, il nous est nécessaire, pour mieux le gérer, de devenir plus intelligent émotionnellement et de faire de nos émotions une force et non un handicap[2]. L'intelligence émotionnelle se manifeste dans divers domaines, que nous avons plusieurs fois abordés au cours de ce livre :

- l'identification et l'acceptation de nos propres émotions ;
- la gestion de nos émotions ;
- l'identification et l'acceptation des émotions des autres ;
- la gestion des émotions des autres.

---

1. D. Goleman, *L'Intelligence émotionnelle*, Paris, Robert Laffont, 1997.
2. F. Lelord, C. André, *La Force des émotions*, Paris, Odile Jacob, 2001.

Nous avons précédemment souligné l'importance pour une entreprise de devenir intelligente émotionnellement. Pour les hommes qui y travaillent, il est tout autant nécessaire qu'ils développent leur propre intelligence émotionnelle.

20

Augmenter sa résistance au stress

> « J'ai perdu le sens de l'humour, depuis qu' j'ai le sens des affaires. »
>
> Luc Plamondon, *Le Blues du businessman (Starmania).*

Nous avons vu, dans les trois précédents chapitres, que la gestion du stress consiste en un ensemble de techniques et de mesures simples et accessibles à tous ; sa seule difficulté en est l'application. Un programme personnel de gestion du stress vous permettra d'optimiser vos chances de succès et de vous engager réellement dans une démarche efficace.

Les programmes de gestion du stress

La gestion du stress suit les étapes suivantes[1] :
- *Comprendre et accepter le stress*

Il est primordial de ne pas nier l'existence du stress, comme hélas certains ont tendance à le faire (de peur de reconnaître une « faiblesse » ou d'avoir à remettre en ques-

---

1. P. Légeron, « Les stratégies comportementales et cognitives dans la gestion du stress », *L'Encéphale*, 19, 192-202, 1993.

tion une partie d'eux-mêmes et de leur fonctionnement ?), ni de sous-évaluer sa propre responsabilité au profit exclusif du rôle des stresseurs (« C'est parce que j'ai trop de travail », ou « Si mon chef était différent... », etc.) ;

- *Bien connaître ses propres réactions au stress*

Chacun de nous étant différent, il s'agit d'une phase capitale d'observation de soi dans laquelle nous devons bien repérer nos diverses façons de réagir au stress, tant aux niveaux physique, psychologique que comportemental[1] ;

- *Apprendre et pratiquer les stratégies de gestion du stress*

Parmi les techniques que nous avons décrites, certaines sont plus adaptées à un individu qu'à un autre. À vous de trouver celles qui vous sembleront les plus utiles. Toutes ces techniques nécessitent cependant un apprentissage. Cela signifie qu'il faut d'abord les utiliser dans des situations de stress léger pour se familiariser avec. Progressivement, au fur et à mesure que vous les maîtriserez, vous y aurez recours dans des situations de difficultés croissantes.

Pour maintenir votre compétence à gérer le stress, il vous faudra mettre en pratique ces stratégies très régulièrement et non pas occasionnellement ;

- *Se donner des objectifs et les évaluer*

La gestion du stress ne s'acquiert pas en une semaine. Vous devez vous donner des objectifs réalistes au fur et à mesure de la mise en œuvre de votre programme de gestion du stress. Il est aussi conseillé d'apprécier concrètement les résultats que vous en tirez, autant pour vous renforcer dans cette démarche que pour, éventuellement, réajuster certaines des techniques utilisées.

---

1. J. Van Rillaer, *La Gestion de soi*, Bruxelles, Éditions Mardaga, 1992.

VOTRE PROGRAMME DE GESTION DU STRESS [1]

Voici sept questions à vous poser pour vous aider à construire votre programme personnel de gestion du stress.

1) Quel est votre niveau de stress ?
– *Éprouvez-vous des symptômes qui vous font penser que vous êtes trop stressé ?*
– *Souffrez-vous d'affections qui sont favorisées par un stress excessif ?*
– *Des personnes de votre entourage vous ont-elles fait remarquer qu'elles vous trouvaient trop stressé ou tendu ? Vous sentez-vous plus stressé que quelques mois auparavant ?*

2) Quels sont vos principaux stresseurs ?
– *Avez-vous subi beaucoup d'« événements de vie » dans les six derniers mois ? Dans l'emploi du temps d'une journée typique, quels sont les moments où vous vous sentez stressé ?*
– *Vos stresseurs sont-ils plutôt présents dans votre vie professionnelle ? Dans votre vie familiale ? Des problèmes de santé ? Des problèmes financiers ou juridiques ?*
– *Y a-t-il des gens qui vous stressent particulièrement ?*
– *Avez-vous été victime ou témoin d'une agression ou d'un accident effrayant ?*

3) Quels sont les stresseurs que vous pourrez modifier ?
– *Quelles sont les activités stressantes que vous pourriez abandonner ? Que vous pourriez déléguer à d'autres ? Y aurait-il des solutions matérielles qui pourraient diminuer certaines de vos sources de stress ? En vous expliquant de manière affirmée, pourriez-vous obtenir d'autres personnes qu'elles contribuent moins à vous stresser ?*

4) Quels sont vos modérateurs de stress ?
– *Avez-vous du temps « pour vous » ? Combien de temps par semaine consacrez-vous à vos loisirs ? À voir des gens que vous appréciez ? À un hobby ? À faire de l'exercice ou à pratiquer un sport ? Avez-vous un régime alimentaire équilibré ? Êtes-vous*

---

[1]. C. André, F. Lelord, P. Légeron, *Le Stress*, Toulouse, Éditions Privat, 1998.

fumeur ? Pesez-vous plus que ce que vous souhaiteriez ? Quelle est votre consommation d'alcool ?

5) Quels sont les modérateurs de stress que vous pourrez augmenter ?
– *Lesquels choisissez-vous en priorité ? Pourquoi ? Qu'allez-vous vous fixer comme objectif mesurable ? Y a-t-il un moyen d'augmenter les chances d'y parvenir (impliquer un proche, former un groupe, dégager du temps, prendre une inscription) ?*

6) Quelles techniques de gestion du stress allez-vous apprendre ?
– *Allez-vous apprendre la relaxation ? L'affirmation de soi ? L'approche cognitive ? La gestion du temps ? Connaissez-vous des spécialistes qui pourraient vous aider à apprendre ces techniques ?*

7) Comment allez-vous évaluer vos progrès en gestion du stress ?
– *Subjectivement, d'après votre sensation de stress ? D'après les impressions de votre entourage ? D'après l'état de votre santé ? En évaluant votre emploi du temps ?*

Vous pouvez aussi développer vos propres modérateurs de stress et augmenter ainsi considérablement votre résistance personnelle au stress. Un peu comme un moteur de voiture soumis à de dures conditions (routes mauvaises, fortes montées, température extérieure élevée...) et dont la résistance sera accrue par l'existence de facteurs de protection adéquats (eau dans le radiateur, huile dans le moteur).

L'hygiène de vie et les comportements de santé

Pour mieux résister au stress, nous pouvons aussi favoriser tous les comportements susceptibles de préserver ou d'améliorer notre état de santé[1].

UNE ALIMENTATION ADAPTÉE

Depuis un siècle, notre alimentation s'est considérablement modifiée avec des aliments plus sûrs bactériologiquement et de meilleure qualité. Malheureusement, trois grandes tendances de l'alimentation moderne sont dénoncées par les nutritionnistes : le manque de fibres (qui pourtant facilitent le transit digestif), le pourcentage trop élevé de lipides (et en particulier des lipides saturés contenus dans les graisses animales, favorisant les maladies cardio-vasculaires et l'obésité) et la consommation importante de sel, présent dans de nombreux aliments industriels pour en améliorer la conservation et les qualités gustatives (favorisant à long terme une hypertension artérielle).

Mieux manger pour augmenter notre résistance au stress consiste à introduire dans notre alimentation des aliments comme :
– les fibres (pain complet, céréales, fruits et légumes) ;
– les poissons maigres et gras ;
– les glucides complexes (pâtes, pain, riz complet, lentilles, haricots, pois) ;
– les huiles végétales et les oléagineux.

En revanche, les aliments suivants sont à limiter :
– les sucres simples (bonbons, pâtisseries) ;

---

[1]. R. Kaplin, « The connection between clinical health promotion and health status », *Am. Psychol.*, vol. 39, 755-765, 1984.

– les charcuteries, les viandes grasses, le beurre et les sauces ;
– les aliments grillés et fumés.

UNE CONSOMMATION PRUDENTE DE SUBSTANCES TOXIQUES

Le tabac et l'alcool sont des faux amis. Facilement disponibles et parfois culturellement encouragés, ils nous donnent le sentiment de nous aider à gérer le stress. En fait, outre leurs effets nocifs sur la santé qui ne sont plus à démontrer, ils sont aussi à l'origine de quantité d'événements stressants.

La réduction de la consommation d'alcool et l'arrêt du tabac sont indispensables pour accroître sa résistance personnelle au stress.

UN EXERCICE PHYSIQUE RÉGULIER

Pendant des millénaires, l'être humain a vécu en mobilisant son corps quotidiennement.

Aujourd'hui, le même organisme conçu pour la marche et l'action physique passe des heures assis à un bureau ou dans les transports. C'est un mode de vie non adapté qui rappelle celui d'un animal nomade enfermé dans un zoo. On comprend donc pourquoi l'exercice physique régulier est un bienfait prouvé par de nombreuses études scientifiques.

Selon les médecins du sport, pour se maintenir en forme cardio-vasculaire, il suffirait de trois séances d'exercice par semaine d'au moins vingt minutes, à une fréquence cardiaque d'au moins 60 % de votre fréquence maximale (fréquence cardiaque maximale = 220 moins votre âge).

À défaut, vous pouvez favoriser la marche, dont les vertus sont réelles à condition d'y consacrer au minimum une demi-heure chaque jour et de marcher à une bonne allure.

N'hésitez donc pas à renoncer à certains trajets en voiture, à vous garer un peu plus loin, à emprunter les escaliers plutôt que les ascenseurs.

UN SOMMEIL PRÉSERVÉ

Le sommeil est indispensable à la vie, et, en cas de privation, l'organisme se détériore rapidement. Dans notre cycle quotidien, il est un temps de récupération autant physique que psychologique. Chacun de nous a besoin d'un temps de sommeil différent. Il y a des petits dormeurs qui peuvent se contenter de six heures, voire moins, et des gros dormeurs qui dépassent les huit heures de sommeil. Déterminez donc la quantité de sommeil dont votre organisme a réellement besoin et respectez-la. Il est souvent conseillé de « synchroniser » au maximum vos nuits de sommeil, c'est-à-dire de vous coucher et de vous lever chaque jour aux mêmes heures. Si cela n'est pas possible, il est préférable de maintenir fixe l'heure du lever et de faire varier celle du coucher (tant pis pour les grasses matinées du week-end...).

Enfin, notre sommeil sera de meilleure qualité encore si nos nuits se déroulent dans un environnement approprié (silence, bonne literie et température de la pièce pas trop élevée).

Huit comportements pour accroître votre résistance au stress[1]

1) *Maintenez un niveau suffisant et régulier d'activité physique*
   Marchez souvent (en renonçant à certains trajets en voiture ou en vous garant un peu plus loin que nécessaire). Empruntez les escaliers plutôt que les ascenseurs pour franchir quelques étages.
2) *Pratiquez une activité sportive*
   Cela peut être tout simplement une promenade faite d'un bon pas, une ou deux fois par semaine, et au moins une demi-heure chaque fois.
3) *Limitez votre consommation d'alcool*
   Consommez de petites doses et buvez modérément lors de fêtes ou de rencontres sociales.
4) *Arrêtez de fumer*
   Sinon, essayez de diminuer le nombre de cigarettes en luttant contre la « prise » automatique et en ne fumant que lors d'instants de détente et de plaisir, et non pour gérer le stress.
5) *Adoptez une bonne alimentation*
   Prenez un vrai petit déjeuner bien équilibré.
   Évitez les repas très copieux, surtout le soir.
   Mangez lentement, sans précipitation.
6) *Buvez beaucoup d'eau*
   Notamment en dehors des repas. Évitez les boissons gazeuses et sucrées.
7) *Faites des pauses régulières dans votre travail*
   Il ne s'agit pas de temps perdu, mais de récupérations indispensables.

---

[1]. P. Légeron, F. Lelord, « La gestion du stress », *in* J.-J. Bourgue et F. Lelord, *L'Âme de l'organisation*, Montréal, Éditions Québec-Amérique, 1999.

> *8) Préservez votre sommeil*
> Ne sacrifiez jamais vos heures de sommeil.
> Dormez dans un endroit frais et dans un lit confortable.

Les émotions positives

L'un des aspects les plus nocifs du stress est la production d'émotions négatives. Il est donc nécessaire de rééquilibrer ces états émotionnels nuisibles par des émotions positives.

LES ACTIVITÉS QUE L'ON AIME

Pratiquer une activité que l'on aime induit un état émotionnel favorable et opposé à celui d'une réaction de stress. Cela permet de relativiser et de prendre de la distance avec les soucis du quotidien.

La recherche de loisirs et de plaisirs, activités désirables, pourrait sembler si naturelle qu'il n'y aurait pas besoin de la conseiller, mais la réalité quotidienne nous montre le contraire.

De longues journées de travail, du temps passé dans les transports, l'organisation des activités domestiques (surtout pour les femmes), auxquels peuvent s'ajouter des obligations familiales (comme s'occuper de parents âgés), laissent souvent peu de temps à la plupart d'entre nous pour nous consacrer aux loisirs-plaisirs. Et lorsque nous avons le temps, nous sommes trop fatigués pour en profiter. La réduction du temps de travail introduite dans notre pays pourrait faire évoluer favorablement cette situation.

Ce problème rejoint bien sûr celui de la gestion de son temps (être capable de considérer que ses loisirs sont aussi une forme de priorité dans ses activités) et des comportements affirmés (être capable de refuser des « obligations » qui ne sont pas indispensables).

L'une des grandes spécialistes canadiennes de la gestion du stress, Ethel Roskies[1], a introduit dans ses programmes de gestion du stress la maxime suivante : « *A pleasure a day keeps the stress away* » (Un plaisir par jour éloigne le stress). Une dérive amusante du dicton anglais « *An apple a day keeps the doctor away* » (Une pomme par jour évite le docteur) soulignant que nous ne consommons pas assez de fruits et de légumes pour notre santé.

Les petits plaisirs quotidiens (prendre un café à une terrasse au soleil, écouter quelques minutes une musique que l'on aime, téléphoner quelques instants à une personne chère) sont indispensables. Il faut savoir les voler à son emploi du temps et parfois même les programmer sur son agenda. Ils sont aussi importants que les longues périodes de détente et de vacances que nous nous accordons, mais seulement à intervalles trop éloignés.

DES INVESTISSEMENTS VARIÉS

La dépendance au travail (le « workaholisme » dont nous avons déjà parlé) et l'investissement unique dans son travail doivent être combattus.

Même si nous trouvons notre métier passionnant, que nous avons l'impression d'en retirer les plus grandes joies de notre existence, nous devons tous nous réaliser également en dehors de notre travail.

Pour nous épanouir pleinement, il ne faut pas mettre

---

[1]. E. Roskies, *Stress Management for the Healthy Type A*, New York, Guilford Press, 1987.

toutes nos émotions dans le même panier. Il faut nous créer d'autres lieux, avec d'autres dynamiques émotionnelles.

Il est ainsi indispensable qu'il y ait une limite clairement définie entre sa vie professionnelle et sa vie privée, et ne pas sacrifier cette dernière au profit de la première.

Je doute fort qu'on ait entendu souvent quelqu'un dire sur son lit de mort : « Si j'avais su, j'aurais consacré plus de temps à mon travail. »

La séparation des sphères privée et professionnelle permet de jouer nos émotions sur deux scènes différentes, dans deux registres qui s'enrichissent mutuellement sans se confondre. À défaut, nous risquons de nous verrouiller à l'intérieur d'un jeu unique.

Dans une récente enquête[1], 70 % des cadres français affirmaient manquer de temps pour leur famille, et 40 % d'entre eux disaient se consacrer trop à leur travail. Près de la moitié d'entre eux se disaient prêts à gagner moins d'argent s'ils étaient sûrs que cela bénéficierait à leur vie privée. Chez les jeunes salariés, et toutes les entreprises le constatent, les mentalités ont beaucoup évolué en quelques années, et c'est une bonne nouvelle. À l'aube de leur carrière, ils ne sont plus majoritaires à penser qu'il faut tout sacrifier pour son travail, à la différence de ce que l'on observait encore il y a une dizaine d'années.

L'OPTIMISME

« Je suis heureux, car c'est bon pour la santé », disait Voltaire. Depuis, toutes les études scientifiques l'ont

---

1. Sondage IPSOS, *Challenge* avril 2001.

confirmé, être optimiste est l'un des facteurs de protection les plus puissants contre les maladies et contre le stress[1].

Ainsi, dans une série de deux cent trente-huit patients présentant une récidive de cancer et suivis pendant huit mois, on s'est aperçu que le pessimisme était associé à une mortalité plus importante[2].

Cela s'est aussi vérifié dans des suites opératoires. Les personnes qui avaient le plus haut niveau d'optimisme avant une intervention chirurgicale étaient celles qui présentaient le moins de douleurs et de complications après leur opération[3].

Rire aux larmes, c'est-à-dire non seulement nous mettre dans un état psychologique agréable, mais aussi faire participer notre corps, semble agir directement sur les réponses immunitaires, comme cela a été observé dans des programmes de « traitement par le rire » conduits chez des patients atteints de maladie grave, dont le cancer et le sida.

L'humour est aussi une caractéristique de personnalité qui nous est bénéfique. À condition bien sûr qu'il ne s'agisse pas d'un humour hostile, dirigé agressivement contre les autres et que nous sachions aussi rire de nous-même !

« Le rire est le propre de l'homme », disait Rabelais, et nous devrions tous y avoir recours plus souvent.

Quand les médecins s'interrogent sur les raisons pour les-

---

[1]. M. F. Scheier, C. S. Carver, « Effects of optimism on psychological and physical well-being : theoretical overview and empirical up date », *Cognitive and Therapeutic Research*, 1992, 16, 201-228.

[2]. R. Schulz, J. Bookwala, J. Knapp, « Pessimism and mortality in young and old recurrent cancer patients », Communication at the American Psychosomatic Society, Boston, 1994.

[3]. S. Guellati, J.-P. Lemerle, E. Bouteyre, « Le rôle de l'optimisme dans les suites opératoires », *Journal de thérapie comportementale et cognitive*, 2000, 10, 15-29.

quelles certaines personnes vivent très longtemps, ils constatent que l'optimisme joue un rôle fondamental.

Certains centenaires vous expliquent qu'ils ont toujours fumé (avec modération, certes), d'autres qu'ils ont traversé des moments difficiles dans leur existence. Mais tous, sans exception, reconnaissent qu'ils ont toujours « pris la vie du bon côté ».

Le soutien social

Il s'agit là, peut-être, du plus important des modérateurs de stress. Le soutien social, c'est tout simplement l'intégration à un réseau relationnel qui vous comprenne et vous soutienne, qui réponde à vos valeurs et qui donne un sens à vos efforts et à vos difficultés.

AVOIR UN « RÉSEAU SOCIAL » NOUS PROTÈGE

Face aux événements stressants qui nous fragilisent, car ils mettent à l'épreuve nos capacités d'ajustement, notre réseau social joue un rôle protecteur[1].

Un individu qui est seul a un risque accru de maladie, et ce risque augmente avec l'âge. On sait bien, par exemple, que les sujets isolés, célibataires ou veufs, meurent en moyenne plus tôt que ceux vivant en couple.

Une vaste étude conduite auprès de 2 315 hommes ayant fait un infarctus du myocarde a montré que le risque de suites mortelles était lié non seulement au niveau de stress des patients, mais aussi à leur degré d'isolement social. Le

---

1. M. Bruchon-Schweitzer, « Vulnérabilité et résistance aux maladies : le rôle des facteurs psychosociaux », *in* M. Bruchon-Schweitzer et B. Quintard, *Personnalités et maladies, stress, coping et ajustement*, Paris, Dunod, 2001.

cumul de ces deux facteurs de mauvais pronostic multipliait par 4 la mortalité à trois ans [1].

Il en est de même pour d'autres maladies, comme le cancer. Lorsque le stress agit sur un individu isolé socialement, les dégâts sont encore plus considérables.

L'une des caractéristiques de notre société actuelle est pourtant d'isoler de plus en plus les gens. Les statistiques les plus récentes [2] nous indiquent qu'en France plus de sept millions de personnes vivent seules (4,4 millions de femmes et 3 millions d'hommes). À Paris, plus d'un foyer sur deux est constitué... d'une seule personne.

Mais ne s'en tenir qu'à des indications statistiques ne suffit pas pour avoir une image correcte de l'intégration sociale des individus.

Quelqu'un peut en effet être très entouré et néanmoins vivre dans un climat familial conflictuel, une promiscuité excessive ou encore la sollicitude exagérée de son entourage. Nous pouvons fort bien être seul dans la foule. Il semble donc que ce soit davantage la façon dont chacun de nous perçoit les relations qu'il entretient avec ses semblables (dans sa vie personnelle comme au travail) qui soit déterminante dans l'appréciation correcte du support social.

LES COMPOSANTES DU SOUTIEN SOCIAL

Quatre grandes composantes ont pu être identifiées dans le soutien social.

■ *Le soutien émotionnel*

Il nous apporte les sentiments d'affection, de compréhension et de protection, nécessaires dans les moments difficiles. « Nous sommes avec toi. »

---

1. S. Consoli, « L'insuffisance coronarienne, facteurs de vulnérabilité et facteurs protecteurs », *in* M. Bruchon-Schweitzer et B. Quintard (ouvrage déjà cité).
2. INSEE, rapport juillet 2001.

- *Le soutien d'estime*

Il nous rassure sur notre propre valeur, nos qualités et nos compétences, ce qui s'avère important chaque fois que nous doutons de nos capacités à affronter efficacement les stresseurs. « Je te connais, tu vas réussir, tu en es capable. »

- *Le soutien matériel*

Il consiste en une assistance concrète que les autres nous fournissent. Service, aide matérielle ou financière. Souvent, cela nous permet de gérer plus aisément une situation difficile. « De quoi as-tu besoin pour y arriver ? »

- *Le soutien informatif*

Il est représenté par les conseils, les suggestions et les renseignements que notre entourage nous apporte. Cela va de contacts pour trouver un travail aux petits trucs qui nous aident à améliorer une tâche. « Voilà ce que tu peux faire pour ton problème. »

Parce que l'homme est un animal social, nous avons besoin de nous nourrir de nos échanges avec les autres.

La présence d'un véritable réseau social doit être une priorité, pour notre bien-être : c'est un véritable amortisseur face aux secousses du stress. Il n'a pas besoin d'être constitué de nombreuses personnes car, dans ce domaine aussi, la qualité l'emporte sur la quantité.

Avez-vous un bon réseau social [1] ?

Pour chaque affirmation, cochez la case « Vrai » si vous estimez qu'elle est *vraie* ou *généralement vraie* ; et la case « Faux » si vous pensez qu'elle est *fausse* ou *généralement fausse*.

---

[1]. D'après B. L. Wilcox, « Social support, life stress, and psychological adjustment : a test of the buffering hypothesis », *American Journal of Community Psychology 9*, 1981, p. 371-86.

		Vrai	Faux
1.	Je connais au moins une personne qui est de bon conseil.		
2.	Si je décide d'aller au cinéma un après-midi, je pourrai trouver quelqu'un pour m'accompagner.		
3.	Si j'étais emprisonné, je trouverais quelqu'un pour payer ma caution.		
4.	Je peux trouver quelqu'un pour me suggérer des activités de loisir.		
5.	Je ne connais personne capable d'organiser une fête pour mon anniversaire.		
6.	Si je devais m'absenter quelque temps, je connais quelqu'un qui pourrait s'occuper de ma maison (fleurs, animaux, jardin, etc.).		
7.	Il n'y a personne pour me conseiller de façon objective sur la façon dont je traite mes problèmes.		
8.	Il y a plusieurs personnes auxquelles j'aime consacrer du temps.		
9.	Si j'étais malade et que j'aie besoin de quelqu'un pour me conduire chez le médecin, j'aurais du mal à trouver cette personne.		
10.	Lorsque j'ai besoin que l'on m'aide à résoudre un problème personnel, je sais à qui m'adresser.		
11.	On ne m'invite pas souvent pour des activités communes.		
12.	Il n'y a personne que je puisse appeler pour lui emprunter sa voiture pendant quelques heures.		
13.	Je ne connais personne avec qui je me sente suffisamment à l'aise pour parler de mes problèmes sexuels.		
14.	Si j'ai envie de déjeuner avec quelqu'un, je sais à qui m'adresser.		

		Vrai	Faux
15.	Si j'avais un besoin urgent d'argent, je connais quelqu'un qui me le prêterait.		
16.	Je connais quelqu'un qui peut me conseiller pour assumer les tracas des responsabilités domestiques.		
17.	La plupart de mes connaissances n'ont pas les mêmes goûts que moi.		
18.	Si j'avais besoin d'aide pour déménager, j'aurais bien du mal à trouver quelqu'un.		
19.	Il n'y a personne avec qui je puisse partager mes soucis et mes craintes les plus intimes.		
20.	Lorsque je me sens seul, il y a plusieurs personnes que je peux appeler.		
21.	Si j'étais malade, il n'y a pour ainsi dire personne qui pourrait s'occuper de moi.		
22.	Si j'avais un problème familial, j'aurais bien peu d'amis susceptibles de me conseiller utilement.		
23.	J'ai des réunions ou des rencontres régulières avec des membres de ma famille ou des amis.		
24.	Si je tombais en panne à 15 km de chez moi, il y aurait quelqu'un qui viendrait me chercher.		
25.	Il y a très peu de gens en qui j'aie confiance pour m'aider à résoudre mes problèmes.		
26.	J'ai l'impression d'être marginal par rapport au cercle de mes amis.		
27.	S'il me fallait déposer une lettre urgente à la poste et que j'aie un empêchement, je trouverais quelqu'un pour le faire à ma place.		
28.	Il y a quelqu'un susceptible de me conseiller pour un changement professionnel et la recherche d'un nouvel emploi.		

		Vrai	Faux
29.	Si j'avais envie d'aller à la campagne pour la journée, j'aurais du mal à trouver quelqu'un pour m'accompagner.		
30.	Si j'avais un train à prendre très tôt le matin, j'aurais du mal à trouver quelqu'un pour me conduire à la gare.		

Résultats

Vous avez un point chaque fois que vous avez répondu « Vrai » aux questions 1, 2, 3, 4, 6, 8, 10, 14, 15, 16, 20, 23, 24, 27 et 28, et « Faux » aux questions 5, 7, 9, 11, 12, 13, 17, 18, 19, 21, 22, 25, 26, 29 et 30.

■ Si votre total est inférieur à 10, vous disposez d'un faible soutien social.

■ Si votre total est supérieur à 20, vous disposez d'un bon soutien social.

CONCLUSION

Tout au long de ce livre, nous avons voulu souligner à quel point le stress professionnel pouvait faire mal.

Pourtant, il ne faut pas oublier que la souffrance, tout comme la maladie et les troubles psychologiques, touche davantage ceux qui ne travaillent pas. Il existe un stress du non-travail dont il serait bien hasardeux de dire qu'il est moins éprouvant.

La réalité est que notre monde devient globalement de plus en plus complexe, et qu'il est souvent difficile pour nous de nous y retrouver. Cela est vrai aussi de notre environnement de travail. Aux astreintes physiques traditionnelles se sont progressivement substituées des contraintes psychologiques. À l'évidence, notre réponse de stress n'a pas été à l'origine fabriquée dans ce sens.

Nos aspirations au bien-être sont par ailleurs plus fortes, alors que notre tolérance à l'adversité est aujourd'hui plus faible. À la différence de nos lointains ancêtres, il nous est ainsi devenu pénible d'affronter les grands froids ou les chaleurs excessives. Dans un tout autre domaine, les médecins constatent quotidiennement notre sensibilité accrue à la douleur.

C'est sans doute la même chose pour le stress. S'agirait-il alors d'une marque de faiblesse de nos contemporains ? Il est bien difficile de répondre. De toute façon, viendrait-il aujourd'hui à l'esprit d'un médecin de se désoler de la

« sensiblerie » de ses patients et de ne pas tout mettre en œuvre pour lutter contre la douleur en utilisant les moyens que la médecine moderne lui offre ?

Ces exigences légitimes, pourquoi ne les aurions-nous pas aussi en ce qui concerne le stress ? Et pourquoi ne traduiraient-elles pas également un progrès de notre civilisation ?

À l'avenir, les entreprises qui auront le plus de chances de réussir seront celles qui aideront les individus à faire face au stress et qui sauront organiser le milieu de travail afin qu'il soit mieux adapté aux aptitudes et aux aspirations humaines.

Quant à nous, agissons pour que le travail soit le lieu de la construction de notre personne et non de sa destruction.

FAITES VOTRE BILAN

ÊTES-VOUS STRESSÉ ?
ET QUE FAIRE ?

Ce questionnaire peut vous permettre de savoir quel est votre niveau actuel de stress. Il va aussi évaluer plus précisément votre façon habituelle de réagir au stress et vous suggérer quelques conseils pratiques pour mieux le gérer.

Pour chacune des douze affirmations qui suivent, indiquez (en mettant une croix dans la case correspondante) de quelle manière elle s'applique à vous (Tout à fait vrai, Plutôt vrai, Plutôt faux, Tout à fait faux), en vous référant au mois écoulé.

372 • LE STRESS AU TRAVAIL

		Tout à fait vrai	Plutôt vrai	Plutôt faux	Tout à fait faux
1 C	J'éprouve fréquemment de l'agacement ou de l'irritation quand les choses ne se passent pas exactement comme prévu	3	2	1	0
2 P	J'ai du mal à « décrocher » le week-end et à ne plus penser à mon travail	3	2	1	0
3 C	Je coupe souvent la parole aux autres et cherche à imposer mon point de vue	3	2	1	0
4 S	J'ai des problèmes de sommeil (difficultés à m'endormir ou réveils précoces)	3	2	1	0
5 P	Après avoir terminé une tâche, je peux être soucieux(se) et ruminer des pensées négatives à son sujet	3	2	1	0
6 S	Il m'arrive, face à un supérieur, d'avoir la gorge serrée et les mains moites, ne sachant quoi dire	3	2	1	0
7 S	J'ai souvent recours à l'alcool ou à la cigarette pour me procurer une détente	3	2	1	0
8 P	Je suis moins satisfait(e) de moi et pense ne pas être toujours « à la hauteur » dans mon travail	3	2	1	0
9 C	J'ai l'impression de travailler trop rapidement, par manque de temps	3	2	1	0

10 C	Il m'arrive de perdre mon calme et de m'emporter vis-à-vis de mon entourage professionnel	3	2	1	0
11 S	J'ai régulièrement des manifestations physiques désagréables (digestion pénible, sensations de gêne respiratoire ou palpitations cardiaques)	3	2	1	0
12P	Je ressens moins de plaisir et d'intérêt que jadis dans mes activités professionnelles ou de loisirs	3	2	10	

1) Votre niveau de stress

Chacune des réponses donne une note (0, 1, 2 ou 3) en fonction de la case cochée. Vous additionnez les douze notes pour obtenir votre score global.
Le résultat est compris entre 0 et 36.

Votre score global est compris entre 0 et 5
Vous ne connaissez pas le stress. Votre esprit reste toujours calme et serein, et vous ne ressentez pas les manifestations physiques de stress qui minent tant de personnes et font leur malheur.
Sans doute n'avez-vous pas de gros facteurs de stress actuellement. Votre vie s'apparente donc à un « long fleuve tranquille », sans contrainte ni difficultés... Quelle chance !

Votre score global est compris entre 6 et 12
Confronté aux stress de l'existence, vous semblez savoir faire face et rester cool dans beaucoup de circonstances. Votre niveau de stress reste peu élevé et sans doute vous permet-il

d'être efficace pour trouver des solutions aux problèmes rencontrés. Vous êtes aussi bien protégé vis-à-vis de diverses maladies liées au stress, que ce soit des troubles psychologiques ou des maladies psychosomatiques.

Votre score global est compris entre 13 et 20
Le stress, vous connaissez ! Il peut sans doute vous être utile, dans la mesure où il vous mobilise souvent à donner le meilleur de vous-même et vous stimule face aux contraintes et difficultés que vous rencontrez dans votre vie. Mais attention quand même ! Car, même si le stress ne vous a pas complètement envahi, vous auriez sans doute intérêt à essayer dès maintenant à mieux le maîtriser dans certaines circonstances. Au moins à titre préventif pour votre santé ou votre performance.

Votre score global est égal ou supérieur à 21
Votre niveau de stress est beaucoup trop élevé, et vous êtes probablement une de ces nombreuses « victimes » du stress. Vous le savez sans doute déjà. Le stress vous apparaît peut-être même inévitable, car vous avez à faire face à une existence contraignante et difficile. Certes, mais il est encore temps de prendre les choses en main, soit en apportant des modifications dans votre environnement, soit en apprenant à gérer le stress. L'aide d'un spécialiste est sans doute nécessaire. Cela avant l'épuisement complet !

2) Comment vous réagissez au stress et quelques conseils...

Pour connaître votre façon de réagir au stress, procédez ainsi :

Additionnez les notes obtenues aux quatre affirmations « S » (4, 6, 7 et 11).

Vous obtenez votre score « réaction somatique ».

Additionnez les notes obtenues aux quatre affirmations « P » (2, 5, 8 et 12).
Vous obtenez votre score « réaction psychologique ».

Additionnez les notes obtenues aux quatre affirmations « C » (1, 3, 9 et 10).
Vous obtenez votre score « réaction comportementale ».

Comparez ces trois scores entre eux :

C'est la réaction somatique qui est la plus importante chez vous :
Le stress vous fait réagir avant tout dans votre corps. L'adrénaline circule trop dans votre sang et en particulier dès que vous êtes sous l'effet de contrariétés. À mettre ainsi à l'épreuve vos réactions physiques de stress, vous prenez le risque de développer plus tard des maladies psychosomatiques.
Vous devriez donc essayer de résister un peu mieux au stress en contrôlant vos réactions physiques. À cet égard, il vous serait sans doute très utile d'apprendre des techniques de relaxation à pratiquer dès que vous vous sentez tendu (comme respirer calmement et détendre vos muscles), ou à avoir une activité sportive régulière.
Nous vous conseillons plus particulièrement la lecture du chapitre 17 « Savoir se relaxer ».

C'est la réaction psychologique qui est la plus importante chez vous :
Le stress vous fait réagir avant tout dans votre tête. Vous ruminez trop et avez tendance à avoir une vision plutôt pessimiste des choses et des événements auxquels vous êtes confronté. Attention de ne pas sombrer progressivement dans la dépression ou l'anxiété chronique.
La meilleure façon de gérer le stress consiste pour vous à

essayer d'évaluer différemment les situations stressantes que vous rencontrez. Par exemple, il vous serait sans doute très utile de développer des raisonnements plus positifs et d'avoir des pensées plus optimistes. Autrement dit, de ne pas dramatiser systématiquement, de savoir relativiser l'importance des choses et de prendre du recul.
Nous vous conseillons plus particulièrement la lecture du chapitre 18 « Raisonner différemment ».

C'est la réaction comportementale qui est la plus importante chez vous :
Le stress vous fait réagir avant tout dans vos comportements. Vous êtes quelqu'un de « réactif » et parfois même d'agité, et vous n'êtes pas seul à l'avoir remarqué. En effet, vos proches subissent sans doute autant que vous votre propre stress. En plus, vous risquez de stresser aussi votre entourage !
Pour diminuer efficacement votre niveau de stress, il semble important de changer certains de vos comportements quotidiens. Ainsi, vous pourriez moins agir dans la précipitation, prendre le temps de faire posément les choses et aussi être moins agressif et plus tolérant envers votre entourage.
Nous vous conseillons plus particulièrement la lecture du chapitre 19 « S'affirmer face aux autres ».

TABLE

Introduction 9

PREMIÈRE PARTIE
LES MILLE VISAGES DU STRESS

1. Histoires de stress 13

2. Une pression toujours plus forte 16
Trop de travail 16
Le culte de la performance 18
Pas le droit à l'erreur 22
La course contre le temps 23
Les interruptions 25
L'invasion des e-mails 28
La réduction du temps de travail 32

3. Des changements incessants 35
Les mythes liés au changement 41
Les différents points de vue face au changement 48
Ce qui rend le changement encore plus stressant 55

4. Le sentiment d'être frustré 62
Le système de récompense 62
Salaires et carrières 64
Les frustrations émotionnelles 66

Le manque de reconnaissance 73
La culture du négatif 75

5. L'homme est un stresseur pour l'homme 78
La dictature du client 78
La montée de l'incivilité 83
L'ambiance au travail 87
Les « personnalités difficiles » 91
Le management par le stress 96
Le harcèlement moral 97

6. La violence au travail 104
La violence psychologique interne 105
Les agressions et la violence externe 106
De l'incivilité à la violence 108

7. Un environnement professionnel exigeant 113
Le cadre de travail 114
Les déplacements 118
La vie personnelle 119

8. Et vous ? 122
Nous sommes tous différents et inégaux face aux stresseurs 122
Identifier l'ennemi 123
Vous et vos stresseurs 124

DEUXIÈME PARTIE
LES MÉCANISMES DU STRESS

9. Qu'est-ce que le stress ? 131
Hans Selye, le « père » du stress 131
Le syndrome général d'adaptation 133
Le stress est l'une des grandes fonctions de l'organisme 136

10. La biologie du stress	137
La phase d'alerte : l'adrénaline nous permet d'agir	137
La phase de résistance : les glucocorticoïdes nous permettent d'endurer	142
Agir ou endurer, un subtil équilibre	144
Les hormones de stress	147
11. La psychologie du stress	149
La double évaluation	150
Le contrôle des situations	156
Les stratégies d'adaptation	166
12. Stress et performance	173
La courbe de stress	173

TROISIÈME PARTIE
LE STRESS FAIT MAL

13. Les troubles psychologiques	185
L'anxiété	187
La dépression	197
Le suicide	206
Stress et médicaments	212
14. Les maladies somatiques	217
Les maladies cardio-vasculaires	218
Les troubles musculo-squelettiques	227
Le stress peut-il être à l'origine du cancer ?	230
Maladies psychosomatiques ou maladies de l'adaptation ?	233
15. Le coût du stress	235
Des chiffres inquiétants	235
Une lourde facture	237

QUATRIÈME PARTIE
COMMENT LUTTER CONTRE LE STRESS

16. Le rôle de l'entreprise 245
Comment les entreprises réagissent face au stress 245
L'audit de stress 248
L'organisation du travail 251
Le management des individus 254
La gestion humaine du changement 258
Des entreprises plus « humaines » 266
Aider les individus 269

17. Savoir se relaxer 277
La réponse de relaxation 278
Les techniques de relaxation 279
L'utilisation de la relaxation 288

18. Raisonner différemment 295
Ce sont nos pensées qui produisent le stress 296
La prise de conscience de notre « discours intérieur » 300
Nos erreurs de logique 304
La remise en question de nos pensées 308
Le changement de nos croyances profondes 315

19. S'affirmer face aux autres 319
Les trois types de comportements 319
Les avantages d'un comportement affirmé 325
Les caractéristiques des comportements affirmés 331
Savoir dire non 335
Exprimer ses émotions 341

20. Augmenter sa résistance au stress 348
Les programmes de gestion du stress 348
L'hygiène de vie et les comportements de santé 352

| *Les émotions positives* | 356 |
| *Le soutien social* | 360 |

| Conclusion | 367 |
| Faites votre bilan | 369 |

Publié sous la responsabilité éditoriale
de Catherine Meyer

Imprimé en France sur Presse Offset par

Brodard & Taupin
La Flèche (Sarthe), le 21-02-2007
N° d'impression : 40339
N° d'édition : 7381-1245-5
Dépôt légal : septembre 2006